Cerámica de importación y rutas comerciales en época ibérica plena (ss V-III a.n.e.) en la Región de Murcia

Francisco Ramos Martínez

BAR INTERNATIONAL SERIES 3227 | 2025

BAR
PUBLISHING

Published in 2025 by
BAR Publishing, Oxford, UK

BAR International Series 3227

*Cerámica de importación y rutas comerciales en época ibérica plena
(ss V-III a.n.e.) en la Región de Murcia*

ISBN 978 1 4073 6293 9   paperback
ISBN 978 1 4073 6294 6   e-format

DOI https://doi.org/10.30861/9781407362939

A catalogue record for this book is available from the British Library

COVER IMAGE: *Vaso plástico con forma de pie izquierdo calzado con sandalia
y con pie en el plinto procedente de la Necrópolis de Cabecico del Tesoro
(Museo Arqueológico de Murcia, Comunidad Autónoma de la Región de Murcia).*

BAR
PUBLISHING

BAR titles are available from:

BAR Publishing
122 Banbury Rd, Oxford, OX2 7BP, UK
info@barpublishing.com
www.barpublishing.com

Por el mismo autor

Poblamiento ibérico (ss V-III a.n.e.) en el sureste de la península ibérica
Nuevos datos para el estudio a través de la arqueología del paisaje
Francisco Ramos Martínez
BAR International Series **2903** | 2018

Otros textos de interés

Pottery in the Iron Age in the Basque Country: La ceramica de la Edad del Hierro en el País Vasco
Judit López de Heredia Martínez de Sabarte
BAR International Series **2722** | 2015

La Edad del Hierro de los Ártabros
Dinámicas sociales y estructura territorial en el Noroeste de la Península Ibérica (s. IX a.C. – II d.C.)
Samuel Nión-Álvarez
BAR International Series **3206** | 2025

Paleoetnología de la Hispania Céltica, Tomo I y Tomo II
Etnoarqueología, etnohistoria y folklore
Pedro R. Moya-Maleno
BAR International Series **2996** | 2020

Interchange in Pre- and Protohistory
Case Studies in Iberia, Romania, Turkey and Israel
Edited by Ana Cruz and Juan F. Gibaja
BAR International Series **2891** | 2018

La cultura material de la Edad del Hierro en Cantabria (España)
Rafael Bolado del Castillo
BAR International Series **3111** | 2022

La Edad del Hierro en el Alto Duero (Siglos VII a.n.e. – I n.e.)
Paisajes, identidades y poder
Raquel Liceras-Garrido
BAR International Series **3075** | 2022

Mas Gusó. Evolución de un asentamiento rural en el territorio de Ampurias
Del Neolítico Final a época ibérica
Josep Casas and Victòria Soler
BAR International Series **2824** | 2016

La Segunda Edad del Hierro en el Centro de la Península Ibérica
Un estudio de Arqueología Espacial en la Mesa de Ocaña, Toledo, España
Dionisio Urbina Martínez
BAR International Series **855** | 2000

La II Edad del Hierro en Segovia (España)
Estudio arqueológico del territorio y la cultura material de los pueblos preromanosa
Joaquín Barrio Martín
BAR International Series **790** | 1999

La Edad del Hierro en el Sistema Ibérico Central, España
Jesús Alberto Arenas Esteban
BAR International Series **780** | 1999

Patrones de asentamiento en la Bética romana
Un estudio sobre la romanización desde el análisis arqueológico espacial
Maria del Carmen Moreno Escobar
BAR International Series **3214** | 2025

GIS Applications in Roman Landscape and Territory
Methodologies and models in Hispania
Edited by Pedro Trapero Fernández and André Carneiro
BAR International Series **3139** | 2023

De íberos a romanos
Poblamiento y territorio en el Sureste de la Península Ibérica (siglos IV a.C.-III d.C.)
Leticia López-Mondéjar
BAR International Series **2930** | 2019

For more information, or to purchase these titles, please visit **www.barpublishing.com**

A Jorge, Sandra y Myriam.

Contenido

Lista de Figuras

Lista de Tablas

1

Introducción

Este nuevo estudio que presentamos pretende continuar la senda que iniciamos con nuestra anterior publicación, donde analizábamos los yacimientos ibéricos en el sureste de la península Ibérica, sus últimas investigaciones y un análisis de conjunto basándonos en las técnicas que nos ofrece la Arqueología del Paisaje (Ramos Martínez 2018). En esta monografía ampliamos el foco del análisis incorporando variables como el comercio de la cerámica de importación que nos ayudará a realizar una propuesta de rutas e itinerarios, De esta manera podremos comprender las dinámicas de transmisión de mercancías desde una perspectiva diacrónica en el arco cronológico estudiado. Gracias a la documentación de los materiales en los distintos yacimientos podremos establecer las rutas comerciales más activas para los s V, IV y III a.n.e. Contaremos así con una visión mucho más completa del sureste peninsular en época ibérica de la que contábamos hasta ahora.

La Arqueología del Paisaje nos permite establecer la relación entre el yacimiento con el entorno físico que le rodea. Así lo estudiamos en nuestra anterior obra donde, tomando el yacimiento arqueológico como punto central, lo relacionábamos con aspectos como la visibilidad, él área de captación, la capacidad agrícola de las tierras y el tiempo de acceso a recurso. Toda esa información la acompañamos de un completo catálogo de yacimientos recopilando toda la bibliografía existente hasta el momento de publicación. Nuestro objetivo último era generar una referencia que permitiera a los investigadores de este periodo en el sureste peninsular poder contextualizar sus hallazgos y aportar datos que enriquecieran su análisis. Ahora, incluyendo la variable de las rutas comerciales, aportaremos más elementos que permitirán ampliar la perspectiva del estudio.

Hemos escogido como elemento de análisis la cerámica de importación (ática, talleres itálicos, mediterráneos y punicizantes) pues es una constante en los yacimientos ibéricos del sureste peninsular. Dejamos de lado el dato cuantitativo puesto que las cerámicas halladas en las excavaciones y prospecciones llevadas a cabo en tres solo tres yacimientos (Cabecico del Tesoro, El Cigarralejo y Coimbra del Barranco Ancho) suponen la gran mayoría de las piezas objetos del estudio. Sin embargo, la presencia o no de determinadas producciones sí que es capital para establecer su actividad comercial en un preciso momento. La elección no es baladí por dos motivos. El primer motivo es que tenemos unos objetos que, al no ser producción local necesariamente tienen que moverse para poder aparecer en los yacimientos donde se documentan. Aunque no tenemos perfectamente localizados los puertos

de entrada, parece claro que el fondeadero existente en el Mar Menor, cerca del poblado ibérico de la Loma del Escorial era uno de ellos. El hallazgo de un lote de cráteras de campana de Figuras Rojas (al menos 8), acompañada de gran cantidad de cerámica de importación nos remite a la interpretación del asentamiento como un lugar de recepción, almacenamiento y redistribución de materiales de importación. Otros puertos cercanos, aunque fuera del área de estudio, serían Santa Pola en Alicante y Villaricos en Almería. Ambos lugares sin duda recepcionarían mercancía que después llegaría a través de rutas terrestres a yacimientos de la Región de Murcia. El segundo motivo al que hacemos alusión es la precisión cronológica que nos da la cerámica de importación en este periodo. El estudio de las producciones de cerámica ática y otros talleres aludidos (itálicos, mediterráneos y punicizantes) nos aportan estrechos márgenes cronológicos que han sido contrastados y afinados en los últimos 50 años. Por lo tanto los investigadores conceden a estos hallazgos un gran valor que nos ayuda a datar los contextos domésticos y funerarios donde más suelen aparecer. Si bien es cierto que en algunos casos se han documentado pervivencias de estas vasijas incluso a través de varias generaciones, son casos excepcionales y que pueden detectarse. Contar con estos elementos para poder señalar la distribución y poder afinar tanto en la cronología nos ayudará sobremanera en nuestro estudio.

En el contexto cronológico y espacial en el que nos movemos en esta monografía nos encontramos con unos contactos comerciales ya establecidos y consolidados que son fruto de dinámicas que vienen produciéndose desde antes del I milenio a.n.e. El Mediterráneo cuenta con unas rutas comerciales consolidades y el flujo de alimentos, materias primas, cerámicas y objetos de prestigio es constante. La cultura ibérica asume como propia objetos de importación que incorpora a sus propios ajuares domésticos y funerarios. Cerámicas áticas y púnicas, amuletos egipzciantes, armas de importación, y otros objetos alóctonos se encuentran de manera recurrente en los yacimientos ibéricos. En algunos casos como las cerámicas áticas de figuras rojas o los propios amuletos egipzciantes se nos plantean la disyuntiva de si el íbero que adquiría e e incorporaba en su ajuar, era conocedor de la interpretación de los motivos y simbología que rodeaban esos objetos. Sería muy ingenuo pensar que únicamente los poseían por su carácter estético, vaciándolo de todo mensaje mitológico, religioso, o cultural.

El comercio es una de las actividades humanas más complejas, suponen no solo un sistema económico ordenado sino también un reconocimiento de una comunidad ajenas a la tuya y la creación de normas y códigos dispuestos a ser aceptadas por ambas partes que participan. La interacción trasciende el mero intercambio de mercancías para convertirse en un vehículo de transmisión de ideas, cultura y formas de comprender el mundo. Supone también un determinado grado de avance técnico y productivo pues el comercio se basa en excedentes de producción de las propias comunidades que ellos mismos no consumen en favor de conseguir otros que no pueden obtener de otra manera. Ya en la Protohistoria se comienzan a desarrollar talleres y centros donde toda la producción va destinada a comercio, generando una importante actividad económica. En el caso de bienes de consumo (alimentos, materias primas y otros productos básicos) los códigos establecidos para el intercambio se basan únicamente en el valor dado conforme a la abundancia y necesidad de cada producto. Pero cuando tratamos de comercio o intercambio de bienes de prestigio los códigos y presupuestos que se entiende de este contacto e intercambio va más allá del valor nominal de los objetos sino que ambas partes establecen un valor intangible a los objetos, además de su función basado en el origen, mensaje, iconografía o materiales que se traduce en un incremento del estatus en la comunidad que lo adquiere.

En el caso de las vías de comunicación es importante también detenernos en la importancia de poder estudiar este aspecto en la Protohistoria. Los caminos han condicionado a las comunidades prehistóricas desde sus orígenes. En el Paleolítico las comunidades eran nómadas desplazándose en busca de recursos y asentamientos en muchos casos estacionales, por lo que los caminos solían ser recurrentes. Solo en el caso de los movimientos migratorios propiciados por la escasez de recursos o cambios climáticos se aventuraron por nuevos itinerarios. Con la llegada del sedentarismo en el Neolítico los caminos pasan a ser los puntos de unión entre diferentes comunidades estableciéndose contactos entre ellas facilitando así el intercambio de productos. Conforme se van consolidando estas comunicaciones se buscará a su vez apuntalar la seguridad en los mismos. El intercambio solo puede producirse si existe relativa certeza de que el producto va a llegar a destino y no ser interceptado por bandidos y ladrones. Pero este sentimiento de seguridad no puede darse si no es por que exista una cierta preocupación par parte de las comunidades de asegurar los caminos que le rodean. Este matiz unido al mantenimiento de los caminos y de infraestructuras (puentes, vados, reparaciones de movimientos de tierras, etc.) son aspectos que no hemos tratado pero que consideramos de importancia cuando lo que tratamos aquí son trazados permanentes. Las fuentes clásicas son escuetas en este aspecto y creemos que deberemos profundizar en posteriores estudios.

Dividimos la publicación en seis capítulos, que se suman a la introducción y la bibliografía. El siguiente epígrafe lo dedicaremos a una explicación de la metodología que hemos seguido en el presente estudio. De esta manera los investigadores que consulten la monografía podrán conocer la base y el origen de los datos, todos los procesos de trabajo llevados a cabo y los presupuestos con los que los tratamos para contrastar nuestras conclusiones con el fin de que puedan contrastarlo y también para que puedan ser utilizados en sus propios análisis.

En el tercer capítulo abordaremos al necesario marco geográfico que nos acercará al medio físico en el cual se ubica nuestra área de estudio y a contextualizar y entender todo lo relacionado con los caminos e itinerarios naturales.

El cuarto capítulo lo dedicaremos a la cerámica de importación para conocer las producciones áticas, itálicas y punicizantes presentes en el área geográfica y cronológica en la que se basa nuestro estudio. Nos detendremos en describir y analizar las principales formas y talleres que se han documentado.

En el quinto epígrafe nos centraremos en el estudio de las vías de comunicación en la Edad del Hierro. Con el objetivo de proponer una red de caminos que interconectarían los distintos yacimientos ibéricos donde se han documentado cerámicas de importación, nos detendremos en cuatro variables. La primera los corredores naturales en base a las zonas con menos pendientes y obstáculos presentes en el sureste peninsular. Para ello haremos un estudio del relieve detectando los corredores naturales. La segunda variable serán la red de vías pecuarias que han fosilizado caminos tradicionales que en algunos casos se remontan a la prehistoria. La tercera serán la red de vías romanas que han sido ampliamente estudiadas en todo el mediterráneo y también para la Región de Murcia. La razón de tomarlas para nuestro estudio es que entendemos que muchos de estos caminos seguían el mismo trazado que itinerarios inmediatamente anteriores, es decir los itinerarios ibéricos del sureste peninsular. La cuarta variables será un cálculo de caminos óptimos realizado con el *software* SIG que describimos en el capítulo Metodología. Tomaremos como origen y destino de estos caminos óptimos yacimientos arqueológicos que consideramos más importantes en nuestro estudio. Tras esto presentaremos los caminos que consideramos basándonos en las cuatro variables anteriores y también tomando en consideración los yacimientos cercanos que puedan ser interpretados como puntos de avituallamiento y descanso entre etapas. Para cada camino realizaremos un corte donde podemos apreciar el relieve y donde indicaremos las etapas propuestas.

El capítulo número seis lo dedicaremos a combinar los datos de los caminos propuestos con la presencia de cerámica de importación para así poder hacer un estudio diacrónico de las rutas más utilizadas en los siglos V, IV y III a.n.e. Esta interpretación es quizás la más arriesgada de todo nuestro estudio, pero estamos convencidos que, con los datos que tenemos disponibles, nos aproximamos con certeza a la realidad de este momento.

Finalmente, en el séptimo capítulo realizaremos unas conclusiones a nuestro estudio donde daremos respuesta a las reflexiones y cuestiones que hemos ido planteando en toda nuestra publicación.

En el Anexo I presentaremos un listado de los fragmentos y las piezas que servirán como base a nuestro estudio, ordenadas por el yacimiento donde se han encontrado, detallando la producción, forma, cronología y referencia bibliográfica. Esta información puede combinarse con el catálogo de yacimientos que incluimos en nuestra anterior publicación. Finalmente haremos un estudio estadístico diacrónico de las producciones en base a la cronología, las formas que se documentan, los talleres y los yacimientos donde aparecen. Así podremos observar la evolución y los cambios que se producen en las cerámicas de importación en el siglo V, IV y III a.n.e.

En el Anexo II incorporaremos un mapa con la referencia de los yacimientos citados en el texto.

Estamos convencidos en la rigurosidad de nuestro trabajo y en las conclusiones que presentamos. Nuestra finalidad es que nuestro estudio sirva como base para los investigadores de la cultura ibérica en el sureste y puedan contextualizar sus estudios de un yacimiento, comarcales o regionales. Por ello incluimos todos los datos que hemos utilizado para que ellos puedan completarlo y obtener sus propias conclusiones. De esta manera entre todos contribuiremos al avance en el conocimiento y el estudio de la cultura ibérica desde una perspectiva histórica-arqueológica.

2

Metodología

2.1. Los Sistemas de Información Geográfica (SIG)

Son un *software* destinado a representar datos cartográficos cruzados con otros de diferente índole que por su naturaleza pueden ser georeferenciados. Se trata de una potente herramienta con una gran variedad de aplicaciones (infraestructuras, forestal, gestión de recursos, marketing, demografía, etc.) y que ha revolucionado el mundo de la arqueología desde los inicios de su aplicación en los años 80. Si bien una de las características más reconocibles de esta tecnología es la generación de mapas de alta calidad, no debemos dejarnos cegar por esta característica y trabajar siempre bajo un sólido paraguas metodológico que avale los cálculos que estamos realizando y justifique el uso de esta herramienta.

En un SIG podemos utilizar datos de diferentes clases: gráficos vectoriales, gráficos *raster* y bases de datos. La información gráfica almacenada en formato vectorial está compuesta por la combinación de objetos geométricos como son puntos, líneas y planos caracterizado por atributos matemáticos en todos los casos. Las imágenes *raster* por el contrario están formadas por una rejilla prefijada en la que cada tesela del mosaico tiene un valor o característica propia, pudiendo ser un color, un valor que represente una altitud o un tipo determinado de vegetación. Las bases de datos son un conjunto de información normalizada organizada en campos y registros en la que cada registro tiene un valor determinado para cada campo que se define previamente. Por ejemplo, una Carta Arqueológica puede ser una base de datos, cada yacimiento inserto un registro y los campos que lo caracterizan serían: nombre, coordenadas, cultura etc.

La gran potencia del software SIG es poder trabajar de manera matemática cruzando todos estos datos y operando mediante una formulación preestablecida. A modo de ejemplo, si quisiera representar las curvas de nivel de un mapa a través de unos puntos de altura que hemos obtenido, el sistema sitúa los puntos en el espacio, traza interpolaciones de alturas a partir de los datos y luego traza las líneas por el trazado exacto correspondiente.

Como vemos en el párrafo anterior, la fiabilidad del SIG no solo viene condicionado en el enfoque metodológico y la exactitud de los cálculos realizados, sino que en muchos casos dependerá de la fiabilidad de los datos de base con los que contemos.

Los datos cartográficos son fundamentales para poder desarrollar nuestro trabajo con precisión más aun utilizando técnicas propias de la arqueología del paisaje en nuestro análisis. Es importante seleccionar bien las fuentes de datos para que la información con la que contemos esté actualizada y tenga la precisión que necesitamos para nuestro estudio.

Los datos espaciales los georreferenciaremos conforme al sistema ETRS89 (*European Terrestrial Reference System* 1989). Hemos optado por este sistema en detrimento de otros también extendidos como el ED50 (*European Datum* 1950), en virtud de lo establecido en el Real Decreto 1071/2007, de 27 de julio, por el que se regula el sistema geodésico de referencia oficial en España que en su artículo 3 establece el ETRS89 como sistema de referencia geodésico oficial. Utilizaremos el sistema de proyección UTM para representar los datos de manera cartográfica al ser este sistema el más extendido utilizado.

La información de relieve los hemos obtenido del servidor de mapas del Instituto Geográfico Nacional (IGN) donde nos hemos valido del Modelo Digital del Terreno (MDT) con información de altura cada 25m obtenidas por interpolaciones con los datos obtenidos mediante tecnología LiDAR[1].

La red hidrográfica la hemos obtenido de la digitalización de los datos realizada por la Confederación Hidrográfica del Segura (CHS) para el control de los sistemas fluviales de la Región de Murcia.

La información sobre la red viaria romana que utilizamos como base comparativa con la caminería ibérica la hemos obtenido de los recursos que comparten la Universidad de Harvard dentro de su proyecto *Digital Atlas of Roman and Medieval Civilizations* (DARMC)[2].

Los cálculos geográficos los realizamos con un paquete de software específico ArcGIS, para lo que adquirimos una licencia de uso no comercial para uso personal. La potencia de este programa así como su uso por parte de otros investigadores que han trabajado en el mundo ibérico ha justificado que nos decantáramos por éste frente a otros programas igual de potentes cono GRASS o QGIS.

2.2. Los materiales cerámicos

Para nuestro estudio recopilaremos todos los materiales cerámicos de importación que tenemos asociados a los yacimientos ibéricos procedentes de talleres áticos para

---

[1] LiDAR (*Light Detection and Ranging*) es una tecnología capaz de medir las distancias a objetos a través de un pulso láser. Los datos son tomados mediante aviones o satélites.
[2] Darmc.harvard.edu. (2017). *The Digital Atlas of Roman and Medieval Civilizations.* [en línea] Disponible en: https://darmc.harvard.edu/ [Fecha de acceso 25 mayo 2025].

los ss V y IV a.n.e y de los talleres itálicos, noroccidentales y punicizantes para el ámbito del s III.

El estudio de la cerámica en arqueología pasa por ser uno de los elementos más fiables para poder establecer cronologías y procedencias de los materiales. En el caso de la cerámica ática la gran cantidad de estudios llevados a cabo ya desde el s XIX han depurado en gran medida el marco cronológico y el origen de muchos de estos materiales.

Para el estudio de las producciones de Figuras Negras y Figuras Rojas nos valdremos de los trabajos llevados a cabo por el profesor John D Beazley (1956; 1963). En ellos el investigador clasificó la totalidad de las piezas arqueológicas conocidas y que se encontraban en museos de todo el mundo. Para ello diseñó un sistema destinado a diferenciar a los autores de las representaciones pictóricas de cada vaso intentando identificar a los artistas, sus talleres y los grupos de talleres, en orden decreciente de concreción.

Se sirvió de técnicas propias de la Historia del Arte para la identificación de pintores como por ejemplo la manera de trazar determinados detalles que se repiten en las representaciones humanas como por ejemplo narices, orejas o tobillos. Su premisa partía en que los mismos detalles en una figura correspondían a un pintor; si eran similares, pero no exactos, estaríamos hablando de un taller; en el caso de detalles algo parecido hablaríamos de grupos o seguidores. El objetivo final era poder clasificar y distinguir entre la inmensa cantidad de producciones que se realizaban entre los ss VI y IV a.n.e

Si el pintor estaba identificado en la pieza (muchas veces indicaban su nombre seguido de ἔγραψεν que traduciríamos como "me dibujó") y a través del estudio de los detalles podría identificar fragmentos de cerámicas decoradas realizadas por el mismo artista en las que no conserváramos la firma. Una de las consecuencias del aumento de la producción fue que los pintores dejaran de firmar sus obras, sin embargo las premisas para poder seguir definiendo pintores seguían siendo válidas, por ello el Dr. Beazley continúo con su arduo trabajo denominándolos según el tema representado (pintor de *Herakles*, por ejemplo), una característica del motivo (del Tirso Negro), el museo o universidad donde se hallaba la pieza definía ese nuevo pintor (de Jena) o si tenía varias piezas para un mismo museo, con el número de inventario de la pieza (de Viena 116). .

A los estudios del profesor británico se han unido en los últimos años gran cantidad de reestudios posteriores que han propuesto nuevos pintores, nuevas relaciones entre estos, generando nuevos grupos, incluso una nueva clasificación que serían los círculos, que englobarían diferentes clases que a su vez incluirían diferentes talleres, que acogerían diferentes pintores.

Para el análisis del Barniz Negro nos basaremos en los estudios llevados a cabo por el Dr. Nino Lamboglia,

un pionero en la clasificación de este material. En su obra pionera *Per una classificazione preliminare della ceramica campana* (Lamboglia 1952) realizó un ensayo de ordenación tipológica que ha perdurado hasta nuestros días con la inclusión de nuevos tipos y subtipos que han completado su obra por ejemplo el caso de los estudios llevados a cabo por el Dr. Emeterio Cuadrado (1962).

Otra manera de referirnos a la morfología de la pieza será según la clasificación propuesta por el Dr. Jean Paul Morel (1981) construida a partir de criterios únicamente morfológicos estableciendo un sistema codificado. En éste cada dígito utilizado tiene un significado, indicando el primero el tipo de vaso, y los siguientes una variante propia de cada forma. Así se obtiene un sistema de cuatro números para cada forma que a veces se completa con una letra y otro número para obtener un código que define completamente la forma de la pieza siendo los números más próximos similares a éste.

En nuestro estudio utilizaremos sólo parcialmente las recomendaciones dadas por el profesor Morel que proponía anteceder una F mayúscula al número de pieza, añadiremos el número dado al tipo y lo seguiremos con una letra en mayúscula para referirnos al autor que define la forma, L para Lamboglia, M para Morel o C para las formas propuestas por D. Emeterio Cuadrado.

Los estudios morfológicos los completaremos con otros estudios más específicos para la cerámica de barniz negro ático, como por ejemplo los hallazgos realizados en las excavaciones realizadas entre 1931 y 1963[3] en el Ágora de Atenas estudiadas por Brian A. Sparkes y Lucy Talcott (1970) en una excelente monografía. En ésta podemos distinguir la evolución de estas formas desde mediados del s VI hasta el fin de su producción a finales del s IV a.n.e La vinculación de la información estratigráfica de la excavación a datos conocidos de la Historia de Grecia nos permite afinar la cronología de elaboración y uso de determinadas piezas con un margen de error de 25 años.

Para la península Ibérica, en cuestiones de estudio de cerámica griega hemos contado con los estudios, todavía vigentes del Dr. Emeterio Cuadrado (1963) y la Dra Gloria Trías (1967) continuados después por especialistas como M. Picazo (1977), J.M. García Cano (1979; 1982; 1985; García Cano y Page del Pozo 1991; 2000; García Cano y Gil González 2009), A.J. Dominguez Monedero (2001; Domínguez y Sánchez 2001), R. Olmos (1973; 1977; 1983; 1984; 1993; Olmos Romera y Balmaseda Muncharaz 1981; Olmos Romera y Garrido Roiz 1982), P. Rouillard (1975; 1981; 2001; 2008; 2010; Picazo Gurina y Rouillard 1976; Blánquez Pérez y Rouillard 1997; 1998; Rouillard y Ginouves 2009) o P. Cabrera (2003; 2004; Olmos Romera y Cabrera 1980).

---

[3] Incluyen también algunas piezas de las excavaciones entre 1964 y 1967 no estudiadas directamente por los autores, otras de las intervenciones de la ladera norte de la Acrópolis y unas pocas de colecciones particulares.

Los talleres itálicos de pequeñas estampillas fueron definidos a finales de los años 60 (Morel 1969) y reestudiados gracias a los nuevos hallazgos en el santuario de Juno en Gabii (Pérez Ballester 1987) en cuyos estudios nos basamos. Los talleres de campamiense A en el área napolitana fueron muy bien estudiados por Lamboglia (1952) y Morel (1981) y posteriormente por Michel Py (1993; 2001) y nos basaremos en sus investigaciones. Los talleres del Mediterráneo noroccidental fueron definidos gracias a los hallazgos de Ampurias y Rosas (Sanmartí i Grego y Solier 1978) y su estudio ha sido actualizado gracias a las aportaciones llevadas a cabo en los últimos años (Principal Ponce 1998). En el caso de los talleres del área punicizante, los primeros estudios

llevados a cabo por el profesor Morel (Morel 1983; 1986) la adscriben a un taller en el entorno de Cartago donde incluía los grupos Byrsa 401 y 661. El primero redefinido gracias s los estudios arqueométricos como producciones sicilianas (Morel 1998), rebajando su cronología hasta el s II a.n.e (Principal Ponce y Ribera i Lacomba 2013: 122-124). El segundo fue adscrito a los talleres de Cales gracias a los estudios de Luigi Pedroni (Pedroni 1986; 1990) identificándolos como producciones de la variante antigua fechada en la primera mitad del s II a.n.e Todas estas producciones no las hemos incluido en nuestros estudio aunque sí los vasos plásticos y el *guttus* hallados en la necrópolis del Cabecico de Tesoro cuyos talleres no tenemos localizados.

Marco geográfico

Creemos necesario realizar una breve aproximación al análisis del relieve y la hidrología tal y como ya hicimos en nuestra anterior estudio (Ramos Martínez 2018) que nos facilitará la detección y comprensión de los corredores naturales, objeto de este epígrafe.

3.1. El relieve

El sustrato geológico, unido a los procesos tectónicos, han conformado una serie de unidades de relieve que caracterizan el territorio de la Región de Murcia al SE de la península ibérica. Muchas de estas unidades corresponden con las áreas morfoestructurales propias de las cordilleras béticas. Hemos adoptado la clasificación realizada por el Dr Conesa en su estudio sobre el relieve en la Región de Murcia (Conesa García 2006: 76). Definimos nueve unidades que son: relieves noroccidentales, relieves nororientales, relieves centro-occidentales, depresiones neógenas interiores, valle del Segura, valle del Guadalentín, sierras prelitorales, llanuras y depresiones litorales y sierras litorales (Figura 3.1).

3.1.1. Relieves noroccidentales

Como su propio nombre indica, está situada en el NW de la Región de Murcia, entre las sierras del Segura y Taibilla al W y el Valle del Segura al E. Precisamente en esa misma dirección presenta una pendiente desde occidente, (donde se encuentra el punto más alto de la Región de Murcia Revolcadores con 2027 msnm), hasta la depresión del Segura (a unos 300 msnm). En esta unidad se definen una serie de formaciones montañosas alineadas sobre el eje ENE – WSW como son la sierra de las Muelas, Mojantes, Serrata, las Cabras y Burete; otra con alineaciones E – W, la Sierra de los Álamos; y también sobre el eje NE – SW que se corresponden a las Sierras de Villafuerte y la Puerta. A las anteriores debemos unir sierras de gran compactación como la de Moratalla, Gavilán y Buitre. También tenemos presencia de depresiones generadas por los cursos fluviales de los río Quipar, Argos y Benamor (Conesa García 2006: 76-77).

Las elevaciones corresponden a anticlinales y mantos de corrimiento pertenecientes a dominios *Prebéticos* y *Subbetico Externo* lo que da un paisaje de relieves más accidentados. Las depresiones fluviales de los ríos Argos y Quipar, discurren entre territorios de colinas y lomas dispersas con pendientes suaves y abundantes cárcavas. Sin embargo, en la depresión del Benamor podemos distinguir dos áreas diferenciadas por la Sierra de la Muela que encajona el río: la altiplanicie del Sabinar y la cuenca de Moratalla.

3.1.2. Relieves Nororientales

En esta unidad e relieve incluimos la meseta del altiplano de Jumilla-Yecla junto con las Sierra Cabeza de Asno y la Sierra del Puerto. Se trata pues de una zona de transición entre el litoral mediterráneo y la Meseta. Es muy característica la existencia de alineaciones montañosas siguiendo el eje SW-NE que dejan entre ellas una serie de corredores que comunican con el Valle del Segura. Observamos tres líneas de formaciones que pasamos a describir de S a N. La primera línea incluiría la sierra Larga, Sopalmo, Carche y Salinas. La segunda línea estaría formada por las sierras del Picacho, Molar y del Buey, que se prolongan fuera del altiplano en las sierras del Puerto y Cabeza de Asno. La tercera alineación la integrarían la sierra del Escabezado, de las Cabras, de la Magdalena y del Cuchillo. Al S de la primera línea tendríamos la Rambla de la Raja, entre la primera línea y la segunda tendríamos la rambla del Judío (Romero Díaz y Alonso Serra 2007).

Es de resaltar en esta demarcación la importancia de una formación muy característica, los glacis. Se trata de una superficie de erosión aplanada con una pendiente longitudinal muy suave (menor del 5%). En el altiplano los tenemos representados labrados sobre rocas blandas (margas y yesos) y con formas convergentes que finalizan en planicies (Conesa García 2006: 62).

3.1.3. Sierras centro-occidentales

En esta delimitación incluimos las sierras de Espuña, Torrecilla, Almirez y Gigante. Es una zona de alta complejidad geológica y tectónica por lo que produce escenarios muy desiguales. sierra Espuña, se corresponde con un dominio Bético y vemos como se conforma en un paisaje kárstico de baja intensidad según nos acercamos a la parte más meridional de la formación. Aquí los cursos fluviales como el río Espuña y la rambla Calzona aprovechan las discontinuidades tectónicas existentes. Al NE están las sierras del Cambrón, Ponce y Madroño fruto de un abombamiento sinclinal. Entre la sierra del Cambrón y la de Espuña existe un paso natural que conecta las comarcas altas de Lorca con el valle del río Mula. Al NW la sierra del Almirez, del Gigante y de la Torrecilla marcan el límite con la provincia de Almería. Al S se encuentra el valle del Guadalentín con el que se comunica en el estrecho formado por la Sierra de la Torrecilla y la de la Tercia y que es precisamente la localización estratégica de la ciudad de Lorca.

3.1.4. Depresiones neógenas interiores

Aquí incluimos una serie de cuencas rellenadas de materiales del Mioceno y Cuaternario (sobre todo margas

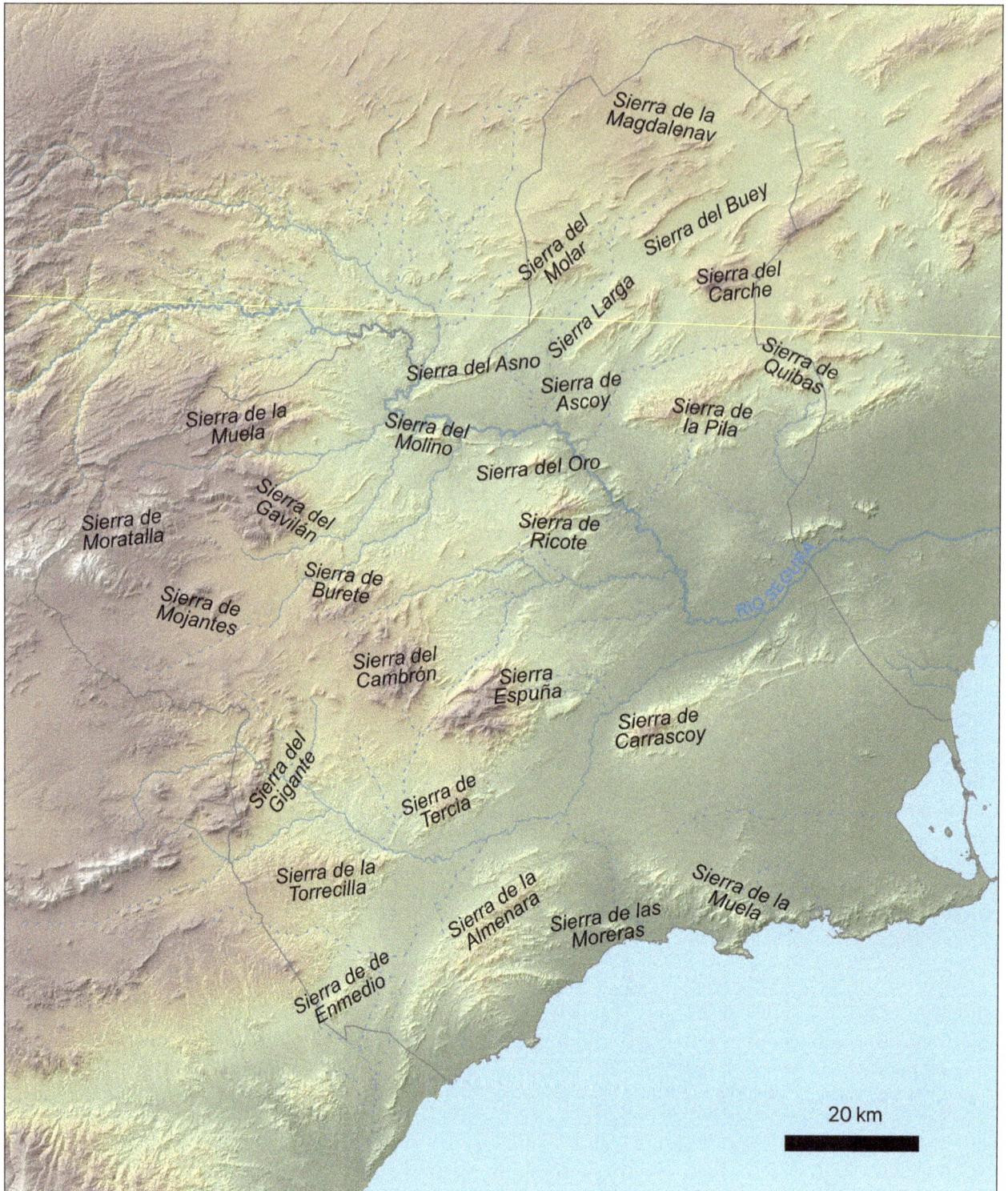

Figura 3.1. Principales unidades de relieve en la Región de Murcia (elaboración propia).

y arenas) en sistemas de encajamiento fluvial. Están delimitadas al N por el accidente Bullas-Archena y al S por la Falla de Lorca-Alhama de Murcia (Conesa García 2006: 81-83). Las unidades que conforman este espacio son las cuencas de Lorca, Mula y Fortuna. Todas ellas comparten un paisaje abarrancado con cuestas y mesas.

Si los examinamos más en detalle vemos que la cuenca de Lorca que acoge la cabecera del río Guadalentín antes

de entrar en el valle homónimo. Tiene una altitud media de 500 msnm (González Ortiz 1999: 200-201). Vemos un paisaje plagado con una compleja red de drenaje, fruto de la acción erosiva lo que ha dado como resultado unas ramblas con un gran encajonamiento.

La cuenca de Mula tiene una altitud media también de 500 msnm (Romero Díaz y Alonso Serra 2007) y viene condicionada por la existencia del Río Mula que está escalonado por una serie de terrazas a través de las cuales se va adaptando de forma progresiva al valle del Segura donde confluye con éste. Junto al río destaca las formaciones de travertinos en los Baños de Mula de contrasta con el paisaje general de margas erosionadas.

Finalmente la cuenca de Fortuna tiene una altitud media más baja que las anteriores, apenas llega a los 385 msnm (Romero Díaz y Alonso Serra 2007). Está encajonada entre la Sierra de la Pila y unas formaciones interfluviales compuestas de margas que la separan del valle del Segura. El paisaje dominante son cárcavas y *badlands* entre las que intercalan extrusiones de paquetes de yesos triásicos. De entre estos materiales neógenos tenemos surgencias de aguas termales (Lillo Carpio y Lisón Hernández 2002) aprovechadas desde la antigüedad.

3.1.5. *Valle del Segura*

El río Segura se articula en disposición casi perpendicular a las formaciones geológicas y movimientos tectónicos característicos de las cordilleras béticas. Se observan cambios en el paisaje que discurre según nos encontremos en la confluencia con un sistema de relieve subbético. Entonces el paisaje se convierte en estrechos pasos con el río encajonado, como ocurre en el estrecho de los Almadenes. Sin embargo, cuando los relieves se separan vemos como se conforman pequeñas depresiones que son colmatadas con aluviones fluviales. Superada la sierra de Ricote, la topografía se vuelve llana facilitando la formaciones de meandros y de grandes llanuras aluviales colmatadas por fértiles sedimentos que conforman el paisaje de huerta fruto de inundaciones periódicas (Lillo Carpio 1987: 1673). Los espesores de los sedimentos aluviales pueden llegar hasta los 240 m de profundidad (López Bermúdez 1973).

3.1.6. *Valle del Guadalentín*

Se trata de una importante depresión prelitoral que ocupa el sector intrabético con una orientación SW-NE que va desde el límite con Almería en el municipio de Puerto Lumbreras hasta la confluencia del río Guadalentín (que da nombre al valle) con el Segura y su paso a la depresión de Elche-Bajo Segura en el límite con la provincia de Alicante. Sierras prelitorales. Una de las características de este valle es que está delimitado al N y al S por sierras y sobre todo por dos líneas de fallas que siguen la dirección marcada por el valle. Al N la falla de Lorca-Alhama que delimita la sierra de la Torrecilla, Tercia, España y Muela; y al S la falla de Palomares-Norte de Carrascoy que delimita las sierras de Almenara y Carrascoy.

Esta depresión ha funcionado como una fosa tectónica lo que le ha valido la formación de grandes capas de relleno fluvial pliocuaternarios (hasta 300 m) debido a aportes (Rodríguez Estrella 2006: 21) y rellenos miocénicos que pueden llegar hasta los 1500 m de profundidad (Calmel-Avila 2000b: 66).

El valle está conformado por paisajes llanos delimitados por las sierras dichas entre las que se abren corredores que las comunican con la depresión litoral, como ocurre entre las sierras de la Almenara y la de Carrascoy. También presenta corredores que la comunican con la cuenca de Lorca a través de un estrecho paso entre las sierras de la Tercia y de la Torrecilla, donde actualmente se encuentra la ciudad de Lorca.

3.1.7. *Sierras prelitorales*

Esta unidad de relieve incluye las formaciones dentro del dominio bético que no tienen comunicación directa con la costa. Esta son la sierra de Enmedio y la de Carrascoy. Ambas presentan similitudes de materiales y estilos tectónicos a pesar de su separación. La orientación de estas elevaciones es la propia de las Cordilleras Béticas (SW-NE). Su litología se basa en materiales de Tríasico (calizas y dolomías) y del Pérmico (argilitas y cuarcitas) que alteradas por los episodios ocasionados por la orogenia alpina (Conesa García 2006: 87-88).

3.1.8. *Llanuras y depresiones litorales*

Dentro de este apartado incluimos la gran llanura del Campo de Cartagena que confluye hacia el Mar Menor y una serie de pequeñas depresiones litorales que se articulan al S y al E de la Sierra de la Almenara.

La llanura del Campo de Cartagena desciende suavemente desde la sierra de Carrascoy hasta el Mar Menor con una suave inclinación. Se trata de una cuenca rellena por materiales neógenos y cuaternarios y que a su vez está dividida en subcuencas como son los sinclinales de San Pedro del Pinatar, Torre Pacheco y El Escobar. El subsuelo presenta alternancia de niveles permeables e impermeables que se traduce en la existencia de un sistema acuífero multicapa (Conesa García 2006: 88).

El resto de depresiones litorales serían las de Mazarrón, Ramonete, Cope y Águilas. Todas ellas comparten la misma litología que la llanura del Campo de Cartagena con rellenos neógenos y cuaternarios. Sin embargo, la orografía resultante está muy influenciada por las estribaciones de la Sierra de la Almenara, y el desarrollo de ramblas que originan encajonamientos y áreas de aportes fluviales cerca de la costa.

3.1.9. *Sierras litorales*

Comprenden los sistemas montañosos de la Sierra de la Almenara, Sierra de las Moreras, Sierra de la Muela y los Montes de la Ceniza. Tienen altitudes muy moderadas siempre por debajo de los 800 msnm, incluso por debajo de los 600 msnm si exceptuamos la Sierra de la Almenara. Aun así, nos encontramos con relieves pronunciados fruto de una tectónica compleja. La anchura, altura y complejidad de estos sistemas aumente de E a W pasando de alturas de 307 m en las los Montes de la Ceniza hasta los 888 m en la Sierra de la Almenara (Conesa García 2006: 89-91).

3.2. Hidrología

La Región se Murcia se halla dentro de la denominada Cuenca del Río Segura, una delimitación realizada con criterios hidrológicos en la cual están incluidas todos los cursos de agua estacionales y permanentes dependientes o relacionados con el Río Segura, que se convierte así como eje vertebrador de la misma.

La citada cuenca ocupa una extensión de 18.870 km², llegando su influencia a toda las Comunidades Autónomas de Murcia, Valencia, Castilla-La Mancha y Andalucía. Se caracteriza por tener un clima propiamente mediterráneo con largos episodios de sequías y pequeños eventos de lluvias torrenciales, localizados principalmente en las primeras semanas de otoño y denominado "gota fría" (García Galiano 2006: 130).

El río Segura nace en la sierra homónima en la provincia de Jaén, en la aldea de Puente Segura a 1.413 msnm y tiene una longitud de 325 km aproximadamente hasta su desembocadura en el mar Mediterráneo cerca de la localidad de Guardamar del Segura (Alicante). En su primer tramo tiene una dirección predominante SW-NE y recorre hasta el embalse del Cenajo por un valle fluvial estrecho con altas cumbres a su alrededor que en ocasiones sobrepasan los 1.700 msnm. En este momento recibe las aportaciones de los ríos Zumeta y Taibilla por su margen derecha y de los ríos Madera, Tus y Mundo por la izquierda. Estos afluentes hacen que el Segura duplique su caudal. A su entrada al territorio administrativo de Murcia, con una dirección NNE-SSW describe una gran cantidad de meandros estructurales hasta su entrada en el Cañón de los Almadenes aprovechando líneas de fractura del mismo. Se observa así un paisaje donde el río está encerrado entre paredes verticales de casi 100 m. Después el curso se interna en un paisaje de cuencas miocénicas y cuaternarias donde deposita los sedimentos que transporta

hasta internarse en la sierra de Ricote por su parte más al W. Desde aquí se ensancha todo el curso del río hasta llegar a la depresión de Murcia donde, cercano al punto de su confluencia con el río Guadalentín, registra un acusado cambio de dirección tomando rumbo hacia el E hacia su desembocadura (López Bermúdez, Calvo García-Tornel y Morales Gil 1986: 99-102).

Una característica de este tramo, es que los afluentes suelen ser de ríos de caudal permanente, aunque muy escaso, en su margen derecha; y ramblas por su margen izquierda con aportes sobre todo en episodios de avenidas torrenciales. Tenemos así como afluentes por la derecha a los ríos Moratalla, Argos, Quipar, Mula y Guadalentín y por la izquierda las ramblas del Judío, del Moro, Salada y el Río Chicamo ya en la provincia de Alicante (Montaner Salas, Montaner y Tudela 2002: 24-26).

El afluente más importante es el río Guadalentín con una longitud de 121 km y una cuenca con una superficie de 3301 km². Su caudal está regulado casi en la cabecera lo que ha provocado la disminución de las avenidas torrenciales que lo caracterizaban. Pero gracias a ellas han podido realizarse estudios de relevancia sobre las aportaciones cuaternarias y la influencia en los hábitats pre y protohistóricos (Calmel-Avila 2000a; Calmel-Avila 2000b; Silva, Bardají, Calmel-Avila, Goy y Zazo 2008; Calmel-Avila, Silva Barroso, Bardaji, Goy Goy y Zazo Cardeña 2009).

Otros afluentes situados en la Región de Murcia son, por su margen derecha, el río Moratalla con unos 50 km y que nace en la aldea del Sabinar, el río Argos que nace en Caravaca y tiene una longitud de 48 km, el río Quipar que nace en la Hoya de la Junquera y se extiende 51 km hasta confluir con e Segura y finalmente el río Mula que nace en el municipio de Bullas y tiene un desarrollo de 64 km. Por el margen izquierda destacan las ramblas del Moro y del Judío con 41 y 59 km respectivamente desde su origen (López Bermúdez, Calvo García-Tornel y Morales Gil 1986: 107-114).

4

La cerámica de importación como índice de actividad comercial entre los siglos V-III a.n.e.

Una manera de evaluar la actividad comercial y del uso de las vías de comunicación es la circulación de materiales y su presencia documentada en determinados yacimientos ibéricos. Ante la diversidad de piezas o tipologías que podemos encontrar en la gran mayoría de los enclaves en los que tenemos evidencias de contactos comerciales, hemos optado por las producciones cerámicas de importación que cronológicamente cubren el período de estudio de este trabajo

Ya desde el s V a.n.e. empezamos a documentar evidencias de importaciones de piezas de talleres áticos (Figuras Negras, Figuras Rojas y Barniz Negro), que se mantienen durante el s IV (Figuras Rojas y Barniz Negro), siendo sustituidos en el s III por las producciones de talleres itálicos (de las Pequeñas Estampillas, de Teano, de Gnathia, Campanienses), talleres del Mediterráneo noroccidental (de las Tres Palmetas Radiales de Rosas) y talleres del área punicizante. De todos estos alfares tenemos representación en los yacimientos ibéricos de la Región de Murcia. Serán estas las producciones que pasaremos a analizar según la distribución de los hallazgos con el fin de poder discernir las rutas comerciales que siguieron las cerámicas.

La razón de escoger este indicador es que estamos convencidos de que el rastreo de este ítem nos permitirá conocer las rutas comerciales más activas, tanto de largo recorrido como las comunicaciones a corto y los intercambios de radio menor que se llevarían a cabo de manera cotidiana. La cerámica de importación ha sido clave a la hora de seguir el rastro de los comerciantes y ha sido utilizada por otros especialistas antes que nosotros (Trías de Arribas 1967; Adroher Auroux 1987; Domínguez Monedero 2001; García Martín 2003; Cabrera 2003; García Cano y Gil González 2009).

Dejamos para posteriores investigaciones el estudio más social de la distribución de piezas, como los que se han llevado a cabo en La Bastida de Les Alcusses (Amorós López y Vives-Ferrándiz Sánchez 2022; 2023). Nuestro análisis se centra más en dinámicas de distribución para permitirnos identificar rutas activas en un determinado momento.

4.1. Cerámica ática

Nos referimos aquí a las producciones que se realizan en aquella región griega del entorno de Atenas. Son muy reconocidas en cuanto a la calidad técnica y, a partir del s VI a.n.e., están presentes en yacimientos de todo el Mediterráneo debido a la exportación masiva de las mismas. A partir de finales del s V y sobre todo en el s IV a.n.e. será cuando se origine una verdadera explosión en la presencia de estos vasos en los yacimientos ibéricos. Los investigadores han relacionado este fenómeno con la derrota de Atenas en la Guerra del Peloponeso, que le lleva a potenciar el comercio buscando nuevos mercados y aumentando el intercambio con los ya existentes (García Cano 1985; Adroher Auroux y López Marcos 1995: 14). El gusto por este tipo de vasijas va más allá de la órbita funcional, pues también se comercian con piezas con decoraciones de figuras negras y rojas con motivos que representan escenas cotidianas helénicas o motivos mitológicos de aquella civilización. No sabemos hasta qué punto los íberos que compraron o intercambiaron estas piezas conocían esas historias que se representaban o simplemente era un gusto estético o su parecido como productos exóticos y por tanto de lujo, lo que les llevó a adquirirlas.

La presencia de la vajilla ática llega hasta finales del tercer cuarto del s IV cuando las cerámicas protocampanienses producidas en la península itálica comienzan a sustituir a las piezas áticas cuyos talleres decaen de manera sistemática a partir de la época de Alejandro Magno.

La cerámica decorada ha sido muy estudiada por John D. Beazley (1956; 1963) que elaboró un gran *corpus* donde incluye la totalidad de los vasos conocidos en su época, más de 30.000. Para su clasificación se valió de un sistema de agrupación estilística establecida a partir de la base de los detalles de cada uno de los pintores tratando de identificarlos y estableciendo grupos de pintores. El detalle con el que realizaba sus análisis le llevó incluso a determinar evoluciones para cada pintor o la posibilidad de la existencia de aprendices en los talleres. Para el caso de los vasos de figuras negras, algunos de ellos están firmados por los ceramistas y los pintores lo que facilitó la tarea y las primeras adscripciones, pero los vasos más evolucionados de esta técnica y la práctica totalidad de los vasos de figuras rojas hizo que las identificaciones se realizaran tomando prestado los yacimientos donde aparecieron las piezas, alguna característica formal o temática del pintor, los museos donde estaban depositadas o incluso los números de inventario de los vasos.

La cerámica ática de Barniz Negro en el mundo ibérico está muy bien estudiada y aporta cronologías muy precisas gracias a los hallazgos realizados en los pozos del Ágora de Atenas y su posterior investigación (Sparkes y Talcott 1970) que permitió comparar un gran depósito de materiales posibilitando su estudio sincrónico y diacrónico y afinando el rango cronológico propuesto. De este estudio se ha podido inferir una serie de consideraciones comunes para las producciones de barniz negro. En España son fundamentales los trabajos del Dr. Cuadrado de los materiales de barniz negro de El Cigarralejo (1963) y los de la profesora Gloria Trías para los vasos decorados (1967) como pioneros del estudio y continuados después por M. Picazo (1977), J.M. García Cano (1979; 1982; 1985; García Cano y Page del Pozo 1991; 2000; García Cano y Gil González 2009), A.J. Dominguez Monedero (2001; Domínguez y Sánchez 2001), R. Olmos (1973; 1977; 1983; 1984; 1993; Olmos Romera y Balmaseda Muncharaz 1981; Olmos Romera y Garrido Roiz 1982), P. Rouillard (1975; 1981; 2001; 2008; 2010; Picazo Gurina y Rouillard 1976; Blánquez Pérez y Rouillard 1997; 1998; Rouillard y Ginouves 2009) o P. Cabrera (2003; 2004; Olmos Romera y Cabrera 1980).

4.1.1. Principales formas

El estudio de la cerámica ática se basa en las formas y en las variaciones que éstas sufren en todo el tiempo en que se mantienen las producciones. La estandarización de los procesos de fabricación hace que las mínimas variaciones puedan comunicarnos una cronología ligeramente mayor o menor. Existen una serie de consideraciones generales que se aplican a todas las formas que pasamos a describir y después entraremos en las peculiaridades de cada una de los tipos que tenemos representados en los yacimientos ibéricos de la Región de Murcia

Los pies son considerablemente más altos en el s VI a.n.e. con predisposición a ser apuntados trazando una curva hacia el apoyo con tendencia a hacerse cada vez más bajos y a redondearse. A principios del s V los pies siguen siendo altos y durante ese siglo se mantiene la tendencia de ir rebajándolos, pero manteniendo los perfiles del siglo anterior. A partir del s IV los pies dejan de ser un elemento de decoración y pierden el interés por parte de los alfareros (Sparkes y Talcott 1970: 10-11)

En el s VI a.n.e. las asas presentan giros y curvas, sobre todo las *oinochoai* y *olpai* y en *skyphoi* de tipo corintio. Pero en el s V las asas se simplifican y se compactan para convertirlas en más sólidas. Para el s IV las asas se hacen contundentes, como en el caso de los *kantharoi* o meramente decorativas como las asas verticales de los *skyphoi* o bolsales que no serían útiles a la hora de agarrar la vasija (Sparkes y Talcott 1970: 11).

Los bordes y labios son delgados y afilados en el s VI, tienden a engrosarse y redondearse en la primera mitad s V con un labio cóncavo en las copas de pie alto. Para la segunda mitad éstos vuelven a fabricarse delgados con tendencia a estar vueltos al interior. En el s IV se detecta ya los primeros bordes moldurados al exterior (Sparkes y Talcott 1970: 11)

Los desarrollos de los perfiles están muy relacionados con la funcionalidad de cada forma. Sin embargo podemos

establecer una serie de criterios generales que después comentaremos para cada forma que recojamos en nuestro estudio. Para el s VI a.n.e. tenemos unas formas con amplias curvas que en el siglo siguiente se definen de una manera más elegante para que en el s IV veamos una mayor definición de cada parte de la pieza y un desarrollo más tosco que en los periodos anteriores (Sparkes y Talcott 1970: 11).

Las áreas de reserva se dan en las carenas de las piezas, donde el esfuerzo de pintar es mayor o se necesita cambiar el pincel por otro más delicado, con el consiguiente gasto de esfuerzo y tiempo. Lo mismo ocurre con la parte interna de los fondos anulares. Sin embargo, la intención de realizar este esfuerzo nos sirve a los arqueólogos para establecer indicios que nos ayuden a caracterizar y fechar la vasija en cuestión. Las reservas son más comunes en el s VI y a inicios del siguiente. Pero durante todo el s V la tendencia es de pintar la mayor cantidad posible de pieza en el torno. A finales de centuria y durante todo el s IV una línea grabada va sustituyendo las líneas de reserva dando lugar a muchos trabajos de mala calidad. En las producciones de finales del IV a.n.e. se produce la desaparición de las reservas (Sparkes y Talcott 1970: 18).

4.1.1.1. Crátera de campana

De todos los tipos de cráteras (cáliz, campana, columnas, volutas), éstas son las más comunes y las únicas representadas en los yacimientos ibéricos estudiados para la Región de Murcia. Las producciones anteriores al segundo cuarto del s V a.n.e. suelen ser en Barniz Negro y a partir de ese momento se decoran con motivos de figuras rojas hasta que dejan de producirse en torno a finales del tercer cuarto del s IV a.n.e.

Se caracterizan por ser recipientes de dimensiones considerables con una morfología muy reconocible. La evolución del pie es muy peculiar, los más antiguos del s V a.n.e. tiene forma de toroide con la pared externa vertical reservada al principio y después barnizada excepto una banda en la parte superior. A partir del primer cuarto del s IV el pie evoluciona con una moldura y la cara exterior cóncava. El cuerpo tiende a ser abierto y las paredes se elevan formando suaves curvas. El borde es ligeramente abierto ofreciendo un fácil acceso al interior de la pieza. Las asas se disponen de forma horizontal cerca del borde (Sparkes y Talcott 1970: 54-55; Picazo 1977: 44).

La función de estas vasijas es servir como recipiente para servir el vino mezclado con zumos, frutas u otros líquidos para que de aquí fueran consumidos por medio de copas en ambientes lúdicos o rituales. En contextos ibéricos este tipo de piezas se han utilizado como urnas cinerarias.

Tenemos documentadas 55 cráteras distribuidas en los yacimientos de Rambla del Judío/Ascoy, Poblado del Cabezo del Tío Pío, Cobatillas la Vieja, Loma del Escorial,

Figura 4.1. Crátera de campana decorada con figuras rojas con el motivo la *apotheosis* **de Herakles sepultura 532 Necrópolis del Cabecico del Tesoro (Museo Arqueológico de Murcia, Comunidad Autónoma de la Región de Murcia).**

Villa Real[4], Poblado Ibérico de Coimbra Barranco Ancho, Necrópolis del Cabezo del Tío Pío, Necrópolis del Cabecico del Tesoro (Figura 4.1) y Necrópolis de El Cigarralejo.

4.1.1.2. Pelike

Es una pieza morfológicamente parecida a las ánforas pero que tiene una base mucho más desarrollada para

tener una mayor estabilidad. Esta diferencia formal puede explicarse con la especificidad funcional de la pieza, destinada a contener aceite (Sparkes y Talcott 1970: 49-51). Fueron introducidas en el catálogo de formas después de la irrupción de la técnica decorativa de las figuras rojas, a partir de último cuarto del s VI o inicios del s V a.n.e.

La morfología de esta forma se caracteriza por tener un borde redondeado, pie desarrollado con un perfil de toro cerca de la parte inferior. Las producciones de barniz negro llegan hasta la mitad de s V a.n.e. sin que se conozcan hallazgos fechados posteriores. Las producciones con decoración figurada tienen una forma estandarizada como la que hemos indicado más arriba.

---

[4] Tenemos noticias de este material conforme a las publicaciones realizadas por el Dr Cuadrado (1953) y de éste viene recogido en los estudios de Diehl (Diehl, San Martín Moro y Schubart 1962), Gloria Trías (1967) y de la García Cano (1982); aunque desconocemos el paradero actual de las piezas. Creemos acertado incluir estas piezas para su estudio, aunque indicando en todo momento las limitaciones que tenemos.

Tenemos presencia de una única *pelike* de figuras rojas en la Necrópolis del Poblado de Coimbra Barranco Ancho, fuera de tumba.

4.1.1.3. Oinochoe (forma 2)

Esta es la forma más extendida. Presenta un pie bajo y delgado, con un cuerpo con curvas suaves que mantiene en la transición hacia el cuello formando una curva continua. La boca es trilobulada y el asa se proyecta a la altura de la boca. Está barnizada toda la pieza (incluido el interior del cuello) a excepción de la parte inferior. Se han definido tres momentos para esta variante. La primera datada entre el s VI y V a.n.e. es muy similar a la forma 1 definida por Sparkes y Talcott (1970) pero aparecen elementos indicativos como el pie de disco, el cuello poco desarrollado y el cuerpo que en la parte baja de la pared tiene una tendencia entrante; todo en conjunto dando un aspecto más compacto a la pieza. El segundo momento se da a mediados del s V y supone la consolidación de los cambios indicados con una pieza de aspecto más equilibrado. El tercer momento se da a inicios del s IV a.n.e. cuando la forma tiende a hacerse más esbelta, la boca trilobulada se abre más que en los momentos anteriores, y el pie se estrecha y se hace más alto (Sparkes y Talcott 1970: 60).

La función de este tipo de formas es bastante evidente, estaba destinado a contener líquidos, sobre todo vino (οἶνος en griego antiguo) para después poder servirlo en recipientes más pequeños aptos para el consumo. Este tipo de boca trilobulada es ideal para verter líquidos canalizándolos en un punto concreto supone una gran especialización de la pieza.

Se han documentado un total de 5 *oinochoai* de manufactura ática distribuidos en los yacimientos de C/ Cura Hurtado Lorente - C/ Eras (Figura 4.2), Necrópolis del Cabezo del Tío Pío y Necrópolis del Castillejo de los Baños.

4.1.1.4. Olpe

Esta jarra es similar al anterior pero con un aspecto mucho más estilizado y sin contar con la especialización del pico vertedor en la boca. En los estudios realizados en la cerámica encontrada en el Ágora de Atenas (Sparkes y Talcott 1970: 76-79) se distinguen dos variantes de esta forma. La más antigua, fechada en el s VI a.n.e. tiene el cuerpo ovoide con un desarrollo de cuerpo sueva, sin carenas, y pie de disco y puede tener un pico vertedor. A partir del s V estas jarras se reducen de tamaño hasta llegar a lo que los investigadores consideran una capacidad estándar que pudiera estar indicando una medida de capacidad según se indican la presencia de inscripciones y que todo el contenido rellenaba por completo un Bolsal convencional. Las producciones de este momento se dividen conforme su acabado en: con barniz en bandas, barnizado sin pie, barnizado con pie.

En la Región de Murcia se han documentado *olpai* perteneciente a la tipología de barnizado completamente en las excavaciones llevadas a cabo en la Necrópolis de los Nietos.

4.1.1.5. Kylix (F42A L / F4271a1 M)

Se trata de copas con una forma muy abierta poco profunda con labio bajo y pueden presentarse con o sin pie alto. Presenta asas horizontales cerca del borde que pueden estar enlazadas. Tenemos noticias de la fabricación de esta forma desde la antigüedad pero será a finales del s VI a.n.e. cuando adopte la forma canónica sirviendo como soporte para decoraciones en Figuras Negras y Figuras Rojas aunque también las tenemos pintadas completamente en Barniz Negro (Sparkes y Talcott 1970: 88-105). Estas producciones dejan de ser tan comunes en el s IV a.n.e. cuando van siendo reemplazadas en la vajilla por otras copas como *skyphoi*, *kantharoi* o bolsales.

Se han documentados un total de 122 *kylikes* y los tenemos presentes en los yacimientos de C/ Cura Hurtado Lorente - C/ Eras, Cabezo de la Rueda, Poblado del Cabezo del Tío Pío, Las Cabezuelas, Castillejo de los Baños, Castillico de las Peñas, Cobatillas la Vieja, Loma de la Tendida, Mafraque, Los Molinicos, Loma del Escorial, El Villar de Archivel, Necrópolis de Los Nietos, Poblado Ibérico de Coimbra Barranco Ancho, La Mota I, Necrópolis ibérica de Lorca, Necrópolis del Cabezo del Tío Pío, Necrópolis del Cabecico del Tesoro, Necrópolis de El Cigarralejo, Necrópolis de la Senda de Coimbra Barranco Ancho y Necrópolis del Castillejo de los Baños.

Debido a la gran variedad de formas definidas, comentaremos someramente algunas variantes que se dan en los yacimientos regionales.

4.1.1.5.1. Kylix Droop

Las producciones este tipo de copa presenta un labio cóncavo, un cuerpo poco profundo y las asas pintadas completamente con barniz negro. Tiene una gran banda roja entre el cuerpo y el pie y una reserva que a veces está grabada. La cara exterior del pie tiene forma toroide. Este tipo de piezas tiene una cronología de 550-510 a.n.e. (Droop 1910; Sparkes y Talcott 1970: 91; Picazo 1977: 12).

Este tipo de copas sería utilizado para el consumo de vino bien como acto lúdico o bien en actos rituales definidos como los *symposia* o las celebraciones dionisíacas. En el caso de piezas tan singulares en contextos ibéricos serían considerados como vajilla de prestigio no sabemos si destinada a los mismos rituales para las que fueron diseñadas en origen.

Solamente se ha documentado dos fragmentos de esta producción, ambas en el Cabezo del Tío Pío, un fragmento en la necrópolis y otro en el poblado.

Figura 4.2. *Oinochoe* **decorado con motivo de figuras rojas aparecido en el yacimiento de C/ Cura Hurtado Lorente-C/ Eras. (Museo Arqueológico de Murcia, Comunidad Autónoma de la Región de Murcia).**

4.1.1.5.2. Kylix *inset lip* del Ágora de Atenas

Esta copa tiene un grueso pie de anillo, paredes bajas y labio cóncavo al exterior y moldurado al interior. En el exterior tiene una carena a partir de la cual se dispone la forma cóncava del labio y bajo la cual se desarrollan las asas. Esta forma se introduce en el segundo cuarto del s V hasta y permanece hasta el primer cuarto del s IV (Sparkes

y Talcott 1970: 101-102). Se corresponde con la *Castulo Cup* definida por Shefton (1982).

La función de estas copas, era para el consumo de vino bien con motivo lúdico o bien en actos rituales definidos.

Tenemos 13 piezas definidas para esta variante localizadas en los yacimientos de la Necrópolis de Los Nietos,

Necrópolis del Cabecico del Tesoro y en la Necrópolis del Castillejo de los Baños.

4.1.1.5.3. Kylix de la clase delicada (F4221 M)

Estas formas se caracterizan por tener un pie bajo, poca profundidad de cuerpo curvado hasta el borde plano al exterior pero engrosado al interior. Las asas están dispuestas en la parte baja del cuerpo y llegan hasta la altura del borde (Sparkes y Talcott 1970: 102-105). Tenemos dos variantes para esta forma:

- Cuerpo poco profundo, con borde recto en el exterior y moldura interna
- Igual al anterior pero con labio cóncavo y cuerpo a veces agallonado.

Estas piezas están fechadas entre primera mitad del siglo V y primera mitad del s IV a.n.e. La función como, hemos señalado anteriormente, sería el consumo de vino bien como aspecto lúdico o bien enmarcado en algún tipo de ritual.

Sólo se han documentado dos *kylikes* de la clase delicada una en la Necrópolis Ibérica de Lorca y otra en la Necrópolis de Los Nietos.

4.1.1.6. Kylix-Skyphos

Se trata de una copa profunda con asas en disposición horizontal. El perfil de la pieza puede dividirse en dos variantes. La primera es un borde recto en la cara exterior y moldura interna con el labio marcado. La segunda variante sería el borde cóncavo al exterior y engrosado en el labio (Sparkes y Talcott 1970: 109-112; García Cano 1982: 20). Estas copas tendrían también función de consumo de vino bien como uso lúdico o bien en rituales definidos. La singularidad de estas copas hace que en contextos ibéricos podamos interpretarlos como bienes de prestigio.

Se han encontrado 21 *kylikes-skyphoi* en los siguientes yacimientos: C/ Cura Hurtado Lorente - C/ Eras, Poblado del Cabezo del Tío Pío, Cobatillas la Vieja, Mafraque, Loma del Escorial, Necrópolis del Pasico de San Pascual, Necrópolis del Cabezo del Tío Pío, Necrópolis ibérica de Lorca, Necrópolis del Castillejo de los Baños y Necrópolis de los Nietos.

4.1.1.7. Skyphos de tipo ático (F43 L / F4343 M)

Esta forma es una evolución del tipo corintio. Tienen un cuerpo profundo y con una forma ovoidea con una sola curva cerca del pie y en las formas más tardías evolucionan a un perfil en forma de S similar a lo que ocurre en los *kylikes-skyphoi*, pero muchos más altos. Las asas se disponen de forma horizontal muy cerca del labio de la pieza. El pie suele ser un toroide que se destaca del perfil de la pieza. Estas producciones las tenemos representadas desde la segunda mitad del s V hasta la primera mitad del

s IV (Sparkes y Talcott 1970: 84-84; García Cano 1982: 21-22).

El estudio morfométrico de un conjunto de *skyphoi* asociados a contextos cronológicos fiables dio como resultado que en las piezas del s V será la curvatura la que nos indique la antigüedad del vaso, siendo las más modernas las que el borde superior se va haciendo una inflexión cada vez más pronunciada. Para el s IV a.n.e. el diámetro del pie se va reduciendo con respecto al del borde y que se van haciendo cada vez más altos en proporción (García Cano y Gil González 2013: 42-43).

La función de estas piezas sería el consumo de líquidos, sobre todo vino en ambientes lúdicos o rituales, como es el caso de los *kylikes-skyphoi* o la *kylix*.

Conservamos 36 *skyphoi* en los siguientes yacimientos C/ Cura Hurtado Lorente - C/ Eras, Poblado del Cabezo del Tío Pío, Necrópolis del Cabezo del Tío Pío (Figura 4.3), Cobatillas la Vieja, Mafraque, Loma del Escorial, Necrópolis del Pasico de San Pascual, El Villar de Archivel, Poblado Ibérico de Coimbra Barranco Ancho, Casco urbano de Cartagena, La Mota I, Necrópolis del Cabecico del Tesoro, Necrópolis de El Cigarralejo, Necrópolis de la Senda de Coimbra Barranco Ancho, Necrópolis ibérica de Lorcay Necrópolis del Castillejo de los Baños.

4.1.1.8. Bolsal (F42B L / F4162 M)

El nombre de esta pieza fue adoptado por la profesor Beazley haciendo un acrónimo de BOLonia y SALónica, dos ciudades donde tenemos ejemplo de ellas. También es denominado con el nombre griego *kotyle*, muy adoptado por la bibliografía italiana. Es una copa profunda con paredes verticales, un pie muy elaborado con uña muy definida, labio plano y dos asas en disposición horizontal que parten desde éste. La cronología de esta forma va desde segunda mitad del s V hasta la primera mitad del s IV a.n.e. En las variantes más tardías estas la pared suele curvarse en forma de S (Sparkes y Talcott 1970: 107-108; García Cano 1982: 20-21).

Se han encontrado 69 bolsales en los yacimientos de Poblado del Cabezo del Tío Pío, Castillico de las Peñas, Cobatillas la Vieja, Los Molinicos, Loma del Escorial, Necrópolis del Barranco de Coimbra Barranco Ancho, Poblado Ibérico de Coimbra Barranco Ancho, Necrópolis del Cabezo del Tío Pío, Necrópolis del Cabecico del Tesoro, Necrópolis de El Cigarralejo, Necrópolis del Poblado de Coimbra Barranco Ancho, Necrópolis de la Senda de Coimbra Barranco Ancho, Necrópolis ibérica de Lorca, Necrópolis del Castillejo de los Baños y Necrópolis de Los Nietos.

4.1.1.9. Kantharos (F40 L / F3521 M)

Se trata de unas copas profundas con asas en disposición vertical con un pie muy característico que imita, en menos tamaño, al de las cráteras. Este detalle es el que lleva

Figura 4.3. *Skyphos* **decorado con Figuras Rojas perteneciente al pintor del** *Fat Boy* **procedente del Cabezo del Tio Pio (Museo Arqueológico de Murcia, Comunidad Autónoma de la Región de Murcia).**

Lamboglia a denominarlos *cratere* (1952) donde distingue 6 formas dentro de la denominación de forma 40:

- F40A *Cratere á calice*
- F40B *Cratere á colonnette* con borde moldurado y cuerpo agallonado
- F40C *Cratere á colonnette* con borde moldurado, cuerpo agallonado y forma estilizada
- F40D *Cratere á colonnette* con borde liso
- F40E *Cratere á colonnete* con borde moldurado
- F40F *Cratere á colonnete* con borde moldurado, cuerpo agallonado y asas convexas.

Posteriormente el Dr. Cuadrado en sus estudios definió una forma nueva (Cuadrado Díaz 1963: 120-121)

- F40G con borde moldurado, cuerpo agallonado y un asa

Y también dos variantes de las formas F40D y F40E según si la parte globular del cuerpo tenga gallones o no (Cuadrado Díaz 1963: 260-263).

- F40D-I *Cratere á colonnette* con borde liso y cuerpo liso

- F40D-II *Cratere á colonnette* con borde liso y cuerpo moldurado
- F40E-I *Cratere á colonnete* con borde moldurado y cuerpo liso
- F40E-II *Cratere á colonnete* con borde moldurado y cuerpo agallonado, muy similar a la forma F40B

La evolución de las formas afecta a lo estilizado de las piezas. Este fenómeno fue estudiado por Robinson en los vasos encontrados en las excavaciones llevadas a cabo en Olinto (Robinson 1950) y también por el Dr Cuadrado con el lote de piezas que procedente de sus excavaciones en la Necrópolis de El Cigarralejo (Cuadrado Díaz 1963). Las piezas más antiguas tienden a ser más achatadas y las más recientes mucho más altas y estilizadas, pasando el módulo altura/diámetro de la boca de 1 o menos a mayor de 1.

Son copas para el consumo de líquidos y están representadas desde el tránsito de los siglos V-IV y todo el s IV a.n.e.

Tenemos noticias de 75 *kantharoi* en los siguientes yacimientos: C/ Cura Hurtado Lorente - C/ Eras, Bolbax, Poblado del Cabezo del Tío Pío, Necrópolis del Cabezo del Tío Pío, Castillejo de los Baños, Castillico de las Peñas, Cerro de la Ermita de la Encarnación, Poblado Ibérico de Santa Catalina del Monte, El Villar de Archivel, Necrópolis del Barranco de Coimbra Barranco Ancho, Necrópolis del Cabecico del Tesoro, Necrópolis de El Cigarralejo, Necrópolis del Poblado de Coimbra Barranco Ancho, Necrópolis de la Senda de Coimbra Barranco Ancho, Necrópolis ibérica de Lorca y Necrópolis del Castillejo de los Baños y Necrópolis de Los Nietos.

4.1.1.10. Kantharos de la clase Saint-Valentin

Es una producción la peculiar por su técnica decorativa y la calidad en el acabado. Se tratan sobre todo de *kantharoi* y *skyphoi* con una rica decoración de pintura blanca sobre el barniz negro o el fondo reservado, con motivos muy recurrentes como ajedrezados, rombos, hojas de laurel o plumas. Fuero clasificadas en nueve grupos por Howard y Johnson (1954).

La rareza de este tipo de piezas hace que nos planteemos si realmente servía como piezas de uso o solamente como elemento de prestigio.

Solamente se han documentado 7 *kantharoi* de la clase *Saint-Valentin* en la Necrópolis del Cabezo del Tío Pío, Necrópolis del Castillejo de los Baños y Los Molinicos; siendo todos ellos fragmentos de piezas, excepto en el caso de Los Molinicos donde sí tenemos un perfil completo.

4.1.1.11. Lekanis

Son cuencos bajos con pie y dos asas horizontales que suelen acompañarse de una tapadera realizada a medida en forma de conjunto. En los yacimientos ibéricos de la Región de Murcia no tenemos documentada esta forma, pero sí la tapadera asociada, de un modelo muy característico denominada reversible que en ocasiones aparece sola, pues puede tener también la función de plato.

La morfología de la pieza (como tapadera) sería la siguiente. La agarradera tendría forma de pie de plato lo que facilitaría el apoyo en su función secundaria. El cuerpo se desarrollaría con paredes rectas y poco inclinadas acabando en un borde recto. La decoración suele ir por la cara externa de la pieza lo que refuerza su consideración principal como tapadera. En el interior suele tener una cazoleta central como los platos de pescado (F23 L) que nos daría una pista para interpretar el doble uso de esta forma.

Tenemos presencia de dos tapaderas de *lekanis* en los yacimientos de Castillico de las Peñas y Necrópolis del Poblado de Coimbra Barranco Ancho.

4.1.1.12. Askos

Se tratan de piezas cerradas con forma alargada un asa en la parte superior y un pico vertedor. Existen variantes más o menos profundas incluso con representaciones plásticas

en la vasija de animales o frutos (Sparkes y Talcott 1970: 157-160).

Este tipo de vasos tan peculiares eran destinados al almacenamiento de aceites y perfumes que se utilizarían en rituales y en el gineceo.

Se ha encontrado un *askos* con forma de paloma en la Necrópolis del Cabezo del Tío Pío.

4.1.1.13. Platos de borde entrante (F21 L / F2771 M)

Se trata de una de las formas más características del s IV a.n.e. y de las más extendidas en los yacimientos ibéricos. Es un cuenco abierto sin asas y con pie anular y borde curvo entrante. La variedad de las funciones que podría tener esta pieza estaría en relación al tamaño de la misma. La gran variedad de tamaños hizo que el profesor Cuadrado en sus estudios diferenciara entre fuentes, platos o escudillas en razón al diámetro de estas piezas, mayor de 20, entre 20 y 12 o menor de 12 respectivamente (Cuadrado Díaz 1963). Estas formas son denominadas como *incurving rim bowl* en los estudios del Agora de Atenas (Sparkes y Talcott 1970: 131-312)

Las formas más antiguas tienen un perfil más compacto por el contrario de las formas más evolucionadas que presentan una silueta más suave, menos curva con un pie más alto y delgado. Suele presentar una reserva en la unión del cuerpo con el pie y en las piezas más antiguas el fondo alterna círculos barnizados con otros en reserva. Es muy característica la presencia de uña en el pie anular.

Tenemos definidos 170 estos platos en los yacimientos Rambla del Judío/Ascoy, Necrópolis del Cabezo del Tío Pío, Poblado del Cabezo del Tío Pío, Castillejo de los Baños, Castillico de las Peñas, Castillo de Jumilla, Cobatillas la Vieja, Los Molinicos, Necrópolis de Los Nietos, Necrópolis del Barranco de Coimbra Barranco Ancho, Poblado Ibérico de Coimbra Barranco Ancho, Necrópolis del Cabecico del Tesoro, Necrópolis de El Cigarralejo, Necrópolis del Poblado de Coimbra Barranco Ancho, Necrópolis de la Senda de Coimbra Barranco Ancho, Necrópolis ibérica de Lorca, Necrópolis del Castillejo de los Baños y Necrópolis de Los Nietos.

4.1.1.14. Platos de borde saliente (F22 L / F2681 M)

Una forma muy similar al anterior, se trata de un plato abierta, profunda, con paredes verticales, borde engrosado al exterior y pie anular. Son propios de finales del s V y durante todo el s IV a.n.e. Puede presentarse como una pieza de pequeño tamaño o como una gran fuente de más de 20 cm de diámetro. La clasificación por tamaños establecida en la forma anterior por el Dr. Cuadrado se aplica también a este tipo.

El pie anular es plano y bajo en las piezas más antiguas y la conexión con el cuerpo se hace trazando un perfil de toro y escocia. A partir del s IV a.n.e. los pies anulares se hacen cada vez más altos. El perfil continuo del cuerpo empieza a convertirse en un perfil de doble curva a finales del s V que se va haciendo más pronunciado durante el s IV, generando un ángulo a partir de la mitad de siglo. Estas piezas han sido clasificadas como *outturned rim bowl* por Sparkes y Talcott (1970: 128-129).

De estos platos se han documentado 92 en las excavaciones y prospecciones llevadas a cabo en Bolbax, Necrópolis del Cabezo del Tío Pío, Poblado del Cabezo del Tío Pío, Castillejo de los Baños, Castillico de las Peñas, Loma de la Tendida, Loma del Escorial, El Villar de Archivel, Poblado Ibérico de Coimbra Barranco Ancho, Necrópolis del Cabecico del Tesoro, Necrópolis de El Cigarralejo, Necrópolis del Poblado de Coimbra Barranco Ancho, Necrópolis de la Senda de Coimbra Barranco Ancho, Necrópolis del Castillejo de los Baños y Necrópolis de Los Nietos

4.1.1.15. Plato de pescado (F23 L / F1121 M)

Forma abierta que se caracteriza por tener un labio colgante hacia abajo, pared recta muy abierta, una cazoleta central y un pie anular. Se denomina "plato de pescado" porque cuando está decorado se suele pintar con pescados u otros animales marinos, representando la función para la que fue diseñada esta pieza. La producción en barniz negro se inicia a finales del s V y dura hasta época helenística.

El pie es la parte más variable de esta forma. Las piezas más antiguas lo tienen muy elaborado con una especie de cuello sobre un amplio anillo con una muesca en la cara externa. Las piezas más modernas tienen un pie recto con una muesca interna en el apoyo. El fondo interno está barnizado con una reserva en los extremos y hasta mediados del s IV a.n.e. puede también disponerse bandas de barniz y un punto central. La cazoleta central puede ser plana o muy pronunciada con un umbo central. Las pendientes de las paredes son poco pronunciadas en las primeras producciones, para ir poco a poco ganando inclinación. La evolución temporal también se aprecia en el borde colgante al exterior que va incrementando su tamaño y grosor. La forma ha sido definida como *fish-plate* por Sparkes y Talcott (1970: 147-148).

En producción ática de barniz negro de esta forma característica ha aparecido 10 piezas en los yacimientos: Cabezo de la Rueda, Loma del Escorial, Necrópolis del Cabecico del Tesoro (Figura 4.4), Necrópolis de El

Figura 4.4. Plato de pescado (F23 L) de Barniz Negro ático hallado en la Necrópolis del Cabecico del Tesoro (Museo Arqueológico de Murcia, Comunidad Autónoma de la Región de Murcia).

Cigarralejo, Necrópolis del Poblado de Coimbra Barranco Ancho y Necrópolis de Los Nietos.

4.1.1.16. Páteras

Englobamos en esta denominación las pequeños recipientes abiertos definidos por Lamboglia (1952)con la F24 L / F2786 M (pequeña copa semiesférica) y F21/25 / F2761 o F2711 M (muy similar a la F21 con borde entrante pero de pequeñas dimensiones). Los estudios realizados con las piezas halladas en el ágora de Atenas lo denominan *smal bowl and saltcellar* (Sparkes y Talcott 1970: 132-138). Están representadas a finales del s V y durante todo el s IV a.n.e. (García Cano 1982: 27-28).

En el caso de la F24 L las paredes pueden ser lisas o agallonadas (subtipos A y B respectivamente) según la clasificación del autor. Posteriormente el Dr. Cuadrado (1963: 109) diferenció dos variantes dentro de la F24A L según si se engrosaba la pared cerca del borde (F24A-I) o si el grosor de la pared era uniforme (F24A-II).

En cuanto a la F21/25 L también el Dr. Cuadrado (1963: 109) discriminó dos subtipos que se aprecian en el pie de la pieza, siendo la variante F21/25A con pie vertical y la F21/25B con pie oblicuo. De la misma manera las investigaciones del Dr. Cuadrado también diferenciaron la segunda variante en dos según la superficie central si era ligeramente cónica y sin decorar (F21/25B-I) o si era plana y decorada (F21/25B-II).

Con respecto a la pátera F24 en producciones de barniz negro ático se han documentado 30 piezas en Castillico de las Peñas, Necrópolis de Villaricos, Poblado Ibérico de Coimbra Barranco Ancho, Necrópolis del Cabecico del Tesoro, Necrópolis de El Cigarralejo, Necrópolis del Poblado de Coimbra Barranco Ancho y Necrópolis de la Senda de Coimbra Barranco Ancho.

De la pátera F21/25 L en barniz negro tenemos representadas 52 piezas y está presente en los yacimientos de Rambla del Judío/Ascoy, Bolbax, Poblado del Cabezo del Tío Pío, Castillico de las Peñas, Los Molinicos, Loma del Escorial, El Villar de Archivel, Poblado Ibérico de Coimbra Barranco Ancho, Necrópolis del Cabezo del Tío Pío, Necrópolis del Cabecico del Tesoro, Necrópolis de El Cigarralejo, Necrópolis de la Senda de Coimbra Barranco Ancho, Necrópolis del Castillejo de los Baños, Necrópolis de Los Nietos y Necrópolis de Los Nietos. De estas tenemos adscritas 3 vasos al grupo A, 18 al grupo B y el resto son indeterminadas por no conservar el pie.

4.2. La cerámica "protocampaniense"

Agrupamos en esta categoría las producciones de Barniz Negro que se empiezan a darse fuera de la península helénica, imitando las técnicas y las formas de aquellos talleres. Comienzan a elaborar piezas a finales del s IV, pero será en el s III a.n.e. cuando se generalice su comercio por el Mediterráneo occidental, tras la desaparición de las importaciones áticas

A partir de finales del s III a.n.e. estos talleres se generalizarán en el área del golfo de Nápoles y finalmente en Sicilia con la célebre cerámica campaniense, inicialmente estudiada por Lamboglia (1952) y Morel (1980) y cuyo comercio hace que la tengamos presente en contextos hasta casi el cambio de Era. Algunos investigadores han querido vincular la expansión de los talleres itálicos con la inestabilidad en el Mediterráneo entre Roma y Cartago (Domínguez Pérez 2003).

Los trabajos realizados en los alfares junto con las diferencias estilísticas y formales nos permiten discernir entre distintos talleres con mayor o menor precisión según los casos. Podemos agrupar estos talleres itálicos (pequeñas estampillas, Teano y Campaniense A), talleres del Mediterráneo noroccidentales (tres palmetas radiales de Rosas) y talleres del área punicizantes.

Técnicamente podemos diferenciar estas producciones pues el barnizado es aplicado por inmersión en vez de pintado con pincel como pasaba en las piezas áticas. Además, los motivos decorativos comienzan a presentarse en relieve. La disparidad de talleres hace que las formas sean menos homogéneas que en la etapa anterior.

A diferencia de las cerámicas áticas, con una manufactura más homogénea, esta dispersión de talleres ha provocado especialización en las formas y en las decoraciones propias de cada uno de ellos por lo que comentaremos estos aspectos cuando nos refiramos a cada uno de los factorías identificadas y estudiadas.

4.2.1. Grupo de talleres itálicos

La península itálica comienza a realizar producciones de cerámica de Barniz Negro desde fechas muy tempranas imitando las producciones áticas sin llegar a la calidad de ésta en el barniz o lo estilizado de las formas. Estos talleres consolidarán su posición dominante a finales del s III a.n.e. sobre todo gracias a las exportaciones en el Mediterráneo occidental., hasta que la producción de cerámica campaniense de los talleres calenos, napolitanos y sicilianos sean omnipresentes en los yacimientos romanos republicanos.

En los yacimientos ibéricos estas piezas comienzan a reemplazar los vasos áticos en el s III a.n.e. siendo un auténtico fósil director para la periodización de contextos cerrados como es el caso de las sepulturas de incineración.

4.2.1.1. Taller de Gnathia

Es un taller suritálico en la región de Apulia de cerámica de barniz negro con decoración sobrepintada, también denominado "Alexandria Group". El taller tuvo una pervivencia entre el s IV y III a.n.e. siendo este último cuando se da su mayor expansión comercial. Las producciones más típicas son las copas con decoraciones pintadas figuradas con motivos dionisíacos más explícitos (ménades, máscaras, erotes) o figurados (antorchas, cintas, palomas, cabezas femeninas de perfil, hojas de hiedra).

Las pastas son de color beige y el barniz de color negro denso y brillante: Se realizaba una cocción en tres fases alterando atmósferas oxidantes y reductoras.

Estas piezas suelen aparecer en contextos funerarios o rituales asociados al consumo de vino. La similitud de la iconografía representada con los motivos ibéricos facilitó la asimilación de estas piezas por parte de los íberos (Ruíz Valderas 1999: 34; Pérez Ballester 2012: 65-67; Principal Ponce y Ribera i Lacomba 2013: 124-128)

Tenemos documentados 3 piezas procedentes de Gnathia: Loma del Escorial, Casco urbano de Alhama de Murcia y Casco urbano de Cartagena.

4.2.1.2. Taller de las pequeñas estampillas

Localizado en el entorno de Roma por el profesor Jean Paul Morel, tuvo una producción desde finales del s IV hasta mediados del s III a.n.e. Utilizan arcillas de color beige pálido y un barniz negro brillante. El elemento más característico de este taller es la decoración interna en la cual se disponen cuatro palmetas siguiendo el mismo eje, en vez de disposición radial (Morel 1969; García Cano, García Cano y Ruíz Valderas 1989; Principal Ponce y Ribera i Lacomba 2013: 68-75).

Se han definido 12 piezas adscritas a estos alfares en Murcia: Necrópolis del Cabecico del Tesoro, Necrópolis del Poblado de Coimbra Barranco Ancho, Loma del Escorial, Casco urbano de Cartagena y Necrópolis de El Cigarralejo.

4.2.1.3. Taller de Teano

Estuvo ubicado en el entorno de esta ciudad italiana al Norte de Nápoles y funcionó entre finales del s IV y el primer cuarto del s III a.n.e. Las piezas se caracterizan por tener unas pastas amarillentas y barnices negros metálicos. Tiene la particularidad de tener el fondo externo en reserva. Las piezas suelen estar ricamente decoradas con pintura polícromas superpuestas al barniz con motivos vegetales y geométricos combinados con incisiones, impresiones y ruedecillas.

Las producciones típicas de este taller son platos y copas siendo la más característica una pátera con borde recto saliente con borde en visera, perfil abierto y pie oblicuo moldurado al exterior; que tiene una decoración en relieve al interior del vaso (Morel 1980; García Cano, García Cano y Ruíz Valderas 1989; Principal Ponce y Ribera i Lacomba 2013: 105-106).

Del taller de Teano se han encontrado 10 fragmentos en estos cuatro yacimientos: Necrópolis del Cabecico del Tesoro, Bolbax, Poblado del Cabezo del Tío Pío y Casco urbano de Cartagena.

4.2.1.4. Talleres campaniense A

Las producciones campanienses agrupan una serie de talleres itálicos (más allá de su identificación original del área Campana) con producciones fechadas desde el s IV, pero que cuyo momento de esplendor y máxima expansión comercial se materializa entre los siglos III-I a.n.e. La división tradicional caracterizó estas producciones en tres variantes: A, B y C (Lamboglia 1952), con la incorporación posterior de nuevos grupos y centros de producción (como por ejemplo los talleres denominados B-oides). Las variantes se adscribían a los centros de fabricación en la zona Napolitana (Campaniense A), el entorno de Volterra (Campaniense B) y Sicilia (Campaniense C).

Nos centraremos en las producciones denominadas Campanienses A por ser las de cronología más antigua y las únicas que tenemos presentes en los yacimientos del ibérico pleno, sobre todo en las últimas fases antes de la llegada de la romanización.

Los talleres se localizan en el área del golfo de Nápoles. Debido a la larga vida de estos alfares los especialistas han realizado una subdivisión para la Campaniense A: primitiva (s IV a.n.e.), arcaica (280-220 a.n.e.), antigua (220-180 a.n.e.), clásica (180-100 a.n.e.) y tardía (100-40 a.n.e.). Las que afectan a nuestro estudio es la Campanienses A Antigua que es la más temprana que llega a las costas levantinas ibéricas, ya que las anteriores raramente se representan. Las pastas se caracterizan por tener unas arcillas de color rojizo, compacta que produce una fractura recta. El barniz es de color negro brillante con reflejos metálicos de una calidad buena, sin llegar a la de las piezas áticas (García Cano, García Cano y Ruíz Valderas 1989: 135-136; Principal Ponce y Ribera i Lacomba 2013: 108-116).

De los talleres Campanienses del golfo de Nápoles tenemos documentadas 44 piezas en los siguientes yacimientos Poblado del Cabezo del Tío Pío, Necrópolis de Villaricos, Necrópolis de Los Nietos, Cerro de la Ermita de la Encarnación, La Mota I, Necrópolis del Cabecico del Tesoro (Figura 4.5), Necrópolis del Poblado de Coimbra Barranco Ancho, Loma del Escorial y Necrópolis de El Cigarralejo.

4.2.2. Grupo de talleres del Mediterráneo noroccidental

Agrupamos un taller conocido (tres palmetas radiales de Rosas) y otros cuya localización exacta desconocemos, pero en el que los indicios arqueológicos, como la abundancia de producciones en el levante ibérico, nos llevan a pensar la existencia de centros de producción cercanos.

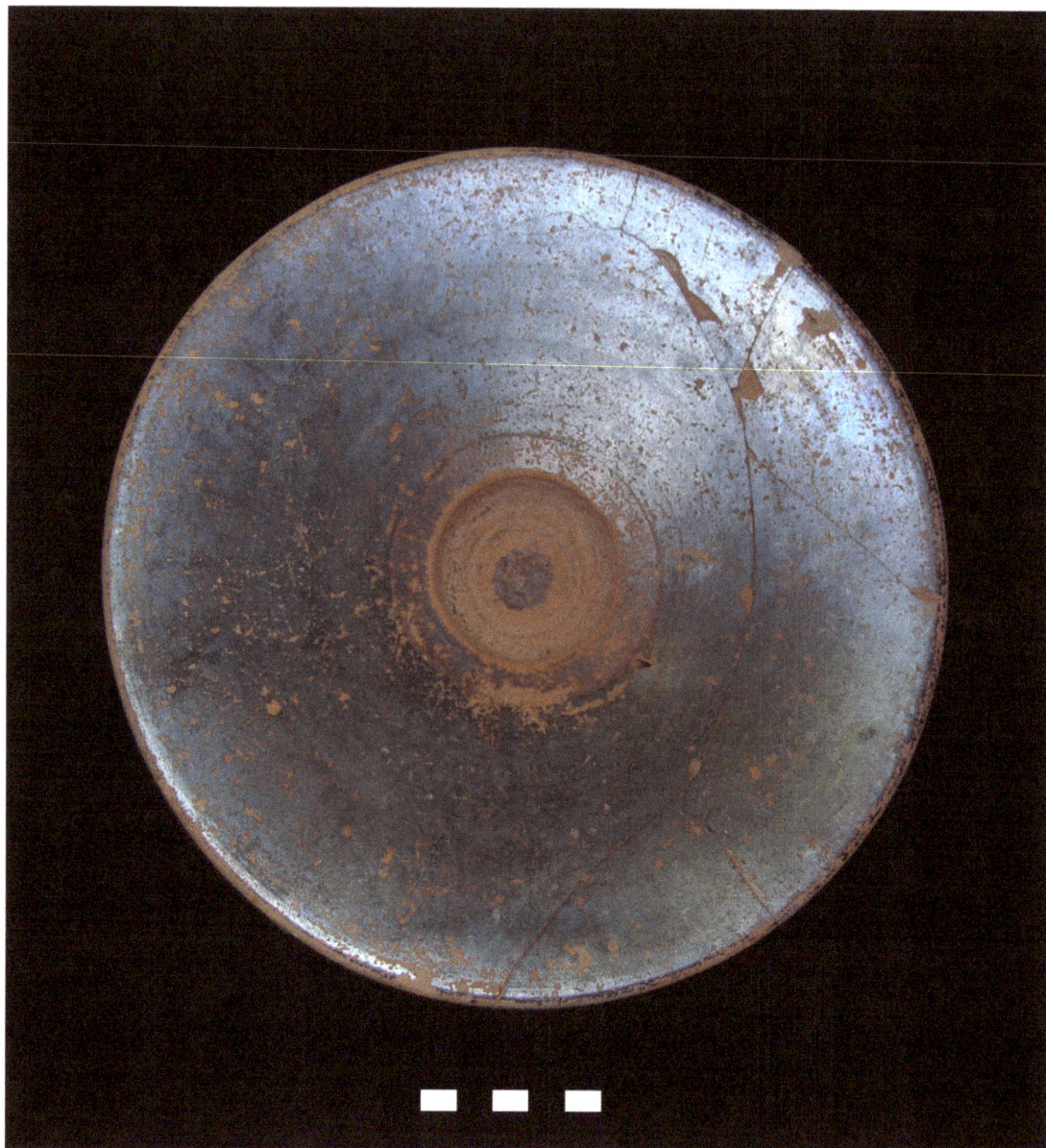

Figura 4.5. Plato de pescado (F23 L) de Campaniense A Antigua encontrado en la Necrópolis del Cabecico del Tesoro (Museo Arqueológico de Murcia, Comunidad Autónoma de la Región de Murcia).

Estos centros se fechan en todo el s III a.n.e. concentrándose los hallazgos en la segunda mitad, por lo que estimamos que sería el momento de mayor expansión comercial del mismo.

Los talleres no localizados realizaban producciones de copas, *guttui*, páteras y cuencos. Las copas son una variante de la F40C L, con un perfil muy estilizado, borde moldurado, cuello exvasado, cuerpo agallonado, asas bífidas y pie alto. Los tenemos representados en yacimientos alicantinos como La Albufereta, Puntal dels Llops o valencianos como Castillets de Bernabé o Lliria (García Cano, García Cano y Ruíz Valderas 1989: 125).

Los *guttui* identificados como productos occidentales corresponderían a la serie F8170 M caracterizados por tener el mayor diámetro en la parte superior del depósito,

cuerpo agallonado, pitorro con forma de cabeza de León y pie moldurado. Están catalogados en yacimientos catalanes como Ampurias, Ullastret, valencianos como Lliria o alicantinos como el Puntal dels Llops (García Cano, García Cano y Ruíz Valderas 1989: 127).

También tenemos pequeñas páteras de cuerpo profundo, identificados con la F24 L o F2544 M con borde ligeramente entrante, fondo exterior marcado y ungulaciones en la pared exterior haciendo el efecto de tener el cuerpo agallonado. Estas piezas se asocian a imitaciones de producciones de los alfares de las tres palmetas radiales de Rosas.

Por último tendríamos los cuencos de paredes altas y borde recto cuya fabricación muchas veces se han asociado a alfares campanienses y que en opinión de otros investigadores deberemos vincularlos con estos talleres occidentales.

Adscritas las producciones noroccidentales no identificados tenemos 15 piezas en: Necrópolis del Cabecico del Tesoro, Necrópolis de Los Nietos y Loma del Escorial.

4.2.2.1. Taller de las tres palmetas radiales de Rosas

Se localiza en el entorno de la ciudad de Rosas, antigua colonia masaliota, y su producción se inicia a inicios del s III a.n.e. alcanzando su apogeo y su mayor difusión comercial en torno a la mitad de siglo hasta la llegada de las producciones campanienses, lo que supone su declive. Las pastas son de color amarillento y el barniz negro lustroso aplicado por inmersión. Las producciones más características de este taller son los cuencos F25 L y F26 L en los que se dispone una decoración de tres pequeñas palmetas estampilladas en el fondo interior en disposición radial. Estos motivos buscarían imitar el taller de las pequeñas estampillas, pero variando el eje de éstas. Otra variante sería una roseta de 8 pétalos con estambres entre ellos colocada en el fondo interno de la pieza.(García Cano, García Cano y Ruíz Valderas 1989: 122).

Estos talleres fueron identificados por el Dr Enrique Sanmartí en los estudios que realizó en las cerámicas de barniz negro de Rosas (Sanmartí i Grego y Solier 1978). La distribución de estos vasos se da en todo el levante ibérico.

Las últimas investigaciones llevadas a cabo por Jordi Principal (Principal Ponce 1998) y Anna M. Puig (Puig y Martin 2006) han llevado a reestudiar y definir mayor cantidad de formas y producciones de barniz negro lo que han planteado la existencia de varios talleres asociados (Pérez Ballester 2008: 269-272; Principal Ponce y Ribera i Lacomba 2013: 130-137).

Del total de piezas que tenemos recogidas para nuestro estudio 22 estarían vinculadas con este taller y las tendríamos presentes en los siguientes yacimientos: Necrópolis del Cabezo del Tío Pío, Casco urbano de Monteagudo, Loma del Escorial, Necrópolis del Cabecico del Tesoro, Poblado del Cabezo del Tío Pío y Necrópolis de Los Nietos.

4.2.3. Grupo de talleres punicizantes

Nos encontramos ante una serie de talleres ubicados dentro del área de influencia de Cartago en el s III a.n.e. que abarcaba territorios del N de África, las Islas Baleares, Cerdeña y Sicilia occidental y cuya producción se mantiene hasta el desenlace de la II Guerra Púnica, aunque los investigadores sostienen que esta zona no se trataría tanto de un área de control político sino como una influencia cultural y comercial donde se consumirían estos productos (Morel 1986; García Cano, García Cano y Ruíz Valderas 1989: 128).

Estos alfares cuya localización no tenemos definida realizan sus producciones utilizando el acabado del barniz negro influenciados por los talleres áticos e itálicos. De éstos, en la Región de Murcia conservamos algunas piezas con la forma de un pie izquierdo calzado con una sandalia. Estarían vinculadas a funciones rituales y funerarias como contenedores de aceites y perfumes, quizás representado al difunto. Tenemos paralelos localizados en yacimientos ibéricos levantinos como por ejemplo Puntal del Llops o La Albufereta, Molí de Espigol y Sagunto (García Cano, García Cano y Ruíz Valderas 1989: 129)

De estos talleres púnicos o pseudopúnicos indeterminados tenemos 4 vasos plásticos y un *guttus* localizados en la Necrópolis de Cabecico del Tesoro (Figura 4.6).

4.3. Estudio de la distribución de los materiales

Antes de entrar en las valoraciones sobre la distribución interna de los ítems analizados es necesario apuntar algunos datos sobre la llegada de estos productos a la costa levantina y a la Región de Murcia. Si atendemos a la localización de los talleres podemos calificar este comercio en dos fases distintas. Como veremos en los ss V-IV a.n.e. el grueso del material procede de los talleres áticos por lo que deberemos plantear las rutas procedentes de la península helénica. Sin embargo, en el s III los talleres de diversifican cayendo el consumo de los talleres griegos para coger ímpetu talleres itálicos, punicizantes y del entorno del Golfo de León. Por esta razón deberemos plantear diferentes explicaciones para cada uno de estos escenarios.

Tenemos datos arqueológicos que probarían la existencia de contactos entre las comunidades de la península Ibérica y los pueblos del Egeo desde finales del II milenio a.n.e. (Ruiz-Gálvez Priego 2009). Aunque las relaciones estables parecen entreverse ya en los relatos míticos referidos a los trabajos de Hércules, o las visitas de héroes como Odiseo, Teucro, Anfiloco u Ocelas (Domínguez Monedero 1996: 24). Quizás el pasaje que de entre todos ellos que guarde una mayor veracidad sea el referido a Colaios de Samos y sus relaciones con Tartesos fechada en torno a la segunda mitad del s VII a.n.e. donde se hace referencia a las riquezas mineras de iberia.

Tenemos materiales griegos documentados en yacimientos peninsulares desde el s VIII, sobre todo en yacimientos del área meridional (Blázquez Martínez 1974), donde los contactos marítimos son evidentes con la presencia también de cerámicas fenicias. El catálogo de materiales se ha ido completando gracias a las intervenciones arqueológicas que se han llevado a cabo, incluso dentro del actual casco urbano de Huelva (Medina Rosales 2008). Al contar con mayor cantidad de datos ha llevado a los especialistas a replantear los contactos entre los pueblos mediterráneos en este momento (Celestino Pérez, Rafel y Armada 2008).

Pero quizás el testimonio más relevante lo tenemos gracias a Herodoto (1.163-165) donde, al relata la caída

Figura 4.6. Vaso plástico con forma de pie izquierdo calzado con sandalia y con pie en el plinto procedente de la Necrópolis de Cabecico del Tesoro (Museo Arqueológico de Murcia, Comunidad Autónoma de la Región de Murcia).

de Focea y se refiere a éstos como los descubridores de Iberia y Tartesos donde trabaron una amistad con el rey Argantonios, de tal manera que les regaló la suficiente riqueza para amurallar su ciudad (Schrader 1977: 223-224). Quizás este relato no haga sino enmascarar una fructífera relación comercial que realmente existió.

Ampurias es considerada como una fundación focense establecida a finales del primer cuarto del s VI a.n.e., pasando a depender de *Massalia*, otro establecimiento colonial. No eran asentamientos destinados tener una gran población sino más bien a canalizar la actividad comercial propia de estos pueblos. La caída de Focea a manos de los persas en el 540 a.n.e. provocó su traslado en masa al Mediterráneo occidental, asentándose sobre todo en Córcega. Las tensiones que se generaron por ese movimiento migratorio provocaron la Batalla de Alalia (535 a.n.e.) entre los focenses y una alianza de cartagineses y etruscos. Aunque los focenses cayeron derrotados, la actividad comercial no se resintió cambiando el foco principal desde Córcega al golfo de León donde se encontraban *Massalia*, *Ampurias* y *Roses*.

Si bien no tenemos pruebas arqueológicas del establecimiento de colonias griegas más al S de Ampurias, y que aparecen citadas en las fuentes, como Hemeroskopion[5], Alonis[6] o Akra Leuke; parece que las rutas comerciales foceas llegaban hasta la desembocadura del Vinalopó y del Segura, desde donde partían rutas interiores que llegaban hasta Andalucía y Extremadura, evitando así la navegación por el estrecho controlada por los cartagineses (Maluquer de Motes 1985: 480).

La difusión de cerámicas griegas por todo el levante peninsular parece indicar la existencia de una red de comercial estable con unos mercado y puntos de redistribución en los que pudo haber existido algún tipo de establecimiento perenne griego dentro de las ciudades ibéricas. Incluso se ha hipotetizado que en Los Nietos pudo existir una configuración parecida (Shefton 2003: 74). Esa

---

[5] Quizás se refiera al Peñón de Ifac o Denia (Domínguez Monedero 1983: 60-61)

[6] Se ha querido ver la ubicación de este enclave en el yacimiento de la Picola en Santa Pola (Domínguez Monedero 1996: 61), aunque no todos los investigadores estarían de acuerdo con este planteamiento (Grau Mira y Moratalla Jávega 2001: 203)

red estable vendría a estar confirmada con la existencia de unos testimonios escritos en griego jonio sobre plomo y conservados en el Pech Mahó (Santiago Álvarez 1989) y en Ampurias (Sanmartí i Grego y Santiago Álvarez 1987). En el primero tenemos reflejada un trato comercial en el cual se establece unas condiciones de compraventa en presencia de testigos con una forma de pago en plazos y garantías muy ordenada, indicando quizás un sistema de intercambios establecidos y aceptados por la comunidad. En el segundo tenemos la petición de un comerciante para que se desplace con un barco cargado desde Ampurias hasta puertos más al Sur (uno de ellos Sagunto) contactando con un personaje íbero (*Basped*[…]), que sería un intermediario indígena.

Si bien estas cartas las tenemos fechadas en el s VI a.n.e. parecen indicarnos la existencia de una estructura comercial asentada. No sería descabellado poner estos testimonio en relación con otros conservados en plomo, esta vez en grecoibérico en su variante jonia en el Poblado de Coimbra del Barranco Ancho (Muñoz Amilibia 1990; García Cano y Hernández Carrión 2001) y en la Necrópolis de El Cigarralejo (Cuadrado Díaz 1950). Esos documentos, fechados en el s IV a.n.e. podrían pertenecer a esos intermediarios ibéricos que veíamos relacionados con los comerciantes griegos. Su conocimiento de la lengua helénica provoca que se utilicen sus signos para poder escribir un documento en lengua ibérica.

El comercio griego lo tenemos atestiguado por lo menos hasta la mitad del s IV cuando el tratado romano cartaginés del 348 a.n.e. establece como límite entre el área de influencia cartaginesa y el área romana (utilizada por los comerciantes griegos) en *Mastia* y *Tarseyo* cuya ubicación no es del todo precisa, pero sería Cartagena como punto más septentrional aceptado. Una de las lecturas que podemos hacer de este documento que nos ha llegado gracias a Polibio (3.24.1-12) es que la necesidad por parte de los cartagineses de establecer estos límites para las acciones militares y comerciales es que estas regiones que desean proteger, eran instigadas militarmente o contactadas comercialmente.

No todos los investigadores apoyan la tesis del comercio griego en el levante peninsular y llegan a plantear un comercio realizado por medio de intermediarios fenicio-púnicos (Adroher Auroux y López Marcos 1995: 13; Fernández Nieto 1999).

Las investigaciones llevadas a cabo sobre los materiales hallados en el pecio del Sec (Arribas, Trías de Arribas, Cerdá y de Hoz Bravo 1987) han puesto de manifiesto una serie de factores que apoyarían la existencia de un comercio mediterráneo desde la península helénica pasando por Grecia, el Norte de África y las islas del Mediterráneo occidental hasta quizás llegar a la península Ibérica. El cargamento de este barco mercante hundido en el segundo cuarto del s IV a.n.e. incorpora no solo material cerámico de los puertos localizados en las regiones arriba citadas, sino que además la colección de grafitos griegos

y púnicos grabados en las piezas apoyarían la teoría de las rutas comerciales operadas por marinos griegos, fenicios y púnicos de manera indistinta. Además, la cerámica común hallada en barco correspondería a producciones tanto púnicas como griegas (con mayor abundancia de las primeras) nos hablaría de tripulaciones de distintas procedencias. Sin poder discernir el origen de la promoción comercial del viaje parece que en este momento las tripulaciones y las rutas de los mercantes mediterráneos tendrían un carácter mixto entre las áreas de influencia griega y púnica.

A partir del tercer cuarto del s IV a.n.e. las importaciones de cerámicas griegas bajan notablemente en número para que a inicios del cuarto siguiente comiencen las importaciones itálicas (con los talleres de las pequeñas estampillas ubicados en el Lacio). Si bien se observa una gran densidad de estas piezas en el área del NE peninsular, importadas seguramente vía *Massalia*; la llegada de estas piezas al SE se realizaría vía Cartago en virtud a lo establecido en los tratados entre Roma y Cartago refrendados en el 306 y 279 a.n.e. citados por Polibio, en el cual se prohibía a los romanos comerciar con las ciudades dentro de la influencia cartaginesa, excepto con la capital. Por lo tanto ésta sería la vía de entrada (Ruíz Valderas 1999: 34).

De esta manera las vías de comunicación se mantendrían simplemente cambiando la procedencia de las mercancías. Sin embargo, la presencia de cerámicas con origen los talleres noroccidentales, como por ejemplo la de los talleres de las tres palmetas radiales no se explicaría por esta vía comercial, por lo que tendríamos que poner en cuarentena la existencia de la ruta púnica.

Para organizar nuestro estudio abordaremos la distribución de materiales discriminándolos por siglos (V, IV y III a.n.e.). De esta manera podremos analizar el tráfico de las vasijas, así como las producciones y los tipos más extendidos por la geografía regional. Contaremos con un total de 955 piezas cerámicas de importación repartidas por 38 yacimientos.

Vamos a obviar el s VI a.n.e. que queda fuera de nuestro arco cronológico, pero deberemos indicar que será en la segunda mitad de siglo donde tengamos las evidencias más antiguas de la presencia de cerámicas griega en la Región de Murcia. Se tratan de dos *kylix* de la clase Droop halladas en el mismo asentamiento, el Cabezo del Tío Pío, una en el poblado (Olmos Romera 1983) y otra en la necrópolis (García Cano y Page del Pozo 1990; García Cano 1991). Estas copas están fechadas ambas en la segunda mitad del s VI, siendo la del poblado ligeramente anterior a la de la necrópolis. Corresponderían cronológicamente con los materiales que hemos mencionado en capítulos anteriores como la estatera de Lesbos de la que tenemos noticia en Bolbax (Lillo Carpio, García Herrero y González Blanco 1980) o el Centauro de los Royos (García Cano 1991: 373).

Entrando ya de lleno en el siglo V a.n.e. tenemos representadas 93 piezas de 20 yacimientos y observamos como la gran mayoría de estas piezas de ellas están concentradas en la segunda mitad del siglo coincidiendo con el auge comercial de los talleres áticos hacia el Mediterráneo.

Observamos en la Figura 4.7 como las importaciones mayoritarias corresponderían con producciones de barniz negro ático con 54 piezas, después tendríamos las cerámicas decoradas con figuras rojas con 14 piezas, los característicos *kantharoi Saint-Valentin* con 7 piezas, los vasos de figuras negras con 3 y una pieza clasificada como Rojo Internacional encontrada en la Loma del Escorial.

En la distribución de la tipología de las piezas que se importan para este siglo (Figura 4.8) se aprecia la preponderancia de los *kylikes* con 47 piezas, sobre cualquier otro tipo de forma. Obviando este hecho vemos como destaca la presencia de *kantharoi Sant-Valentín* y los *skyphoi* con 7 y

6 vasos respectivamente. Estas tres formas son utilizadas principalmente en rituales asociados al consumo del vino como los *symposia* y otros. El vino se mezclaría con otros líquidos como zumos o miel en cráteras de campana (de las que conservamos dos ejemplares fechados en este siglo) y se recogerían mediante estas copas. Otras copas que tendrían la misma función son las F40 L, el bolsal, de los que tenemos representados una unidad de cada tipo y el *kylix-skyphos* del cual conservamos 3 ejemplares.

También asociado al consumo de vino pero en otro ámbitos tendríamos las jarras. De éstas destacamos la presencia de 4 *olpai* (quizás alguno más) en la Necrópolis de Los Nietos. Estas se completarían con los *oinochoai* de los que tenemos 3 ejemplos.

Por el contrario, las formas abiertas (platos, F21 L, F22 L y F24 L) destinadas a otras funciones, quizás de presentación

Importaciones

s V a.e.c.

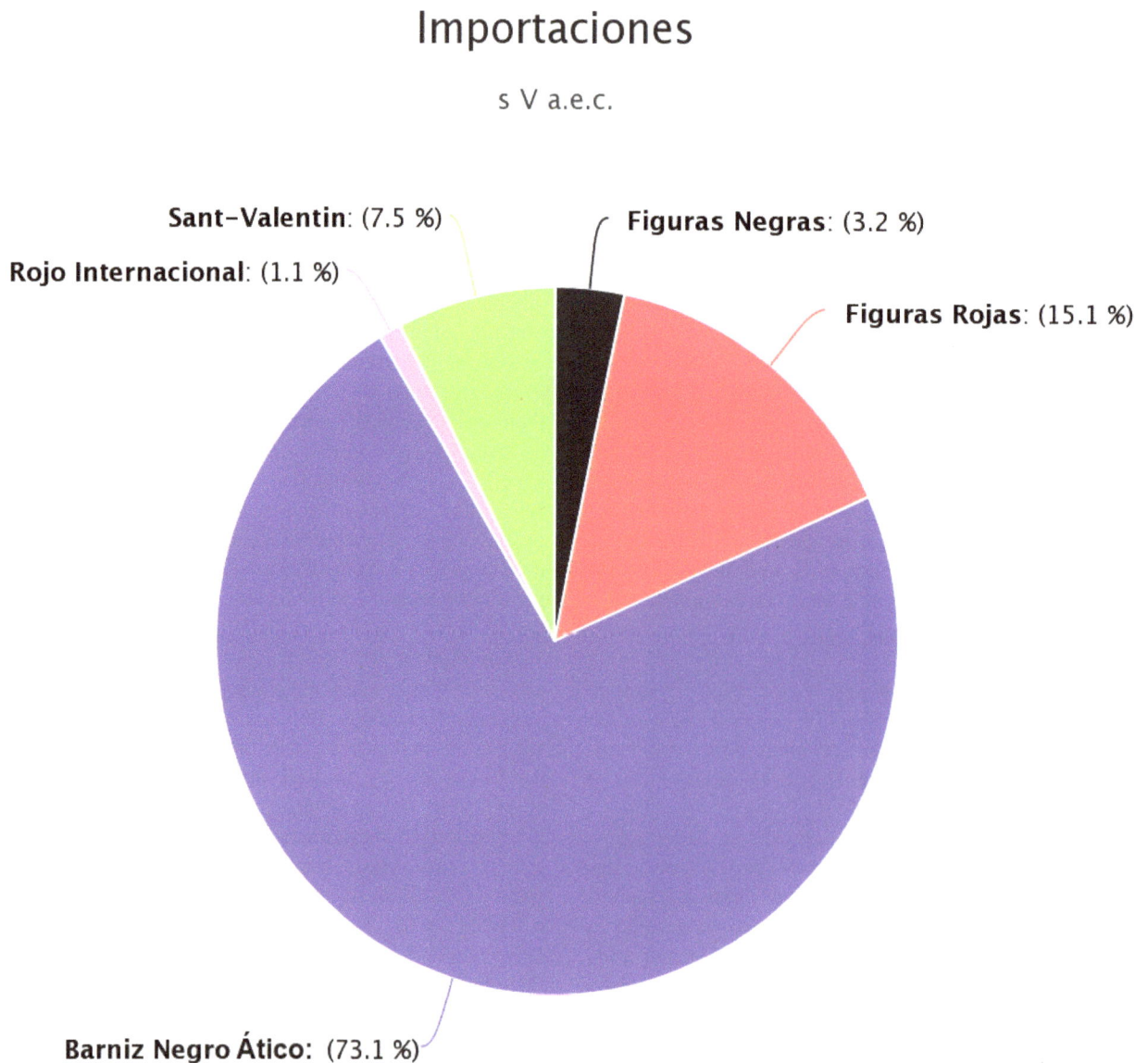

Figura 4.7. Cerámicas importadas en el s V a.n.e. por producciones (elaboración propia).

Tipos de cerámicas de importación s V a.n.e.

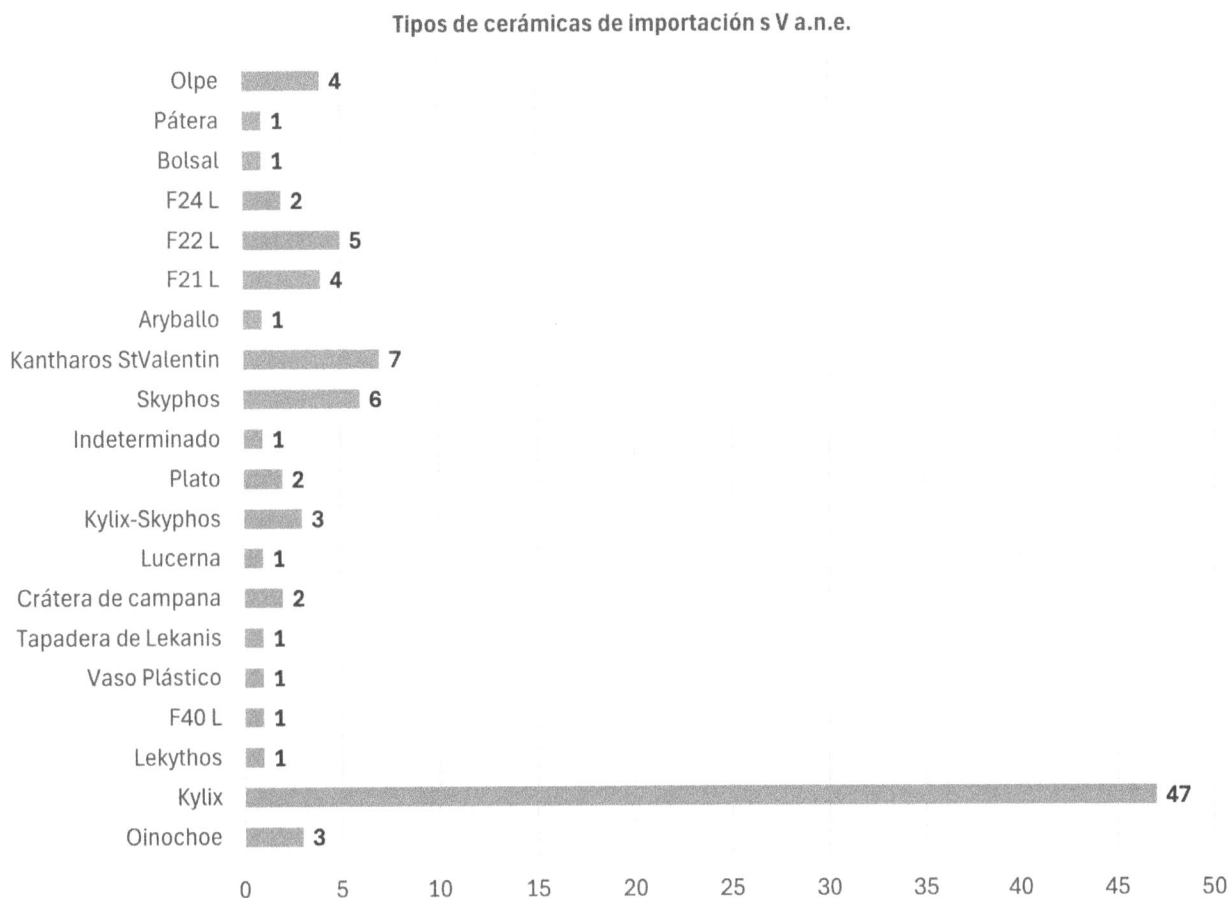

Figura 4.8. Cerámicas importadas en el s V a.n.e. por tipología (elaboración propia).

de alimentos como parte del ajuar doméstico más lujoso, representan solo son 11 (12 si contamos a la tapadera de *lekanis*) por lo que parece que este tipo de piezas no eran tan solicitadas como las anteriores.

También tenemos representadas otras piezas destinadas a guardar perfume y aceites como son la *lekythos*, el vaso plástico (en este caso en forma de paloma) y el *aryballo* de los que tenemos una unidad por cada uno.

Si observamos la distribución de piezas por yacimientos (Figura 4.9) vemos como la Necrópolis del Castillejo de los Baños es el que tiene más representadas con 32 y que destaca del resto de. Del resto vemos una escasa representación excepto en la Necrópolis del Cabezo del Tío Pío, la Necrópolis de El Cigarralejo, la Necrópolis de Lorca y la Loma del Escorial, la Necrópolis de los Nietos. El resto de yacimientos apenas tienen una representación de una o dos piezas que bien podría tratarse de cerámicas cabalgando entre el s V-IV a.n.e.

En el siglo IV a.n.e. tenemos un escenario muy diferente. La llegada masiva de cerámica griega a los yacimientos ibéricos unido a las investigaciones de conjunto que se han llevado a cabo de las vajilla griega (García Cano

1982; 1985; García Cano y Page del Pozo 1991; García Cano y Gil González 2009) y los estudios intensivos en los yacimientos excavados (Cuadrado Díaz 1958; 1963; 1987; Lillo Carpio 1993; J. M. García Cano 1997; García Cano, Page del Pozo, Gallardo Carrillo, Ramos Martínez, Hernández Carrión y Gil González 2008; García Cano y Gil González 2009), hace que tengamos un enorme *corpora* de piezas que nos servirá para poder comprender la distribución de éstas.

Del este siglo. tenemos recogidas un total de 773 ítems repartidas en 35 yacimientos. Lo que supone un crecimiento enorme con respecto a la cantidad de vasos que tenemos fechados en la centuria anterior. Este fenómeno no es un hecho aislado pues lo observamos en gran cantidad de enclaves del levante ibérico y algunos autores lo han explicado debido a la necesidad de importar materias primas (alimentos y minerales) tras las guerras del Peloponeso y la necesidad de recuperar los mercados comerciales (García Cano 1985; Adroher Auroux y López Marcos 1995).

En una rápida lectura (Figura 4.10) vemos como el total de las importaciones se reparten entre la cerámica de barniz negro (637 piezas presentes en 33 yacimientos) y

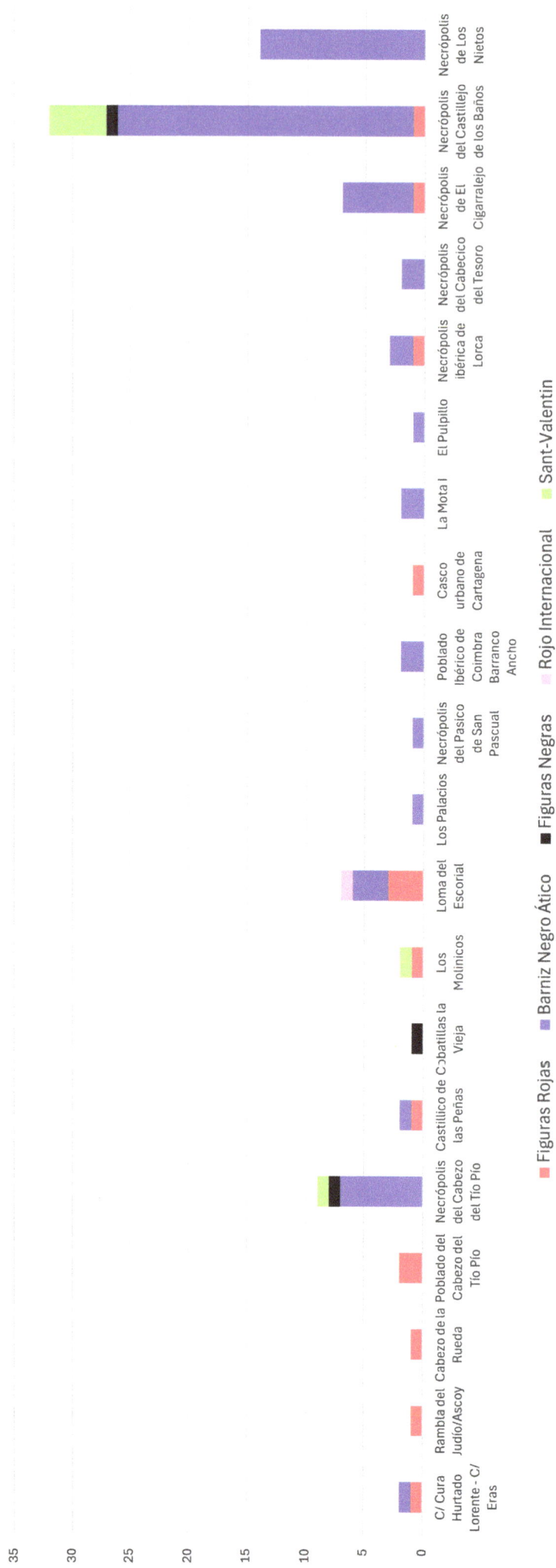

Producciones cerámicas de importación por yacimientos s V a.n.e.

Leyenda: Figuras Rojas · Barniz Negro Ático · Sant-Valentin · Figuras Negras · Rojo Internacional

Figura 4.9. Cerámicas importadas en el s V a.n.e. por producciones y yacimientos (elaboración propia).

Importaciones

s IV a.e.c.

Sant-Valentin: (0.1 %)

Talleres Suritálicos: (0.1 %)

Taller de Gnathia: (0.1 %)

Figuras Rojas: (17.2 %)

Barniz Negro Ático: (82.4 %)

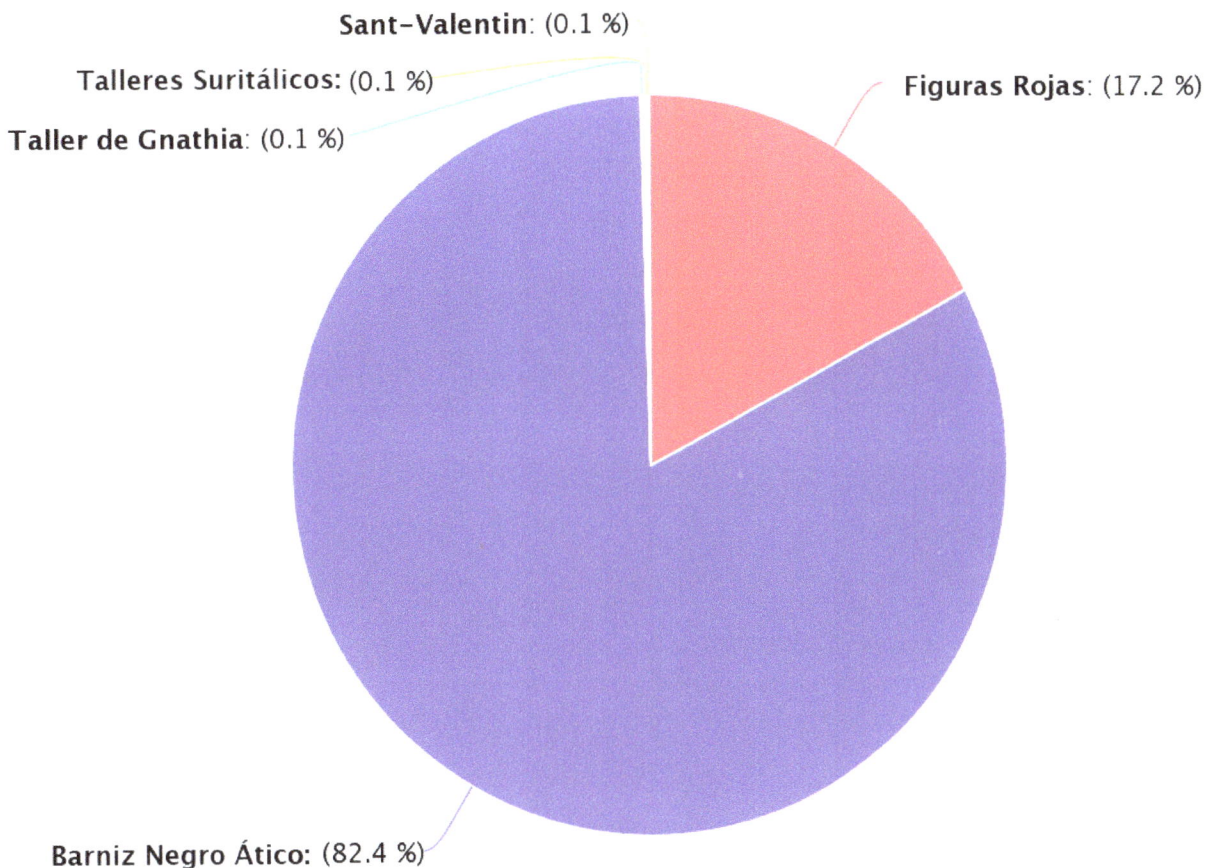

Figura 4.10. Cerámicas importadas en el s IV a.n.e. por producciones (elaboración propia).

la cerámica de figuras rojas (133 piezas presentes en 23 yacimientos), siendo las primeras la vajilla predominante en todo este siglo. El resto de producciones (*Sant-Valentín*, Taller Suritálico o una copa de Gnathia) son anecdóticas con una pieza cada una.

Si observamos la tipología de las importaciones (Figura 4.11) se aprecian bastantes cambios con respecto a los representados en el siglo anterior. La pieza favorita ahora son los platos, fuentes y en general las formas abiertas, con una notable preponderancia de los cuencos con borde vuelto al interior (F21 L), de los que tenemos 168 representadas. Pero a estos podemos unirles otras piezas que tendrían funciones similares como por ejemplo los platos con borde vuelto al exterior F22 L, de los que tenemos 89 unidades representados, platos de pescado o F23 L de los que tendríamos 10 o los platos de los que no hemos podido averiguar su tipología que serían 55, pero que casi con seguridad corresponderían a formas F21 o F22 L. También las pequeñas páteras estarían muy representadas con 52 piezas de la F21/25 L y las 30 de la F24 L.

Los cambios también los apreciamos en los vasos destinados al consumo de líquidos. Si bien en el siglo V los *kylikes* eran las formas más abundantes y el resto eran residuales, vemos como la variedad de formas aumenta. Estas copas siguen teniendo una gran representación en esta centuria con 79 piezas fechadas sobre todo en la primera mitad de la centuria. A partir de la mitad de siglo van consolidándose nuevos modelos que las sustituyen como los *kantharoi* F40 L con 73 ejemplares. También tenemos una considerable cantidad de bolsales (67), algunos menos de *skyphoi* (31) y de *kylix-skyphoi* (19).

Destaca también un volumen considerable de cráteras, con 56 documentadas, curiosamente todas ellas pertenecientes a la variedad más común de crátera de campana.

El resto de formas y tipos están muy poco representados y no conformarían la base comercial de estos productos, pero sin duda serían complementos que los íberos intercambiarían.

Tipos de cerámicas de importación s IV a.n.e.

Tipo	Valor
F21/26 L	1
Pelike	1
F70 C	1
Aryballo	1
Kantharos StValentin	1
Pyxide	1
Pátera	1
Copa	1
F36 L	1
Lekythos aribalístico	2
Indeterminado	3
F24 L	30
F26 L	6
Lucerna	6
Tapadera de Lekanis	2
F28 L	15
Vaso Plástico	1
Bolsal	67
Skyphos	31
F23 L	10
F22 L	89
F21/25 L	52
Plato	55
F21 L	168
Lekythos	1
Crátera de campana	53
F40 L	73
Kylix-Skyphos	19
Kylix	79
Oinochoe	3

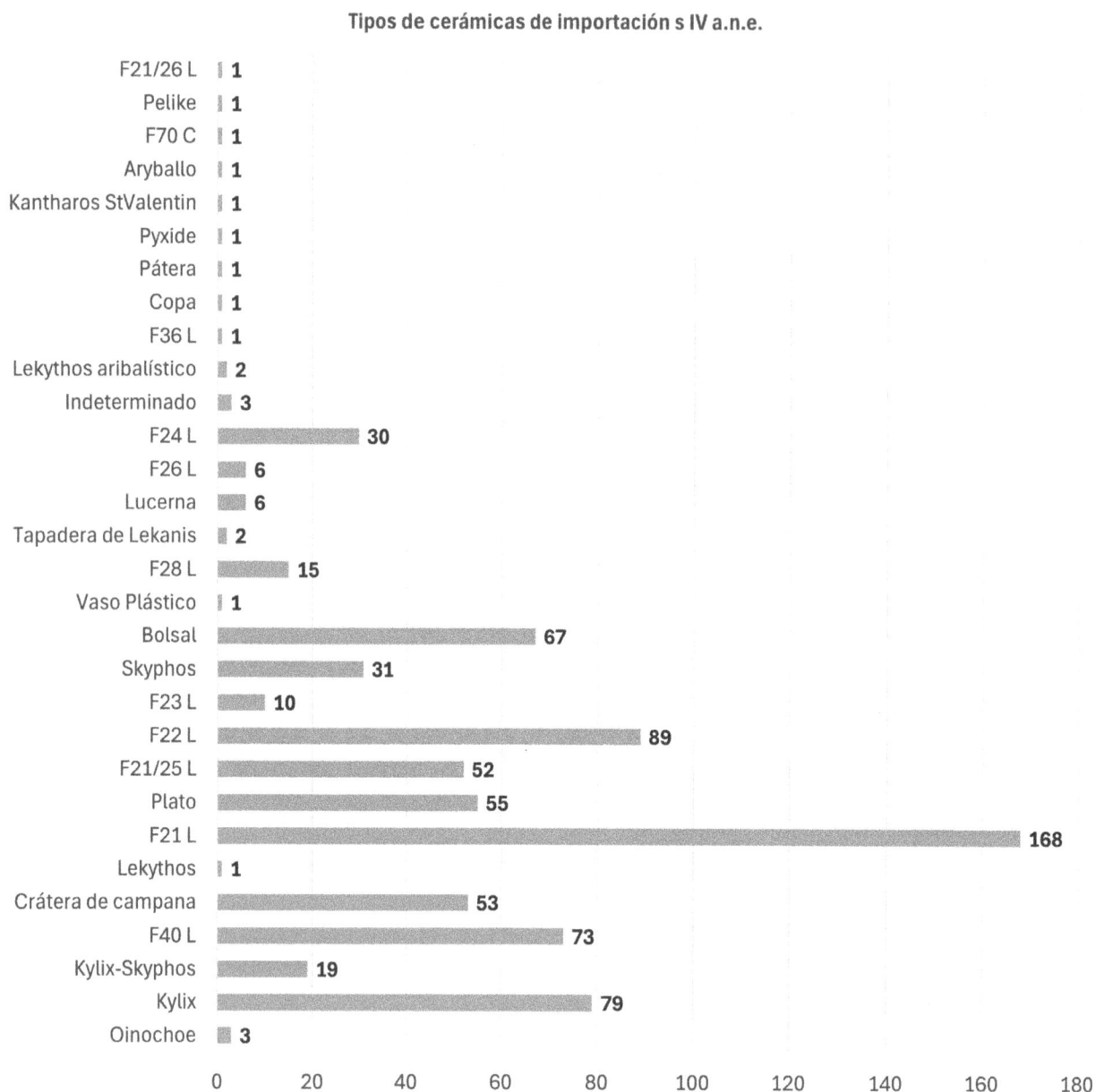

Figura 4.11. Cerámicas importadas en el s IV a.n.e. por tipología (elaboración propia).

Con respecto a la distribución de cerámicas por yacimientos (Figura 4.12a y 12b) se observa como los que tienen una colección de piezas de importación representativa son un mayor número también que en el caso anterior. El asentamiento con mayor número de vasos de importación del s IV lo tenemos en Coimbra del Barranco Ancho con 186 ítems debido a que aquí incluimos las tres necrópolis y el poblado. Tras este tendríamos la Necrópolis del Cigarralejo con 173 vasijas griegas documentadas, el asentamiento del Cabezo del Tío Pío con 98 (incluyendo el poblado y la necrópolis), el asentamiento del Castillejo de los Baños con 95. Luego pasaremos al asentamiento de la Loma del Escorial con 72 (incluyendo poblado y necrópolis), la Necrópolis del Cabecico del Tesoro con 46, la Necrópolis de Lorca con 21, Cobatillas la Vieja con 14 o el Castillico de las Peñas con 11. El resto de

yacimientos tienen menos de 10 unidades documentadas y nos remitimos a la gráfica.

Ya entrados en el s III a.n.e. la dinámica cambia enormemente. La uniformidad de las producciones y la preponderancia de las producciones de los talleres griegos, ya sean de figuras negras, figuras rojas, *kantharoi* de *Sant-Valentin*, se rompe en favor de una gran variedad de talleres que comienzan a suplir la falta de producciones áticas que ya a finales del siglo anterior han caído en declive y dejan de tener presencia en los yacimientos ibéricos.

Tenemos documentados un menor número de ítem con respecto a la centuria anterior, aun así, contamos con una colección considerable de 109 vasos que están presentes en 14 yacimientos. Esta cantidad es considerablemente

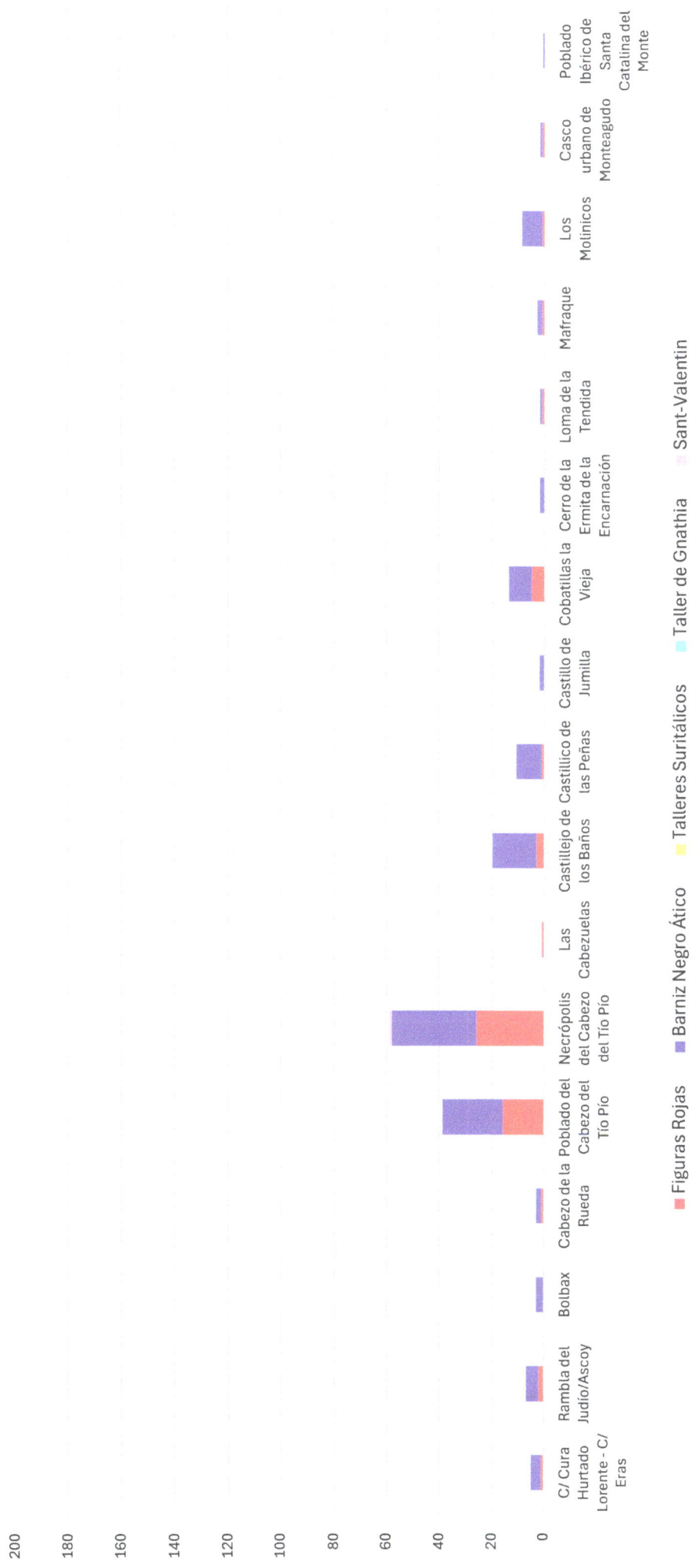

Producciones cerámicas de importación por yacimientos s IV a.n.e. (I)

Figura 4.12a. Cerámicas importadas en el s IV a.n.e. por producciones y yacimientos (elaboración propia).

Producciones cerámicas de importación por yacimientos s IV a.n.e. (II)

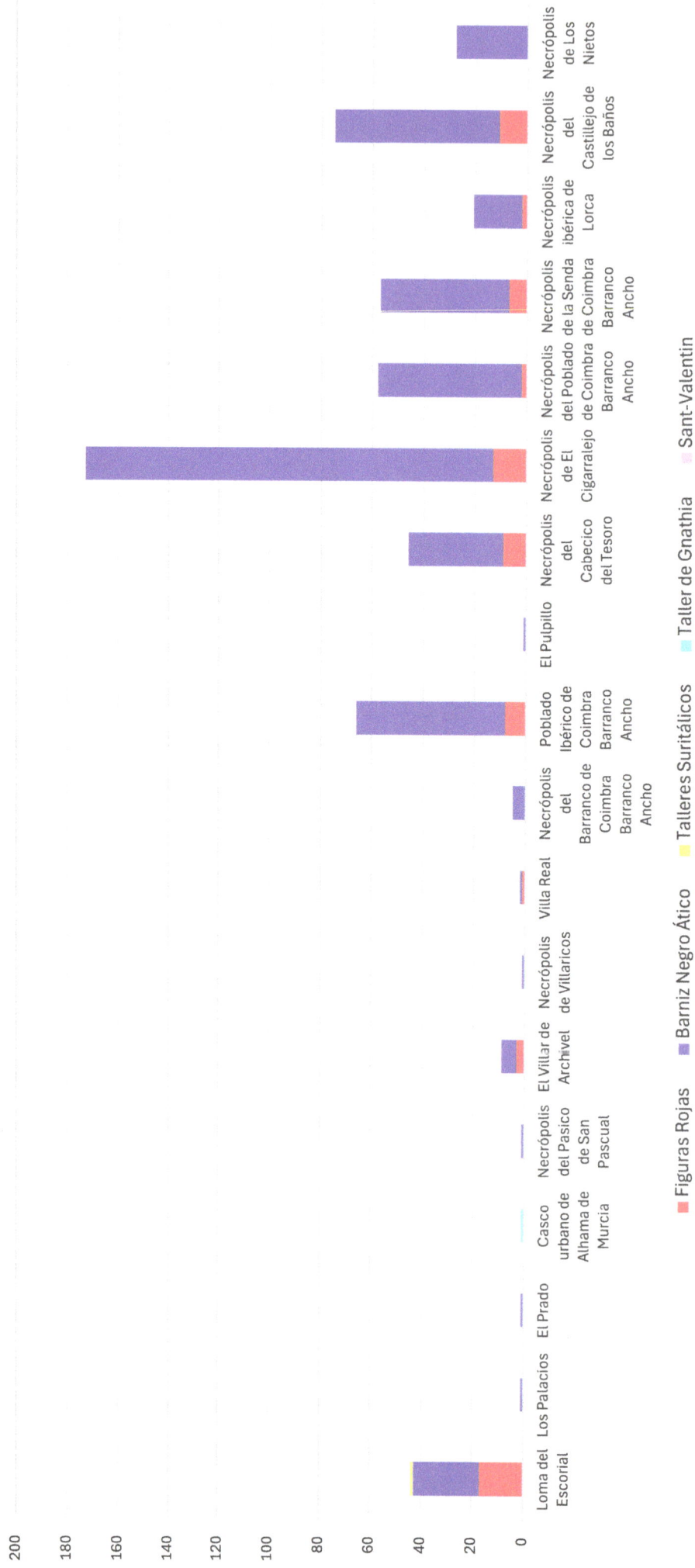

Leyenda:
- Figuras Rojas
- Barniz Negro Ático
- Talleres Suritálicos
- Taller de Gnathia
- Sant-Valentin

Yacimientos: Loma del Escorial, Los Palacios, El Prado, Casco urbano de Alhama de Murcia, Necrópolis del Pasico de San Pascual, El Villar de Archivel, Necrópolis de Villaricos, Villa Real, Necrópolis del Barranco de Coimbra Barranco Ancho, Poblado Ibérico de Coimbra Barranco Ancho, El Pulpillo, Necrópolis del Cabecico del Tesoro, Necrópolis de El Cigarralejo, Necrópolis del Poblado de Coimbra Barranco Ancho, Necrópolis de la Senda de Coimbra Barranco Ancho, Necrópolis ibérica de Lorca, Necrópolis del Castillejo de los Baños, Necrópolis de Los Nietos

Figura 4.12b. Cerámicas importadas en el s IV a.n.e. por producciones y yacimientos (elaboración propia).

Importaciones

s III a.e.c.

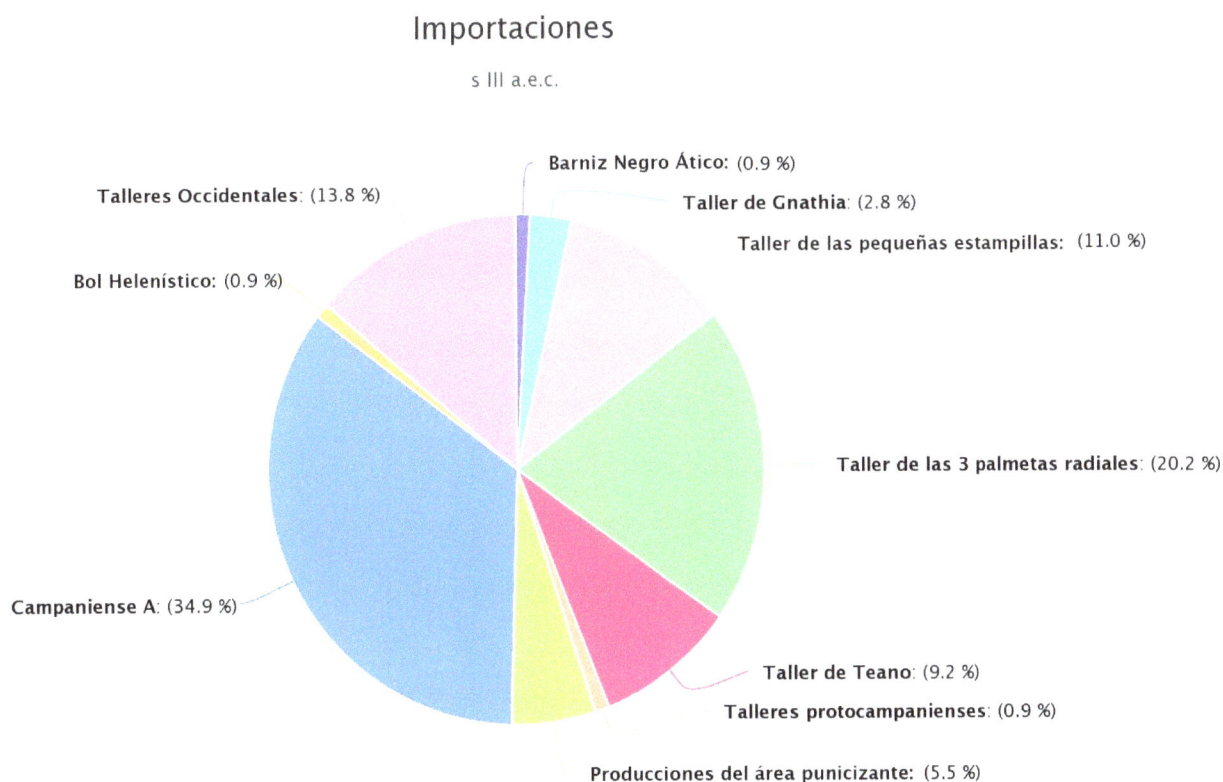

Figura 4.13. Cerámicas importadas en el s III a.n.e. por producciones (elaboración propia).

menor al de los dos siglos anteriores, hecho que deberemos tener en cuenta a la hora de realizar las interpretaciones.

La frecuencia de las importaciones documentadas para el s III a.n.e. tal y como observamos en la Figura 4.13 son mayoritariamente las del taller de las 3 palmetas radiales en la primera mitad de siglo con 21 ítems y la potente producción de Campaniense A antigua a finales de la centuria de los que conservamos 39 piezas. Otros talleres documentados son los del Mediterráneo noroccidental con 15 vasos, el de las pequeñas estampillas con 12 o el itálico de Teano con 10.

Este cambio de paradigma con la incorporación de nuevos y variados talleres y la perdida de los anteriores conlleva necesariamente la llegada de nuevas formas tal y como lo apreciamos en la Figura 4.14. Vemos como las tipologías que observábamos en los siglos anteriores no se repiten en el III a.n.e. Los platos de borde entrante y los de borde saliente han dejado de llegar en favor a los platos de pescado F23 L de los que tenemos representados 20 ejemplares. Lo mismo ocurre con la vajilla orientada a beber vino, que ahora es testimonial y que es sustituida por cuencos F26 L y F27 L de los que tenemos 17 y 16 piezas respectivamente

Es muy significativa la presencia de una gran cantidad de vasos destinados a contener perfumes y aceites como son los *guttui*, de los que tenemos 11 ejemplares y los vasos plásticos, de los que hay 4.

Destaca la presencia casi en exclusiva del bol F2764 M en el asentamiento de Los Nietos, documentado tanto en la necrópolis (3 piezas) como en el poblado (5 piezas).

Algunos talleres tienen producciones muy especializadas como es el caso de las F1153 M y F1766 M propia de los alfares de Teano y de los que conservamos 4 y 5 ejemplares respectivamente. Se tratan de unas copas de pequeño tamaño con el pie desarrollado y el labio horizontal o colgado al exterior. Lo mismo ocurre con las copas F40C L que se corresponden con unas producciones propias de unos talleres noroccidentales que todavía no están localizados. Y también con los vasos plásticos (dos representan un pie izquierdo con sandalia y peana, otro un caballo y otro un personaje entronizado) que se han identificado como formas propias de los talleres del área punicizante o regionales

Si observamos los yacimientos en los cuales tenemos documentadas cerámicas de importación del s III a.n.e. (Figura 4.15) vemos como casi la mayoría de las piezas 67, se han documentado en la Necrópolis de Cabecico del Tesoro que sabemos que pervive por lo menos hasta mitad del primer siglo antes de la era.

Pero observamos cómo tras este se destacan tres yacimientos en el ámbito de Cartagena, el asentamiento de Los Nietos con hallazgos en la necrópolis (8 piezas) y el poblado (12 piezas), y también en el Casco Urbano de Cartagena con 7 piezas documentadas[7].

---

[7] Sin duda en el Casco Urbano de Cartagena existirán mayor cantidad de piezas referidas al barniz negro protocampaniense del s III a.n.e. pero la no publicación de estas hace que no podamos disponer de los datos para nuestro estudio.

Tipos de cerámicas de importación s III a.n.e.

Tipo	Valor
Cuenco	1
F2754 M	1
F3311 M	1
Bolsal	1
F2642 M	1
F3130 M	1
F2764 M	8
F2762 M	1
F2784 M	1
F3112b M	1
Vaso plástico	4
F1116a1 M	1
F25 L	2
F21/25 L	1
F3135 M	1
F40 L	2
F36 L	1
F1153 M	4
F1766 M	5
F33 L	1
F27 L	16
Lucerna	1
Bol	1
Indeterminado	2
Copa	2
Guttus	11
F23 L	21
F26 L	17

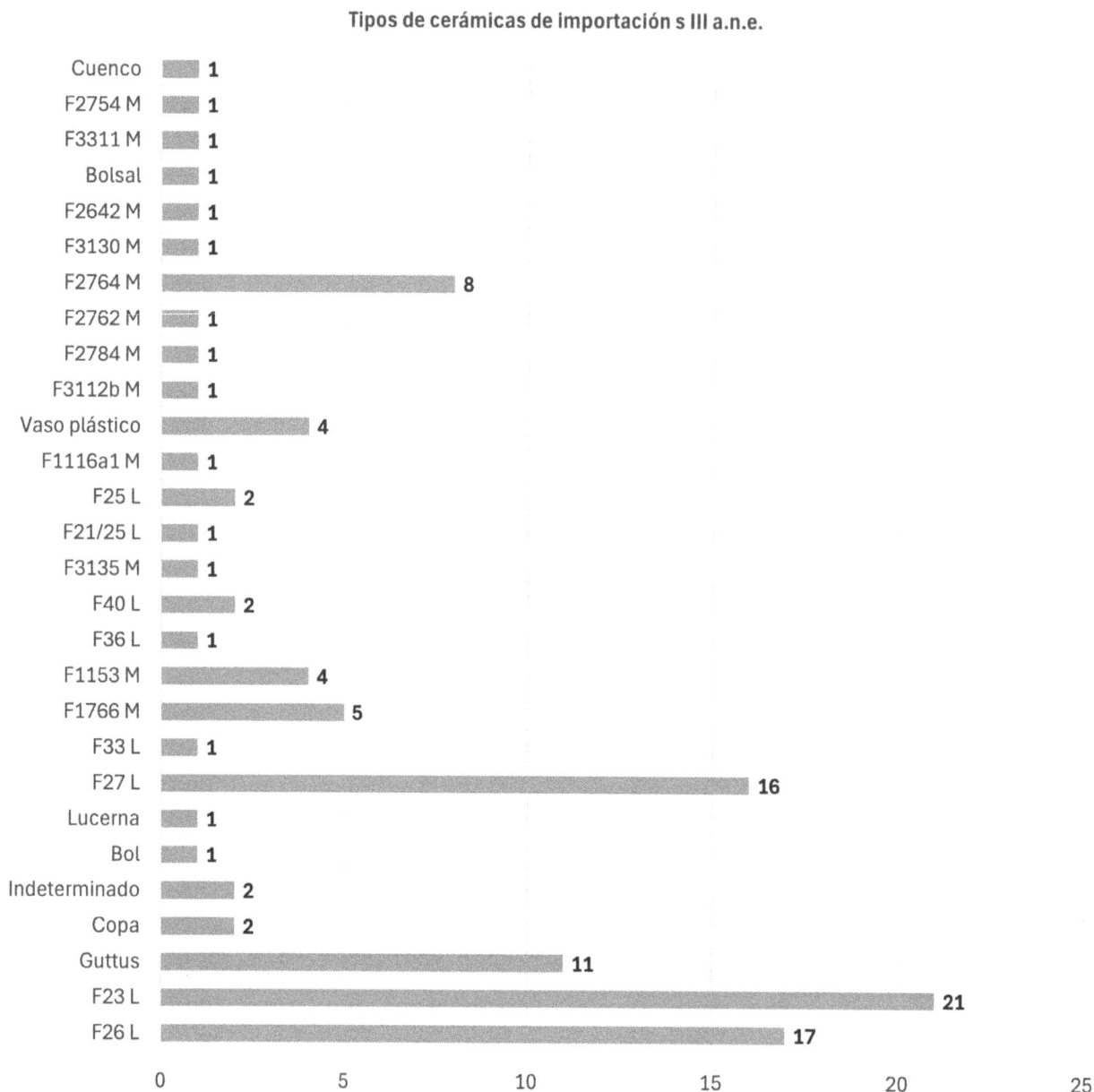

Figura 4.14. Cerámicas importadas en el s III a.n.e. por tipología (elaboración propia).

Del resto tenemos más de una cerámica documentada en la Necrópolis del Poblado de Coimbra del Barranco Ancho, la Necrópolis de El Cigarralejo y el Poblado del Cabezo del Tío Pío. En el resto las cerámicas aparecidas son muy exiguas.

Esta pobreza de distribución contrasta con el siglo anterior pero coincide *grosso modo* con lo que ocurre con las piezas del s V que se concentraban casi todas en un solo yacimiento. En nuestra opinión este fenómeno guardaría relación con una escasez de productos comerciales y no con que nos encontráramos ante unos centros de concentración de materiales y por lo tanto de control político. Somos conscientes que la escasez de datos de estos dos siglos (el V y el III a.n.e.) contrasta con la gran cantidad de información que nos da la cerámica griega.

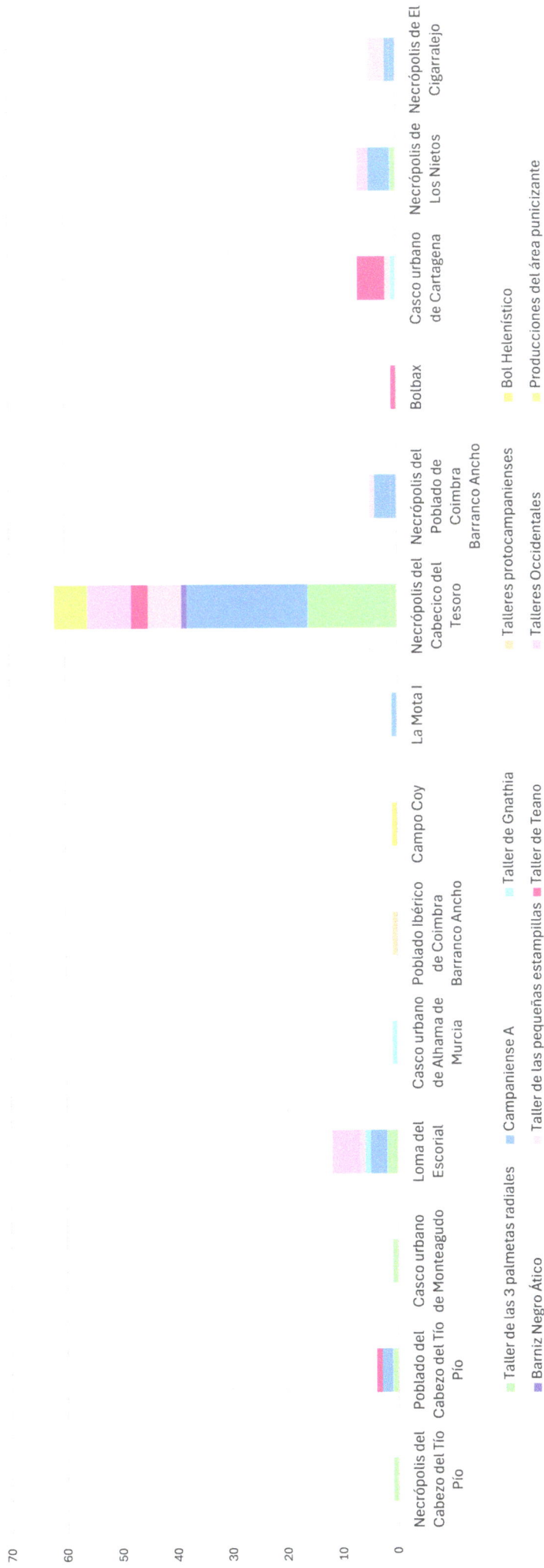

Producciones cerámicas de importación por yacimientos s III a.n.e. (I)

Figura 4.15. Cerámicas importadas en el s III a.n.e. por producciones y yacimientos (elaboración propia).

5

Aproximación a las vías de comunicación en época ibérica

Debemos considerar las vías de comunicación, no sólo como los itinerarios físicos que sirven de soporte al tránsito de productos o personas; sino también las vías de transmisión de la cultura, la tecnología, las ideas, la religión, etc. (Roldán Hervas 1975: 9). El comercio o intercambio de bienes, sobre todo en lo referente a los de prestigio, conlleva un reconocimiento por parte del comprador y del vendedor de similares códigos simbólicos que reconocen el objeto en su esfera ideológica. No queremos decir con esto que ambas partes ante, por ejemplo, una crátera de figuras rojas, sean capaces de leer en ella el mismo mito que fue representado; sino que reconocen ante ese producto un objeto que transciende a su función de contenedor de líquidos.

Ahí radica la importancia del estudio de los caminos. Sin embargo, su análisis en la prehistoria constituye un tema muy controvertido, sobre todo a la hora de delimitar su recorrido y su importancia sobre los yacimientos del entorno. Al contrario que en época romana, aquí no contamos con restos materiales evidentes que nos informen del recorrido de las vías de comunicación, como son los trazados de calzada conservados, las infraestructuras (puentes), los miliarios; y también fuentes como el itinerario de Antonino o los Vasos de Vicarello, por citar casos que afectan a nuestra área de estudio.

Para la prehistoria y protohistoria deberemos valernos de pistas indirectas que nos indiquen los trazados que siguieron viajeros y comerciantes. Nos aproximaremos a esta problemática desde cuatro perspectivas diferentes que ya han sido utilizadas por otros investigadores antes que nosotros y cuyo planteamiento consideramos válido para nuestro estudio. La primera sería el análisis de la orografía tratando de detectar los pasos naturales y los corredores por donde la comunicación fuese más sencilla. La segunda sería la fosilización de vías anteriores a las ibéricas, como podrían ser la red de vías pecuarias (Alfaro Giner 2001). La tercera sería el resultado de la fosilización de las vías ibéricas y que influyeron en el trazado de la red viaria romana que conocemos en la actualidad (Lillo Carpio 1989: 98), aunque este criterio puede ser tomado a grandes rasgos no es del todo compartido por el todos los investigadores (Blánquez Pérez 1990c: 65). Y por último la cuarta sería la realización de cálculos para obtener los caminos de menor coste entre dos puntos mediante un software SIG.

Para nuestra propuesta nos valdremos de estos cuatro factores y los cruzaremos con una quinta variable más, la distribución de yacimientos en el territorio. Muchas veces la alineación de yacimientos o la disposición de éstos en un valle frente a otro vecino parece indicarnos el itinerario del camino en época ibérica. En muchos casos estos mismos yacimientos servirían como centro de descanso y avituallamiento para comerciantes y viajeros. Es más complejo incluir variables como por ejemplo la existencia de manantiales (cuyo inventario para la prehistoria no está completado), la presencia de elementos que condicionaran la seguridad de algún camino (animales salvajes, bandidos), o aspectos ideológicos o religiosos que consideraran algún tipo de itinerario o determinada zona, tabú.

Los desplazamientos podrían realizarse a pie o utilizarse elementos auxiliares como caballos y carros. Del caballo tenemos una gran colección de exvotos vinculados sobre todo al Santuario Ibérico de El Cigarralejo (Cuadrado Díaz 1952; Blánquez Pérez y Quesada Sanz 1999) pero también en otros yacimientos considerados lugares de culto como es el caso de Molino de la Máquina, Antiguo Campo de Futbol de los Baños o Casa de las Ánimas. También los tenemos representados en relieves con el motivo del domador de caballos en la Casa del Guarda (San Nicolás del Toro 1983) y dos en la Hoya de la Escarihuela (Eiroa García y Martínez Rodríguez 1987) y en el pilar estela de la tumba 70 de la Necrópolis del Poblado de Coimbra del Barranco Ancho (García Cano 1994). A esto hay que unirles las representaciones en la cerámica ibérica, por ejemplo en el célebre Vaso de los Guerreros, procedente del Cabezo del Tío Pío y conservado en el Museo Arqueológico Nacional (Tortosa Rocamora 1999). Se conservan elementos propios de la práctica de la equitación que se han documentado como parte del ajuar en las necrópolis de Coimbra del Barranco Ancho (García Cano, Page del Pozo, Gallardo Carrillo, Ramos Martínez, Hernández Carrión y Gil González 2008), el Cigarralejo (Cuadrado Díaz 1987) o Cabecico del Tesoro (Sánchez Meseguer y Quesada Sanz 1992: 371).

El caballo es un elemento que distinguiría las clases aristócratas ibéricas más que formar parte de una unidad militar (Quesada Sanz 1998) y que sería utilizado por estos en sus desplazamientos, por la comodidad que supone y el mantenimiento de su estatus simbólico.

Los caballos y otros équidos (asnos y mulas) también serían utilizados para transportar mercancías en alforjas u otros contenedores tal y como lo demuestra una terracota que representa un caballo modelado muy toscamente que porta dos toneles encontrado en la tumba 578 de la Necrópolis del Cabecico del Tesoro (Lillo Carpio 1979: 29; García Cano y Page del Pozo 2004: 155).

También tenemos evidencias de uso de carros en época ibérica. Quizás la más gráfica sería la representación de un carro tirado por dos caballos en arenisca que apareció como ajuar en la tumba 107 de la Necrópolis de El Cigarralejo (Cuadrado Díaz 1987: 243). A este objeto podemos añadirles hallazgos materiales como es fragmento de rueda en la tumba 263 de la Necrópolis del Cabecico del Tesoro (Nieto Gallo 1942) y otro en la tumba 2 de la Necrópolis del Castillejo de los Baños (García Cano y Page del Pozo 2001: 96). El último hallazgo, todavía en estudio, correspondería con el hallazgo de múltiples elementos de un carro ibérico (rueda, eje, etc.) que formaba parte del ajuar de una sepultura en la Necrópolis de Lorca (García Sandoval, Quiñones López y Precioso Arévalo 2006).

Los desplazamientos se realizarían a pie en la mayor parte de los casos ya que la inexistencia de una red viaria estable y mantenida provocaría que los caminos no fuesen siempre aptos para el transporte en carros, que se harían en rutas de mayor tránsito y de manera excepcional (Lillo Carpio 1989: 95).

No tenemos cálculos para la distancia que se podía alcanzar en una etapa para la época protohistórica aunque podemos tomar los datos calculados para la época romana (Scheidel 2014) a modo orientativo solo para poder tomar los valores que citaremos en las descripciones de los caminos propuestos. Para una marcha de una persona a pie o en carro se calcula que cubriría 30 km/día, una caravana de mulas muy cargadas 20 km/día, un carro tirado por bueyes 12 km/día y finalmente una persona a caballo unos 56 km/día. Claro que estas distancias están calculadas para un terreno levemente accidentado y a través de un camino acondicionado como fueron las vías romanas. Por lo que para nuestro estudio lo tomaremos siempre como valores orientativos, y en todo caso máximos.

5.1. Los corredores naturales

Antes de entrar en el estudio de los caminos es importante observar la orografía para poder detectar las barreras y los corredores naturales que permiten el establecimiento de rutas estables. Para ello hemos confeccionado un mapa de pendientes en el cual establecemos el límite superior (en color rojo intenso) en un 18% de pendiente, equivalente a 10,20 grados de inclinación (Grau Mira 2000: 36). Estimamos que por encima de ese valor el sendero no podría albergar una ruta estable, sobre todo para poder permitir el paso de carruajes, aunque su uso en la protohistoria pudiera ser más limitado de lo que pensamos.

Observamos en el mapa obtenido (Figura 5.1) como los grandes pasos que en muchos casos corresponden con la existencia de valles fluviales. Los dos grandes ejes que se aprecian son en sentido NW-SE el curso del río Segura y en dirección SW-NE el curso del río Guadalentín que confluyen en el entorno de la actual ciudad de Murcia. Por estos valles se dispondrían vías de comunicación que articularían y condicionarían toda la red viaria subsiguiente.

El valle del Segura tiene un relieve muy abrupto, sobre todo en la Vega Alta y Media, y las zonas con las pendientes más suaves se sitúan al E del río, por lo que es mucho más fácil plantear un trazado paralelo, que junto al propio cauce.

El valle del Guadalentín se caracteriza por la suave pendiente que tiene en su recorrido desde Lorca hasta Murcia. El camino que se intuye aquí estaría encajonado por las sierras de la Torrecilla, Tercia, Espuña, la Muela y del Cura en su lado NW y Almenara, Carraco y el Valle al SE, dejando entre ellas un paso que comunicaría con el Campo de Cartagena.

También observamos en el Campo de Cartagena la presencia de una gran llanura sin apenas pendiente que proyecta la comunicación hacia el W, con destino al valle del Guadalentín. Su comunicación con el Segura está interrumpida por la presencia de la sierra de Carrascoy y el Valle, que necesariamente salvarían por los pasos utilizados tradicionalmente donde la pendiente se salva a un menor coste, por ejemplo, en el Puerto de la Cadena en el área central de la sierra o en el paso de la Cañada de San Pedro en las estribaciones NE de la sierra.

El área de influencia de la Cuenca de Fortuna presenta una superficie medianamente irregular donde los cursos intermitentes de agua, como la rambla Salada o la rambla del Carrizalejo se convertirán en verdaderos itinerarios donde las pendientes se suavizan y facilitan su tránsito.

En el Altiplano se observa una configuración de las sierras en dirección SW-NE generando pasos y caminos entre ellas que comunicarían los yacimientos con caminos en estas direcciones.

Para acceder al área de influencia de la Cuenca de Mula desde el valle de Guadalentín, nos encontramos con la barrera que conforman Sierra Espuña, la sierra de la Muela y la sierra del Cura, por lo que parece más posible que el acceso se realizara desde el valle del río Segura, a través de unos del río Mula o de los valles que confluyen en éste.

Quizás el Noroeste sea el área más compleja hablando en términos puramente orográficos. La abundancia de pronunciadas pendientes condicionan en gran medida el acceso y la comunicación en esta comarca. El mejor punto para penetrar está al S, desde la ubicación de Lorca y desde el valle del Segura en la Vega Alta.

5.2. Las vías pecuarias

Estos caminos tradicionales, están asociados tradicionalmente a la actividad ganadera y más concretamente al pastoreo y la transhumancia (Mangas Navas 2012). Su trazado se ha interpretado como una fosilización de antiguos pasajes cuyo origen se remonta a la prehistoria. Los estudios llevados a cabo en esta dirección han sido capaces de relacionar estos trazados

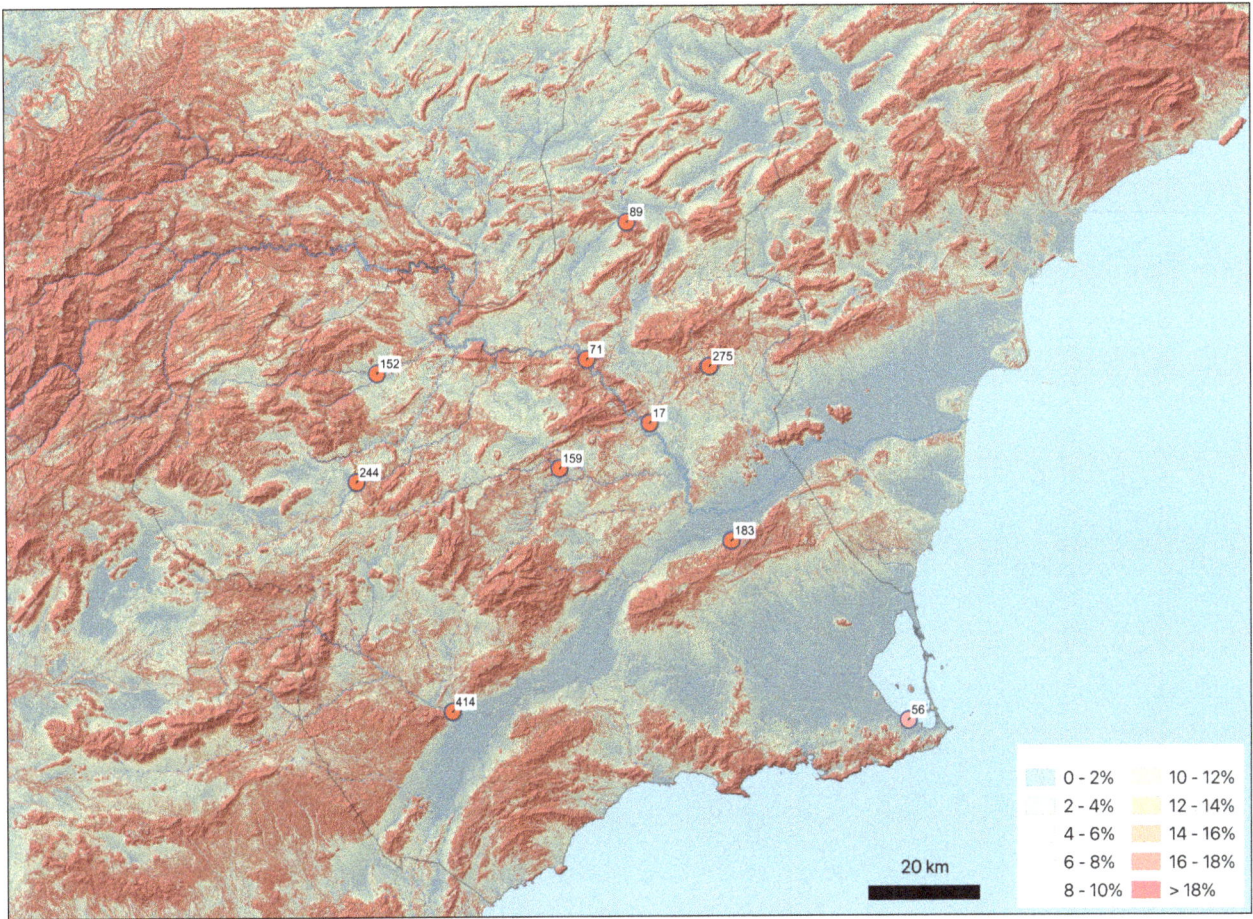

Figura 5.1. Mapa de pendientes con valores en porcentaje, el sombreado representa el relieve (17-Poblado del Cabezo del Tío Pío, 56-Loma del Escorial, 71-Bolbax, 89-Poblado Ibérico de Coimbra Barranco Ancho, 152-Los Molinicos, 159-Poblado de El Cigarralejo, 183-Poblado Ibérico de Santa Catalina del Monte, 244-Los Villaricos, 275-Castillico de las Peñas, 414-Poblado ibérico de Lorca) (elaboración propia).

con la distribución de yacimientos prehistóricos (Fairén Jiménez, Berrocal, López-Romero González de la Aleja y Walid Sbeinati 2006; Murrieta Flores, Wheatley y García Sanjuan 2011) e incluso con diversos aspectos del poblamiento prerromano y la romanización (Alfaro Giner 2001).

Las vías pecuarias en la actualidad están recogidas en la legislación y ésta establece su clasificación en función de la anchura establecida para cada una de estas vías: las Cañadas no sobrepasan los 75 m de anchura, los Cordeles, no sobrepasan los 37,5 m y las Veredas tienen una anchura no superior a los 20m[8]. Esta clasificación basada en la anchura nos da una idea de la importancia de cada uno de estos itinerarios basados en el tráfico que soportaban y la frecuencia de uso de cada una de ellas. Existen otros muchos caminos de menor entidad, también recogidos y no incorporados a esta clasificación que si bien legalmente se adscribirían a la condición de Vereda, se han incluido en una categoría menor, o incluso indeterminada al no poder estimar la anchura del camino o ser éste de muy pequeña categoría.

En la Región de Murcia tenemos recogidas las vías pecuarias, cuya distribución podemos ver en la Figura 5.2. Una lectura preliminar nos indica la abundante presencia de itinerarios, entre los que destacamos dos. El primero sería el que comunica la costa con la meseta con un trazado paralelo al río Segura como es la Cañada Real de Cabañiles o la Cañada Real de Albacete a Murcia, que atraviesa al Altiplano pasando por el entorno de la actual ciudad de Jumilla. Esta misma dirección atraviesa la Cañada Real de los Serrano que pasa por el entorno de Yecla.

En el valle del Guadalentín se dispone la Cañada Real de Granada a Cartagena, de la que conservamos gran parte de su trazado y que comunica estas dos poblaciones. Su trazado en el Campo de Cartagena se difumina conservando otras vías de menor entidad como la Vereda Lorca-Cartagena o la Colada del Puerto de Saladillo. Todas estas se confunden con un complejo entramado de caminos tradicionales que se disponen en el Campo de Cartagena.

En la proyección del valle del Guadalentín, tras su confluencia con el río Segura tenemos la Cañada Real de Torreagüera que discurre al pie de la sierra de Carrascoy y el Valle hasta el límite regional.

---

[8] Según lo establecido en el artículo 4 de las Ley 3/1995, de 23 de marzo, de Vías Pecuarias

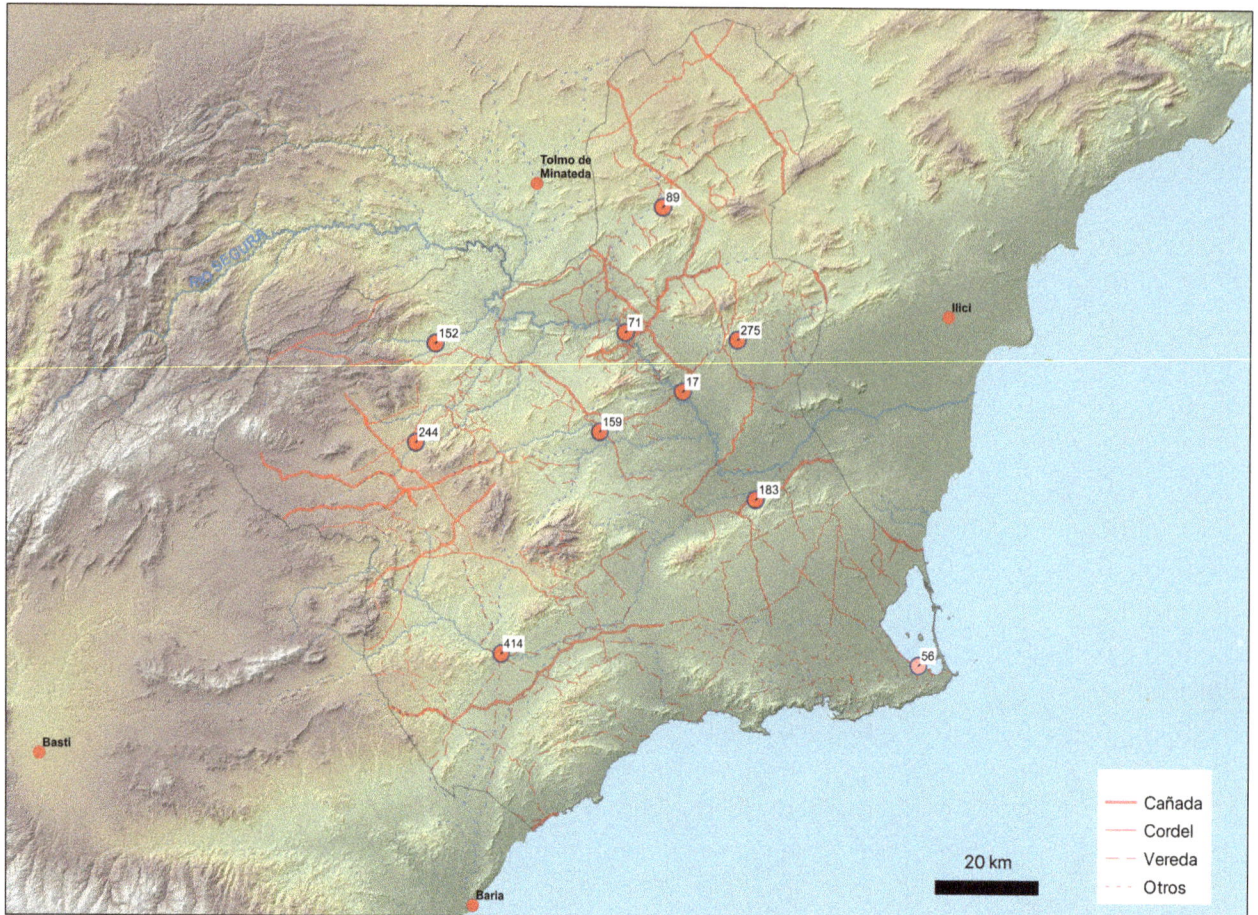

Figura 5.2. Vías Pecuarias de la Región de Murcia (17-Poblado del Cabezo del Tío Pío, 56-Loma del Escorial, 71-Bolbax, 89-Poblado Ibérico de Coimbra Barranco Ancho, 152-Los Molinicos, 159-Poblado de El Cigarralejo, 183-Poblado Ibérico de Santa Catalina del Monte, 244-Los Villaricos, 275-Castillico de las Peñas, 414-Poblado ibérico de Lorca) (elaboración propia y CARM Consejería de Agricultura y Agua, Dirección General de Patrimonio Natural y Biodiversidad).

Quizás el dato más interesante es la profusión de cañadas reales en el Noroeste que comunican esta comarca con la vecina Andalucía a través de una serie de trazados, aprovechando las ramblas y los valles con escasa inclinación. Tenemos la Cañada Real del Puerto del Aceniche que comunica la sierra del Cambrón con la comarca de los Vélez, atravesando la sierra del Pericay. Paralela a ésta y más al N tenemos la Cañada Real de Andalucía que sigue el trazado de las ramblas que preceden al río Mula para comunicarse con las tierras altas andaluzas siguiendo dos itinerarios, al S la Cañada Real del Cortijo Espín y al N la Cañada Real del Moral. Perpendicular a éstas tenemos la Cañada Real de Archivel que comunica las sierras de Moratalla y el NE de la Región con el valle del Guadalentín a través de ésta y del Cordel de Archivel y la Vereda de la Rambla de Caravaca.

Si bien sólo hemos comentado los trazados principales existen multitud de caminos de menor entidad conforme a la clasificación que en la actualidad se hacen de estas vías. La importancia de cada uno de ellos se ha matizado mucho debido a su utilización, sobre todo desde época medieval por lo que no podemos trasladar la clasificación que tenemos a la protohistoria y la antigüedad. Sin embargo, el conocimiento de los trazados unidas a otras variables como

la presencia de yacimientos, la orografía o la existencia de otros itinerarios históricos cercanos (vías romanas) pueden indicarnos la presencia de un camino histórico seguido por pastores, comerciantes y viajeros en época ibérica. Se trata por tanto de un dato más que complementaría al resto de información que manejamos.

5.3. Las vías romanas

Sin querer entrar en un análisis profundo sobre las vías romanas en el SE peninsular creemos interesante indicar en nuestro estudio el estado actual de las investigaciones sobre este apasionante tema (Roldán Hervas 1975; González Blanco 1988; Talbert y Bagnall 2000; Roldán Hervás y Caballero Casado 2014). Aunque tomando esta premisa con precaución no deja de ser una variable más para poder aproximarnos a los caminos en la antigüedad y que nos sirva como pista para poder plantear más adelante los trazados que nosotros proponemos.

En un primer análisis vemos como es la ciudad de *Cartago Nova* (la actual Cartagena) la que centraliza todas las vías romanas que pasaban por este territorio (Figura 5.3). La configuración de esta ciudad como el más importante puerto del Mediterráneo occidental la convertía como

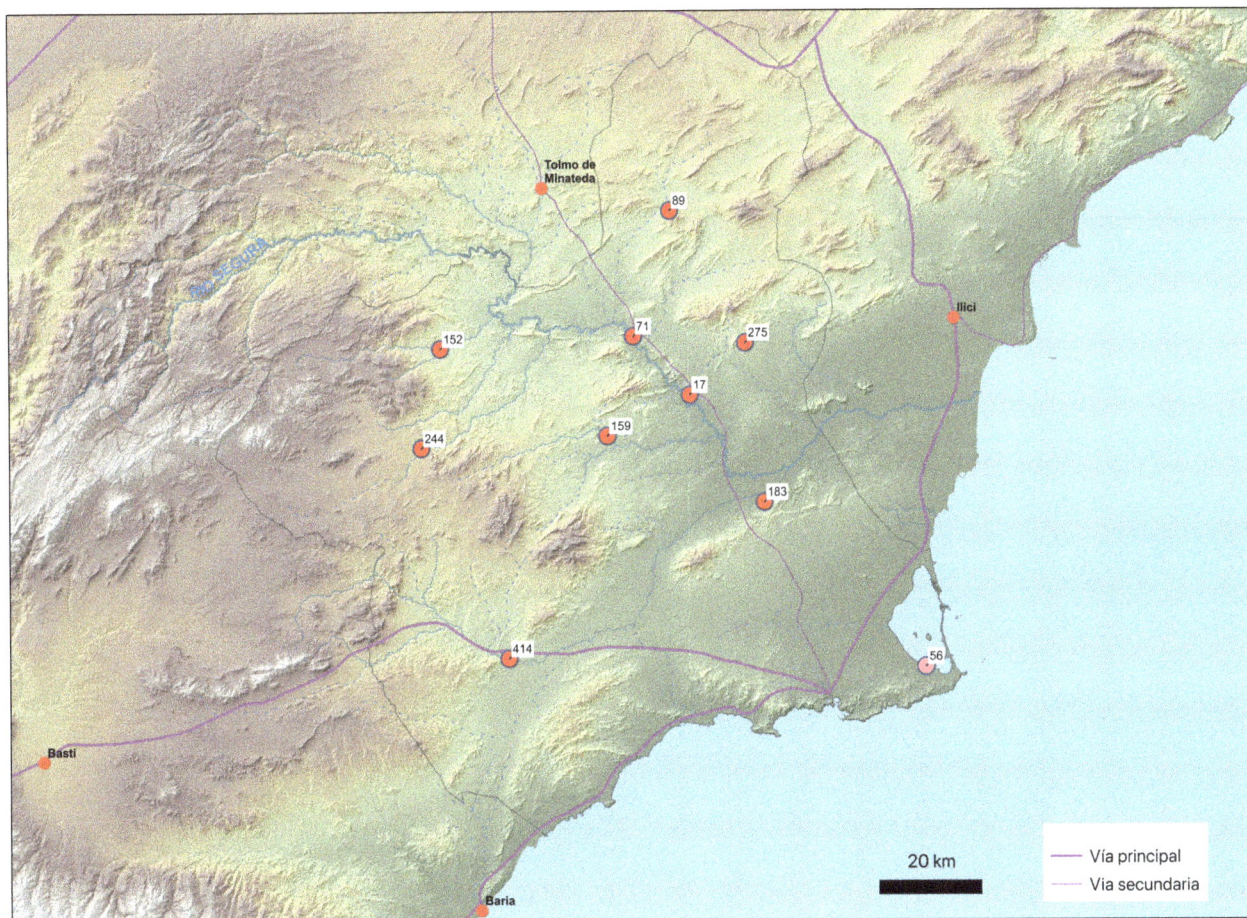

Figura 5.3. Vías romanas en el SE peninsular según el Digital Atlas of Roman and Medieval Civilizations (DARMC) Harvard University y Barrington Atlas (Talbert y Bagnall 2000) (17-Poblado del Cabezo del Tío Pío, 56-Loma del Escorial, 71-Bolbax, 89-Poblado Ibérico de Coimbra Barranco Ancho, 152-Los Molinicos, 159-Poblado de El Cigarralejo, 183-Poblado Ibérico de Santa Catalina del Monte, 244-Los Villaricos, 275-Castillico de las Peñas, 414-Poblado ibérico de Lorca) (elaboración propia).

referencia comercial y política para todo el SE a partir de su conquista a finales del s III a.n.e. y sobre todo tras las reformas urbanísiticas llevadas a cabo en el cambio de era con el principado de Augusto.

El camino principal que observamos es la vía Augusta, cuyo trazado N apenas atraviesa la Región de Murcia por el municipio de Yecla, siguiendo el trazado de la *via Heraklea* o el Camino de Aníbal, su precedente. Tenemos constancia de este camino que comunicaba los puertos levantinos con la Turdetania, por un camino interior para el transporte de minerales para poder trasladarlos a un puerto seguro.

El trazado S de la vía Augusta llegaría a *Cartago Nova* y de ahí se dirigiría a través del Campo de Cartagena, pasando por Lorca, remontando el río Guadalentín y después el río Vélez/Corneros en dirección a *Basti* (la actual Baza). De este trazado tenemos abundante información arqueológica sobre todo en forma de miliarios que han sido localizados y que nos permiten recomponer el itinerario seguido.

En la costa observamos el trazado de una vía que transcurriría paralela a la línea marina y podría en comunicación toda esa importante zona minera y que se

conoce también gracias a los hallazgos arqueológicos en la zona (Muñoz Amilibia 1988). Este camino tendría como destino la ciudad de Málaga si tomamos como válido su identificación con el citado por el Anónimo de Rávena (Roldán Hervas 1975: 121).

Catalogada como una vía de menor importancia tenemos la vía romana que comunicaba *Cartago Nova* y *Complutum* (la actual Alcalá de Henares). Su trazado partía de la ciudad mediterránea y atravesaba la sierra de Carrascoy por el Puerto de la Cadena, donde tenemos documentadas rodadas de carro y restos de calzada romana (Rabal Saura 1988). Pasado este relieve comenzaría a remontar el río Segura hasta la confluencia de la rambla del Judío, donde el río viene desde el W, sin embargo el camino continúa en dirección NW hacia la ubicación del Tolmo de Minateda (Fernández Montoro, Lostal Pros y Rodríguez Morales 2011).

A estos restos hemos de añadir otros restos e indicios de vías romanas que tenemos en el SE y que nos permiten acercarnos a una serie de caminos, quizás secundarios, pero de uso igualmente en época romana.

Uno de estos indicios es la llamada cuesta de Yéchar, un camino empedrado conservado en el entorno del río Mula, muy cercano al asentamiento de El Cigarralejo. Este hallazgo evidencia un trazado de una vía de comunicación desde esta comarca hacia el valle del Segura para unirse al camino antes descrito (González Fernández 1988).

5.4. Cáminos óptimos

Por último y antes de formular nuestra propuesta contaremos con los cálculos que hemos realizado entre los caminos de menor coste (*least cost path*) entre los principales yacimientos de la Región de Murcia.

El trazado de camino de menor coste o camino óptimo es el cálculo más sencillo que se puede realizar de coste de desplazamiento. Su planteamiento es el siguiente. Se define un origen y un destino y un mapa de coste de desplazamiento. El algoritmo define la celda de menor coste alrededor de la de origen, primando la dirección en la cual se sitúa el destino y desplaza su foco a ella, después va repitiendo el proceso escogiendo siempre el itinerario de menor recorrido, acumulando así el menor coste posible.

En todo caso se trata de un recorrido ideal basado en las variables que hemos introducido al *software* (hemos utilizado el programa ArcGIS para la realización de los cálculos aquí ofrecidos) pero no tiene que corresponderse exactamente con el camino seguido en la prehistoria y la antigüedad pues es virtualmente imposible contemplar todas las variables que pueden darse a la hora de decidir un recorrido. Aun así podemos tomar este tipo de análisis como una guía que nos indicará tendencias en los caminos óptimos entre dos puntos.

Al igual que hemos hecho anteriormente en el cálculo de las áreas de influencia y en el de las áreas de captación de recursos (Ramos Martínez 2018), utilizaremos los cálculos propuestos por Tobler (Gorenflo y Gale 1990; Tobler 1993) para calcular el mapa de coste de desplazamiento o mapa de fricción en el cual basaremos los cálculos para calcular los itinerarios.

Hemos realizado los cálculos entre los yacimientos ibéricos que hemos considerado de referencia para el área geográfica de la Región de Murcia como son: Coimbra del Barranco Ancho, Bolbax, Castillico de las Peñas, Cabezo del Tío Pío, Poblado de Santa Catalina (Verdolay), Loma del Escorial, Poblado de Lorca, El Cigarralejo, Villaricos y finalmente hemos incluido Los Molinicos al considerarlo también con una importancia relativa hasta mediados del s IV a.n.e. que deja de estar habitado. Podemos observar el resultado en la Figura 5.4.

Para poder realizar los cálculos de los caminos en dirección hacia otros poblados ibéricos fuera de la Región de Murcia, hemos localizado los que creemos más importantes del entorno: la Bastida de les Alcusses, *Ilici*, Tolmo de Minateda, *Basti* y *Baria*.

Se aprecian como los caminos tienen a seguir las líneas más rectas posibles, esquivando los accidentes orográficos más pronunciados. Los trazados se circunscriben sobre todo a los valles de los ríos buscando las zonas con menos pendientes acumuladas.

Sin embargo, la automatización del proceso ha provocado la elección de pasos, sobre todo en el momento de atravesar las zonas más complejas, donde la no tenemos documentados yacimientos arqueológicos. Creemos que en muchos casos estos caminos diferirían de los caminos reales utilizados por los comerciantes y viajeros por lo que consideraremos este dato una variable más a la hora de configurar nuestra propuesta de caminos.

El camino que parte desde la Loma del Escorial hacia el Verdolay tendría 45,82 km de longitud y atraviesa casi en línea recta el campo de Cartagena al no encontrar un obstáculo y un relieve plano casi uniforme. A la hora de cruzar la sierra de Carrascoy y el Valle lo hace atravesándola por el paraje de el Cerillar, 3,5 km al E del paso conocido del Puerto de la Cadena y a 4,5 km al W del paso de Cañada de San Pedro. Este pronunciado relieve lleva a elevar la tasa media de pendiente a un 7,51%.

Desde este mismo punto parte un camino con dirección a Lorca siguiendo un trazado que en muchos casos se confunde con las vías pecuarias existentes incluso con el itinerario conocido de la Vía Augusta. Tiene 83,32 km de extensión y una pendiente media de 3,61%. A 32 km desde el poblado costero se encuentra el Poblado de Colada de Cuesta Blanca; y a 15 km de éste la alquería de Fuente Pinilla. Quizás ambos yacimientos sean áreas de descanso y avituallamiento para comerciantes y viajeros. El camino es casi rectilíneo pues apenas existen obstáculos entre ambos poblados.

Desde el Poblado de Santa Catalina partirían tres caminos principales: hacia Lorca, remontando el valle del Segura hacia el Cabezo del Tío Pío y siguiendo el valle del Segura, seguramente hacia Ilici, la Escuera o el Oral; y quizás un camino secundario que comunicaría con el área de Fortuna, con el Castillico de las Peñas. El camino hacia Lorca transcurre en el margen derecha del Guadalentín hasta la altura de Alhama de Murcia (cuando todos los yacimientos se ubican en la margen izquierda) trazando casi una línea recta, pasando a entre 3 y 5 km de los yacimientos más importante que jalonan este valle, que son el Castillo de Alhama y las Cabezuelas. El camino calculado tiene 61,08 km y tendría una pendiente media de 2,50 %, lo que evidencia lo llano del trazado.

El camino seguiría dirección N ascendiendo por el curso del río Segura 26,12 km hasta llegar al Poblado del Cabezo del Tío Pío con un camino bastante llano (sólo un 4,02% de pendiente media). Continuará en la misma dirección y remontando el curso fluvial otros 17,16 km hasta llegar a Bolbax. En este último tramo el camino se vuelve más abrupto calculándose un 10,48% de pendiente media.

Desde Bolbax hemos realizado también un cálculo de camino óptimo con destino el Poblado de Coimba del

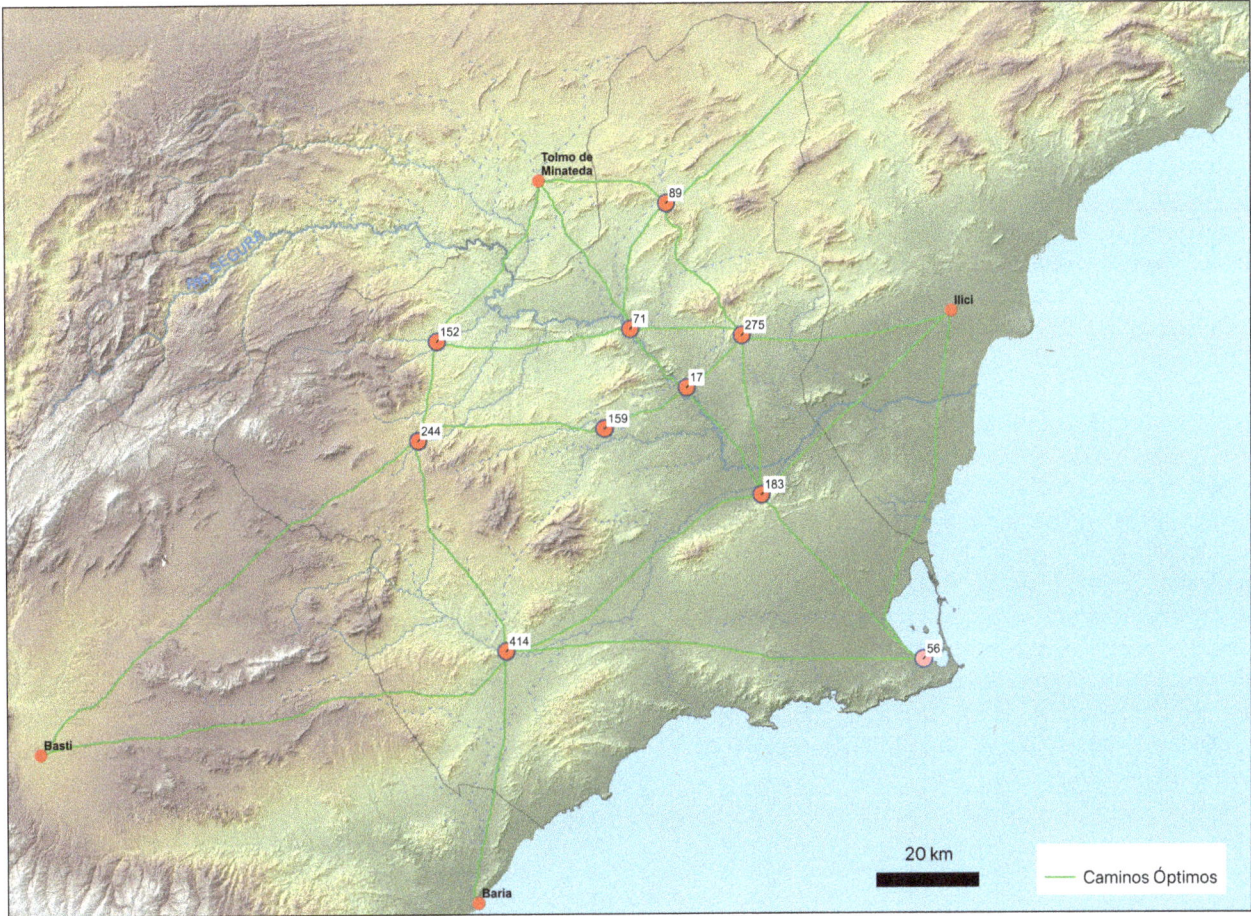

Figura 5.4. Cálculo de caminos óptimos a partir de la orografía entre los principales poblados ibéricos de la Región de Murcia (17-Poblado del Cabezo del Tío Pío, 56-Loma del Escorial, 71-Bolbax, 89-Poblado Ibérico de Coimbra Barranco Ancho, 152-Los Molinicos, 159-Poblado de El Cigarralejo, 183-Poblado Ibérico de Santa Catalina del Monte, 244-Los Villaricos, 275-Castillico de las Peñas, 414-Poblado ibérico de Lorca) (elaboración propia).

Barranco Ancho. El resultado es interesante pues opta por remontar la rambla del Judío pasando muy cerca de la alquería de Cabezo del Buho II y del poblado Rambla del Judío/Ascoy. Traza una curva muy pronunciada para esquivar la sierra Larga por el N y penetraría en el poblado a través del barranco Ancho que da nombre al yacimiento. El camino tendría una longitud 27,69 km y una pendiente media de 7,83%, sobre todo influido por el enorme desnivel existente entre los dos yacimientos.

Desde el Poblado de Santa Catalina hemos calculado también un hipotético camino que lo uniría con el Castillico de las Peñas. El *software* lo ha calculado planteando un trazado casi rectilíneo con una longitud de 31,59 km y una pendiente media de 6,82%. Desde este poblado partiría un camino que se dirige hacia el Poblado del Cabezo del Tío Pío a 15,26 km de distancia siguiendo un trazado casi recto y con una pendiente media en todo el recorrido de 8,74% saliendo por el S del poblado. Este camino continuaría hacia la Cuenca de Mula en dirección al Poblado del Cigarralejo que estaría a 19,32 km de distancia y una pendiente media calculada de 8,22%. El itinerario coincidiría con el Cordel de Maraón justo por donde discurre la actual carretera que une Archena con Mula. Siguiendo dirección W llegaríamos hasta

el *oppidum* de Villaricos a través de un itinerario que tendría unos 39,07 km de longitud en un trazado casi rectilíneo y que solamente traza una curva para esquivar la sierra de Quipar. Este trazado tendría una pendiente media de 10,26%.

Desde el Castillico de las Peñas y atravesando el Cortado de las Peñas y saliendo en dirección N hemos calculado dos caminos. El primero tendría como destino Bolbax, a unos 23,18 km de distancia y una pendiente media de 8,68%. El trazado pasa muy próximo al yacimiento de Loma de la Tendida (a 7,2 km) que pudo funcionar como lugar de avituallamiento. Este camino continuaría otros 39,58 km en dirección W hacia el poblado de los Molinicos volviéndose un poco más abrupto, con una pendiente media de 9,58%. El trazado es rectilíneo esquivando los elementos de relieve más pronunciados. El segundo camino en dirección N se dirige a Coimbra del Barranco Ancho atravesando la sierra de la Pila cerca de la Garapacha, pasando por el poblado Loma de la Tendida (a 16,72 km) y después remontando la rambla de las Carihuelas, pasando por el entorno de Coimbra de la Buitrera, el Collado de Santa Ana hasta llegar a su meta. El camino tiene 34,06 km de longitud con una pendiente media muy abrupta de 16,23%.

Desde Lorca tenemos un camino hacia al N en dirección a los Villaricos que tiene una longitud de 46,83 km y una pendiente media de 7,86% en el camino. El trazado es rectilíneo esquivando los elementos del relieve más acusados, pero no pasa por el entorno de ningún yacimiento, excepto la alquería de Coto de los Tiemblos a 11,6 km de distancia del poblado de Lorca. El camino continuaría desde los Villaricos hasta los Molinicos para el cual hemos calculado un camino con una longitud de 20,5 km y una pendiente media de 8,73%, en un trazado con tendencia a ser recto con ligeros desvíos para evitar elevaciones en el camino.

5.5. Caminos propuestos

Como vemos, conforme vamos añadiendo variables comenzamos a observar como muchos de los trazados comienzan a ser coincidentes mientras que otros no se sustentan a partir de la documentación arqueológica existente. Es por esta última razón que el paso final para este análisis queremos hacerlo con una propuesta de red viaria en época ibérica considerando las tres redes analizadas: las vías pecuarias, las vías romanas y los caminos óptimos y añadiendo la variable de la distribución espacial de los yacimientos ibéricos.

Si observamos el plano de caminos que hemos adaptado (Figura 5.5) vemos como no difiere de los planteamientos que hemos expuesto anteriormente. Las vías en los valles del Segura y del Guadalentín se mantienen, modulando y adaptando su recorrido a la distribución de yacimientos y a los trazados de vías pecuarias y romanas conocidos. Lo mismo ocurre con las vías que parten del Campo de Cartagena, bien hacia el Valle de Murcia como hacia Lorca.

A éstas hay que sumarle otra serie de caminos, quizás de menor entidad, pero que comunican los poblados que hemos considerado de referencia para nuestro estudio y cuya existencia es más que necesaria para explicar los procesos de expansión comercial y cultural documentada en las investigaciones arqueológicas llevadas a cabo.

Todos los caminos propuestos tendrán como límite territorial el área referida a nuestro estudio, esto es, la Región de Murcia. De esta manera mantendremos la unidad de análisis en todos los trazados propuestos basados en las mismas variables conocidas. No entraremos en el estudio de la distribución de yacimientos o de las vías pecuarias en las provincias limítrofes, necesarios para poder trazar un itinerario coherente con el que hemos planteado en nuestra

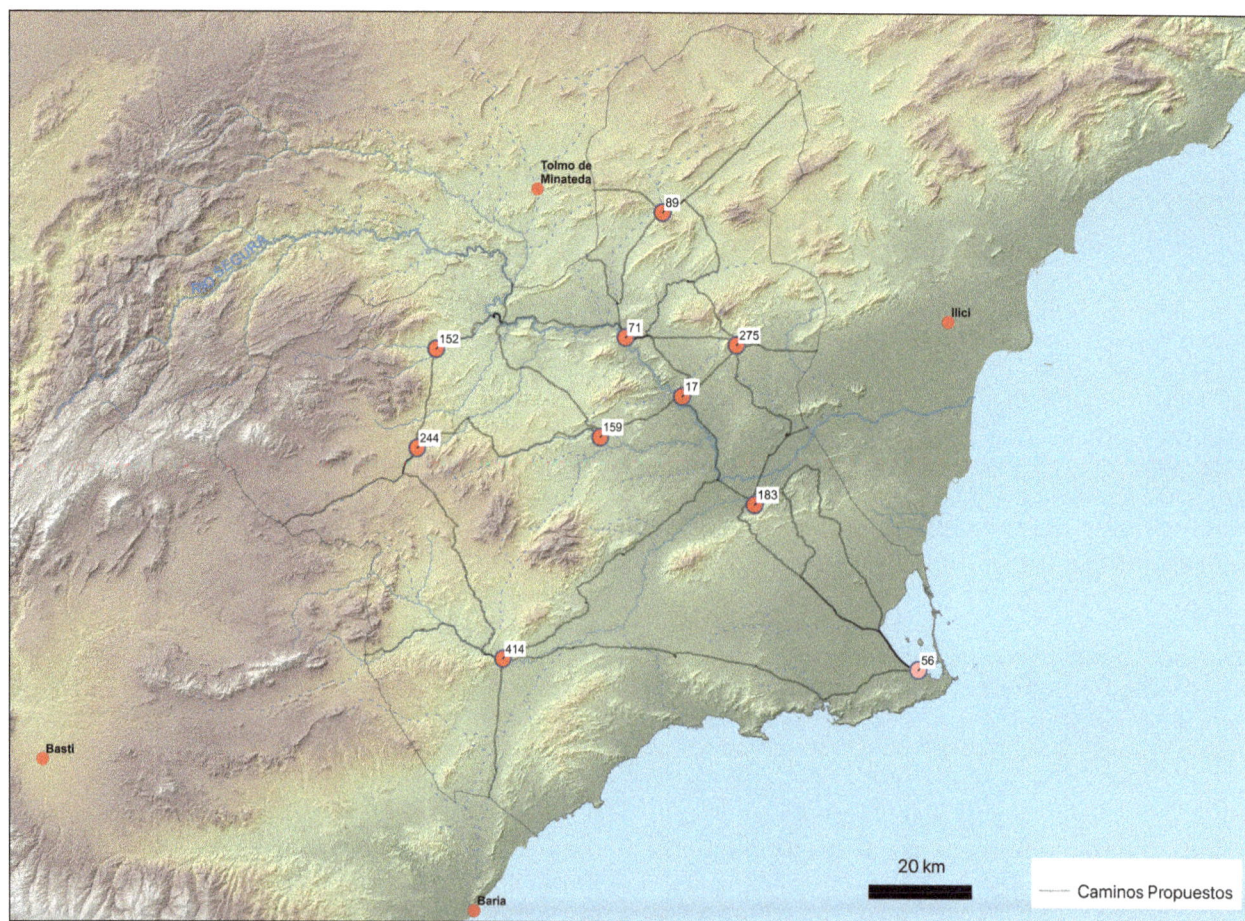

Figura 5.5. Red de caminos ibéricos propuestos para la Región de Murcia (17-Poblado del Cabezo del Tío Pío, 56-Loma del Escorial, 71-Bolbax, 89-Poblado Ibérico de Coimbra Barranco Ancho, 152-Los Molinicos, 159-Poblado de El Cigarralejo, 183-Poblado Ibérico de Santa Catalina del Monte, 244-Los Villaricos, 275-Castillico de las Peñas, 414-Poblado ibérico de Lorca) (elaboración propia).

propuesta. Sin embargo las proyecciones de los caminos hacia estos yacimientos de referencia fuera de la Región de Murcia, si las indicaremos hasta el límite provincial.

En el aparato gráfico que acompañamos nuestro análisis de cada camino incluiremos no sólo el camino propuesto sino el resto de elementos utilizados para nuestro análisis, la distribución de yacimientos, las vías romanas, las vías pecuarias y los caminos óptimos calculados. De esta manera es más gráfica la justificación del trazado escogido.

Hemos apostado por incluir los yacimientos que funcionarían como centros de descanso y avituallamiento para los comerciante y viajeros situados en las inmediaciones de los caminos, todo ello a partir de las distancias medias que entendemos para una jornada de viaje y que hemos expuesto más arriba según el medio de locomoción.

La lectura que podemos hacer de estos caminos no debemos hacerla conforme a los seis grandes trazados que hemos propuesto sino más bien analizando cada tramo y haciendo combinaciones a partir de diversos itinerarios que consideremos. Deberemos tener de esta manera una visión en red. Aunque a nivel de descripción y desarrollo de cada uno de ellos nos sea más útil hacer estas agrupaciones, que

en algún caso pueden resultar artificiosas. En el capítulo que dedicaremos al comercio analizaremos los caminos con mayor actividad durante los siglos V, IV y III a.n.e. considerando los datos que tenemos de las cerámicas de importación.

5.5.1. Basti – Loma del Escorial

El primer camino analizado partiría del poblado de la Loma del Escorial y se dirigiría hacia Basti, en un trazado similar al que después se fosilizaría con la Vía Augusta. Tendría 124,78 km desde el poblado costero hasta el límite de nuestro estudio. En su recorrido (Figura 5.6) pasaríamos por diferentes etapas definidas en los siguientes yacimientos: Cartagena, Poblado de Colada de Cuesta Blanca, Fuente Pinilla, Finca Miñarro, Poblado de Lorca y El Albardinar I. En el perfil que hemos obtenido de este camino (Figura 5.7) se aprecia el camino ascendente desde la costa casi uniforme (exceptuando una depresión en el entorno de Fuente Pinilla) hacia el Poblado de Lorca a partir de donde se vuelve un terreno más abrupto.

La primera etapa del camino rodearía la sierra de La Unión en dirección al puerto de *Cartago Nova* donde existiría un importante poblado. Para su confección nos hemos basado sobre todo en los pasos naturales que se definen en el

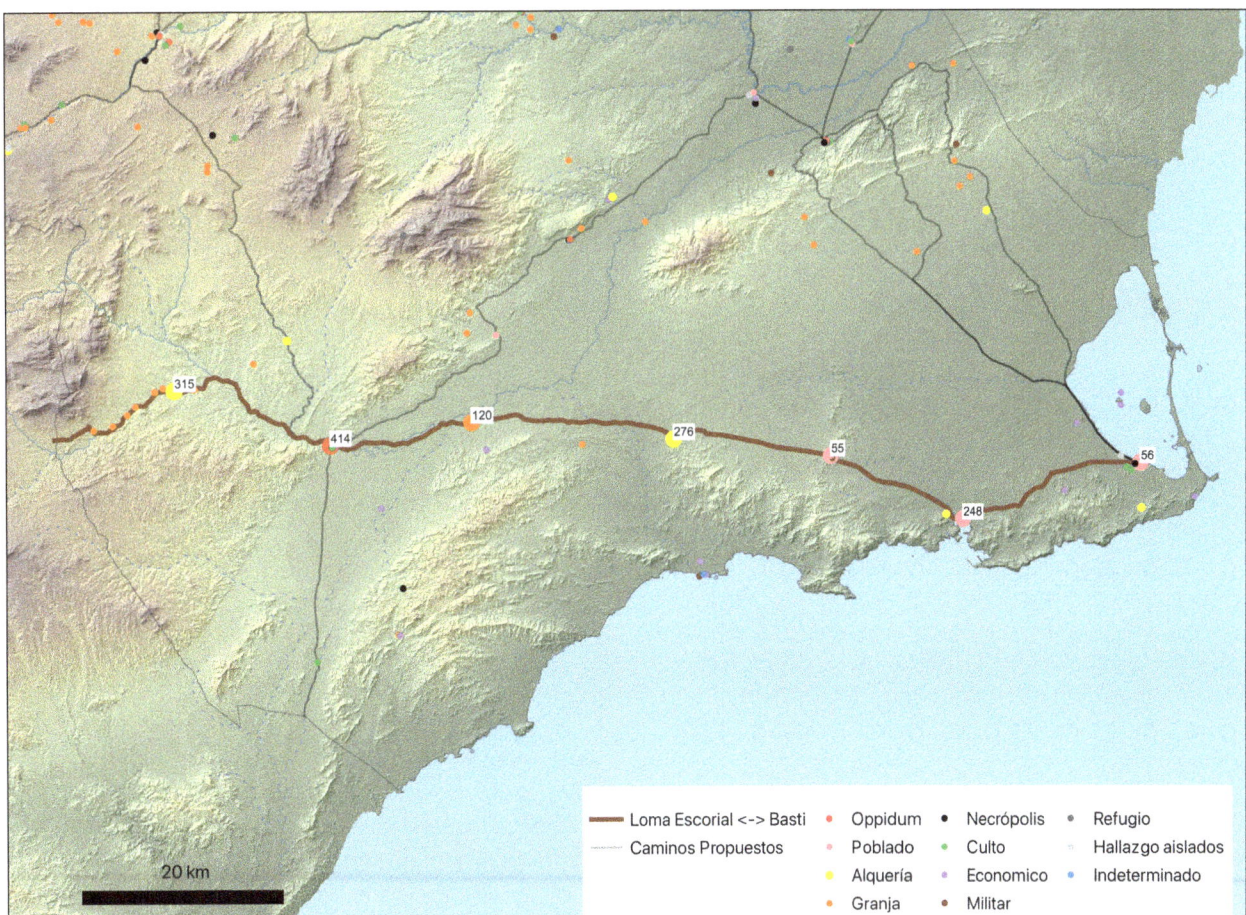

Figura 5.6. Camino propuesto desde la Loma del Escorial hacia Basti (55-Poblado Ibérico de Colada de Cuesta Blanca, 56-Loma del Escorial, 120-Finca Miñarro, 248-Casco urbano de Cartagena, 276-Fuente de la Pinilla, 315-El Albardinar I, 414-Poblado ibérico de Lorca) (elaboración propia).

Basti ←→ Loma del Escorial

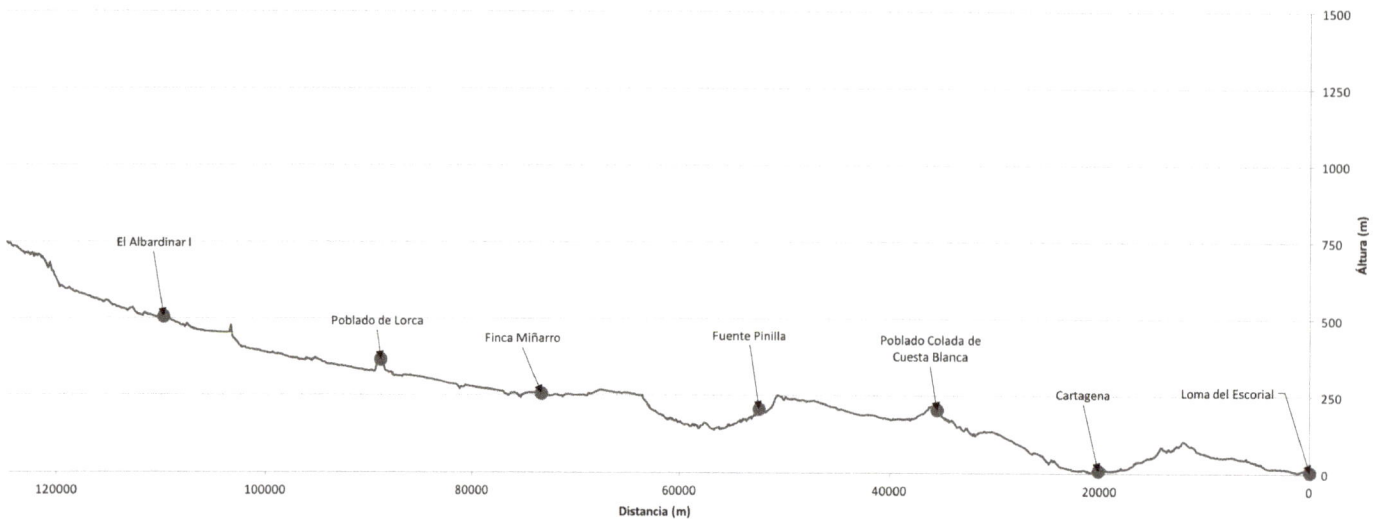

Figura 5.7. Perfil topográfico del camino desde la Loma del Escorial hacia Basti (elaboración propia).

relieve. Esta primera etapa tendría una distancia de 20,13 km y una pendiente media de un 2,95%.

De la ciudad portuaria saldría un camino en dirección al paso de Colada de Cuesta Blanca donde se ubica un poblado íbero. Es interesante como en este punto coincide los trazados propuestos para la Vía Augusta, el cálculo del camino óptimo y un entramado de vías pecuarias (Colada de Cuesta Blanca o Colada del Puerto del Judío confluyen en este punto). Parece evidente que el camino pasaría por este punto. Esta segunda etapa tendría 15,36 km y una pendiente media de 3,75%.

El camino seguiría en dirección W siguiendo el trazado del cálculo de menor coste, la vía romana y la Colada de la Pinilla de las Palas hasta llegar al yacimiento de Fuente Pinilla a unos 16,94 km de distancia en un terreno relativamente plano son una pendiente media de apenas 3,47%. Los datos arqueológicos que tenemos de este yacimiento nos indica una cronología tardía, de finales del s III a.n.e. lo que vendría a plantear la posibilidad de que su creación fuese una manera de evidenciar la importancia que este camino adquiere en ese momento. La fundación de la ciudad de *Qart Hadasht* en torno al 227 a.n.e. serviría como núcleo de atracción de mercancías y como un nuevo punto de referencia comercial. Su penetración hacia otras ciudades importantes en el interior de Andalucía se haría necesariamente por este camino cuya infraestructura se ve potenciada con estaciones de descanso y abastecimiento como Fuente Pinilla.

Desde este punto continuaría el camino hacia el W salvando la depresión que forma la rambla de las Moreras que desemboca en Mazarrón aunque continua con un trazado más bien rectilíneo. Para la propuesta nos hemos basado en la vía pecuaria de la vereda de la Pinilla hasta su confluencia con la cañada real de Granada a Cartagena que son casi coincidentes con el itinerario seguido por la

Vía Augusta y por el camino de menor coste calculado. El final de esta etapa la hemos establecido en el yacimiento de Finca Miñarro, muy próximo a los trazados seguidos y que está a una distancia de 20,97 km desde Fuente Pinilla. Las pendientes que conforman la depresión de la rambla de las Moreras hace que este camino sea más angosto, pero aun así la pendiente media calculada para este tramo es de 4,73% solamente.

Desde Finca Miñarro el camino continuaría hasta el Poblado de Lorca siguiendo el trazado de la vereda del Campo de Cartagena, muy próximo al de la Vía Augusta y al camino óptimo calculado. Este tramo tendría unos 15,51 km siendo muy llano con una pendiente media de 2,70%.

El camino a partir de aquí tomaría dirección N siguiendo el trazado que tendría posteriormente la vía romana separándose de camino óptimo calculado por el software. Este itinerario estaría respaldado por la evidencia arqueológica y la gran cantidad de yacimientos que con materiales ibéricos que nos encontramos en el valle del río Vélez/Corneros, donde camino giraría en dirección W. La ruta llegaría a la alquería del Albardinar I que hemos considerado como el de mayor entidad de todos los que se ubican en el entorno, a partir de la documentación arqueológica disponible. Este tramo tendría una longitud de 20,85 km con una pendiente media todavía bastante aceptable de 4,69%.

Desde aquí hasta el límite provincial tendríamos un trecho de 15,02 km con una inclinación media de 6,71% siguiendo el camino de menor pendiente y guiándonos por la Vía Augusta.

5.5.2. *Loma del Escorial – Tolmo de Minateda*

El segundo camino propuesto se inicia en el poblado costero de la Loma del Escorial y llega hasta el límite N de la Región de Murcia siguiendo con destino al Tolmo de Minateda. Atraviesa el Campo de Cartagena, la sierra de Carrascoy por el puerto de la Cadena y remonta el curso del río Segura hasta el poblado de Bolbax, donde se separa del cauce del río para seguir dirección N hacia el Tolmo de Minateda (Figura 5.8 y Figura 5.9). El trazado total estimado es de 126,86 km. Los hemos dividido en tramos según por los poblados que pasarían: Poblado de Santa Catalina, Cabezo de la Rueda, Cabezo del Tío Pío, Bolbax y Rambla del Judío/Ascoy.

El primer tramo cubriría desde el poblado del Mar Menor hasta el asentamiento del Verdolay (Poblado de Santa Catalina, Necrópolis de Cabecico del Tesoro y Santuario Ibérico de la Luz). La llanura que se extiende en todo el Campo de Cartagena dificulta que podamos trazar un camino probable más allá de una línea recta por lo que hemos propuesto el recorrido que pasa por la Vereda de Torre Pacheco. El recorrido pasa cerca del yacimiento de Rosa Blanca, a 32,2 km del origen y a 13,4 del final del primer tramo, por lo que pudo funcionar como una escala o centro de avituallamiento para los comerciantes y viajeros. El camino continúa hacia la sierra del Carrascoy donde el mejor paso para cruzarlo es el trazado del puerto de la Cadena, donde tenemos constancia del paso de una

vía romana y que en época ibérica estaría controlado desde el asentamiento del Verdolay al E y desde el puesto de vigilancia de los Pedregales al W. Otras posibilidades para cruzar el relieve serían más al E a través del puerto del Garruchal o más aún en el paso de las Cañadas de San Pedro. En este último paso tenemos también el yacimiento Puerto de Sucina destinado a controlar todo este acceso. También en el entorno tenemos identificadas las granjas de Hacienda Riquelme, los Ginovinos, las Herencias y la alquería de Costa Cálida que pudieron funcionar como escalas y lugares de abastecimiento en estos trazados alternativos. Una vez en el llano seguiría el trazado de la cañada real de Torreagüera hacia el E hasta llegar al Poblado de Santa Catalina. El trazado total tendría 53,51 km con una pendiente media de sólo 3,81% influenciado sobre todo del gran espacio casi en llano del Campo de Cartagena.

Desde el Poblado de Santa Catalina partiría el camino hacia el N que necesariamente pasaría por el Cabezo de la Rueda, quizás el paso para cruzar el río Segura. Se trata de un trazado rectilíneo planteado en llano y esquivando los pocos elementos del relieve existentes en el valle. Tiene una longitud de 8,79 km y una inclinación media de 2,33%, casi llano.

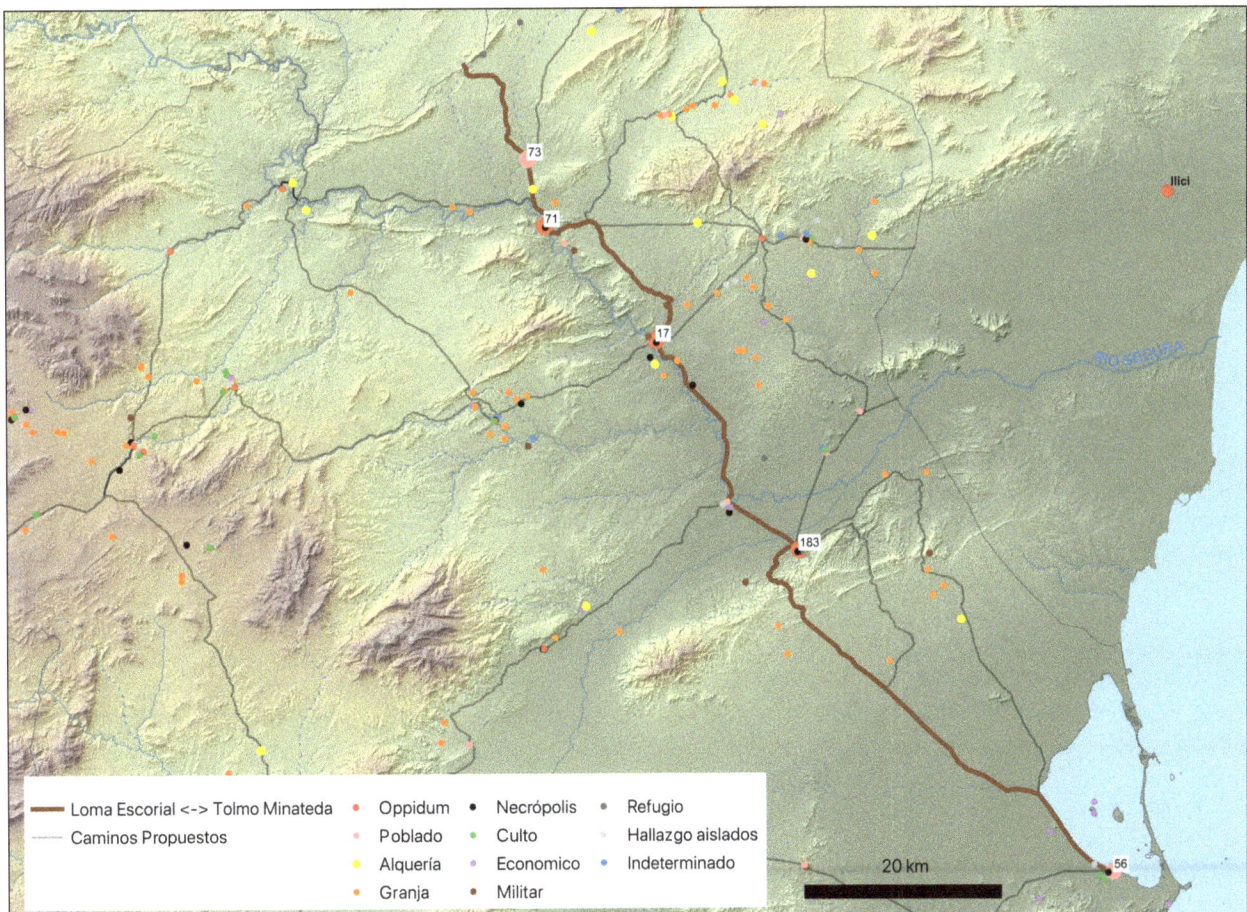

Figura 5.8. Camino propuesto desde la Loma del Escorial hasta el Tolmo de Minateda (17-Poblado del Cabezo del Tío Pío, 56-Loma del Escorial, 71-Bolbax, 73-Rambla del Judío/Ascoy, 183-Poblado Ibérico de Santa Catalina del Monte) (elaboración propia).

Loma del Escorial ←→ Tolmo de Minateda

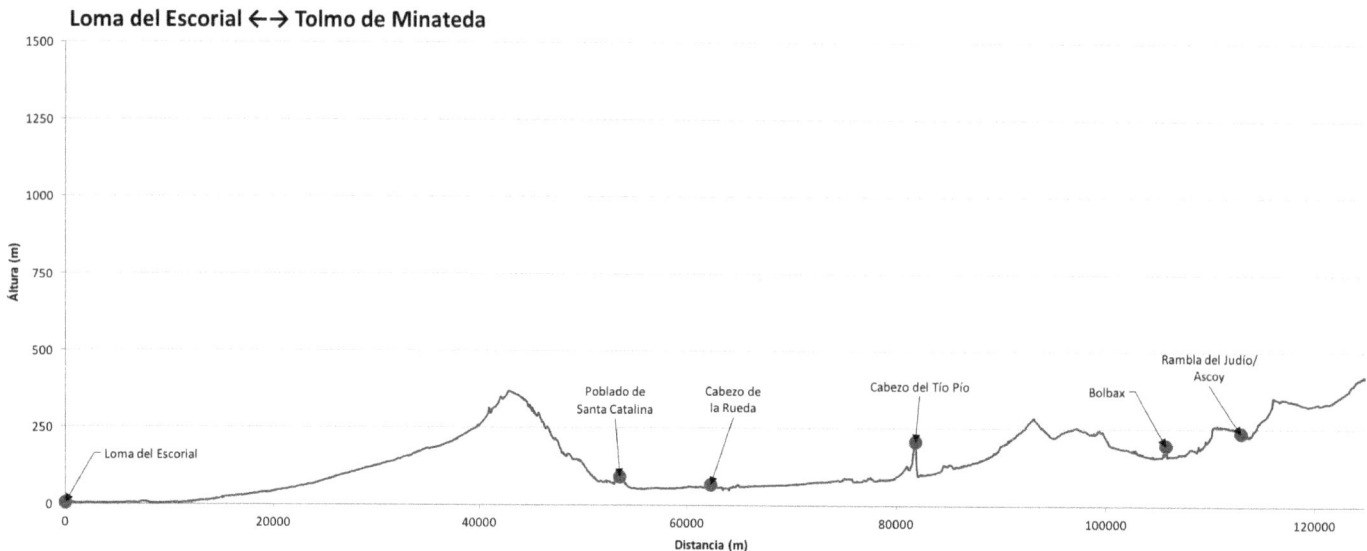

Figura 5.9. Perfil topográfico desde la Loma del Escorial hasta el Tolmo de Minateda (elaboración propia).

A partir del Cabezo de la Rueda se iniciaría el camino remontando el río Segura, creemos que por su margen izquierda donde se sitúan la mayoría de los yacimientos por los que se pasa próximo como Alto de los Moros o Los Palacios, hasta llegar al poblado del Cabezo del Tío Pío. Está situado a 19,55 km y la pendiente media sigue siendo muy suave todavía, de sólo un 3,34 %.

A partir del poblado del Cabezo del Tío Pío el camino se separa del valle del río Segura para continuar su trazado evitando la sierra de Ricote y del Chinte a ambos márgenes del río Segura y próximos a su cauce. El camino propuesto seguirá por el E siguiendo el recorrido de la Cañada Real de los Cabañiles hasta su entronque con la Cañada Real del Moro donde el camino girará al W en dirección otra vez al río Segura y al *oppidum* de Bolbax. Este tramo tiene una longitud de 24,00 km y una inclinación media más acusada de 7,84%

Desde Bolbax de inicia un nuevo tramo abandonando definitivamente el cauce el río Segura en dirección N esquivando la sierra de Ascoy y pasando muy cerca de la alquería de Cabezo del Buho II hasta llegar al poblado de Rambla del Judío/Ascoy. Este pequeño tramo tiene apenas 7,30 km y tiene una inclinación media de 7,16%.

Ya en el poblado de Rambla del Judío/Ascoy se retoma el trazado de la Cañada Real de los Cabañiles para seguir hasta el límite provincial situado a 13,71 km con una pendiente de 5,49% más suave que el tramo anterior.

5.5.3. Ilici -Baria

El tercer itinerario que vamos a proponer será el que una las antiguas poblaciones de Ilici y Baria (Figura 5.10 y

Figura 5.11), circunscrito al área que recorre dentro de nuestro campo de estudio. El trazado total tiene 120,91 km y recorre el valle del Segura hasta la confluencia del río Guadalentín donde tomamos el valle de éste último en dirección SW donde llegamos hasta Lorca donde continuamos hacia el S en dirección la costa almeriense esquivando la sierra de la Almenara. Hemos dividido todo el trazado en tramos entre los principales yacimientos por los que pasa e incluso la Hoya de la Escarihuela donde se encontraron dos relieves con el motivo del "domador de caballos" descontextualizados y en cuyo entorno pudo existir algún tipo de alquería ibérica que serviría para el avituallamiento de comerciantes y viajeros. El resto de yacimientos son el Poblado de Lorca, las Cabezuelas, el Castillo de Alhama de Murcia, el Cabezo de la Rueda, el Poblado de Santa Catalina, Monteagudo y Cobatillas la Vieja. Con ello no queremos decir que se traten de estaciones o etapas predeterminadas, simplemente indicamos que el camino pasaba por estos puesto.

El primer tramo viene del límite regional hasta la Hoya de la Escarihuela siguiendo el trazado de la vereda Real de los Charcones, que coincide con el camino óptimo calculado entre el Poblado de Lorca y la antigua *Baria*. Tiene una longitud de 5,63 km y una pendiente muy suave de apenas 2,57%.

Desde la Hoya de la Escarihuela el camino continúa hacia el N siguiendo la Vereda real de los Charcones primero y luego el itinerario de la colada de Vera que continua en dirección Lorca. El trazado es casi recto pues en el llano no se encuentran obstáculos que dificulten el paso. La distancia que abarca este tramo es de 21,56 km con una escasa inclinación calculada en 2,03%.

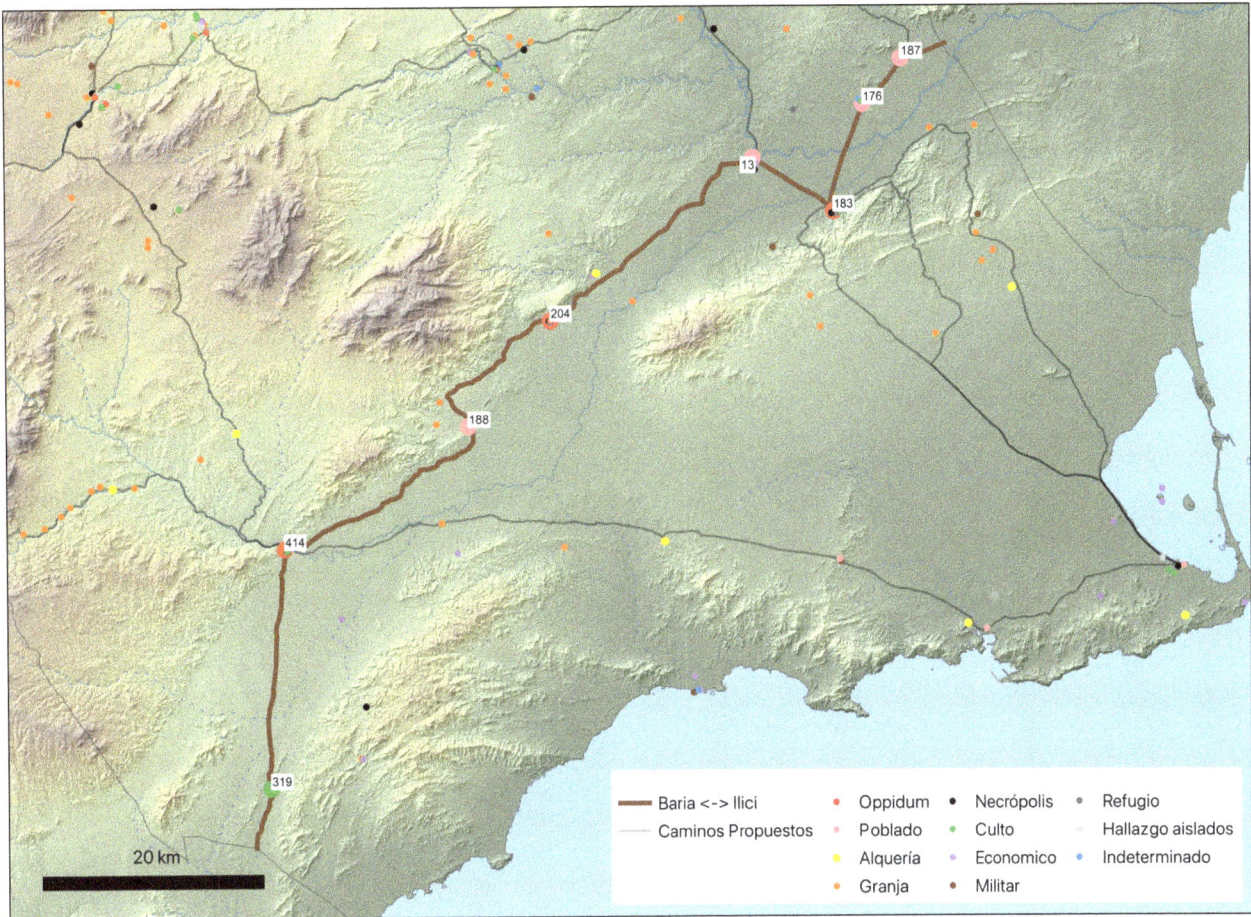

Figura 5.10. Camino propuesto entre Baria e Ilici (13-Cabezo de la Rueda, 176-Casco urbano de Monteagudo, 183-Poblado Ibérico de Santa Catalina del Monte, 187-Cobatillas la Vieja, 188-Las Cabezuelas, 204-Cerro del Castillo de Alhama, 319-La Hoya de la Escarihuela, 414-Poblado ibérico de Lorca) (elaboración propia).

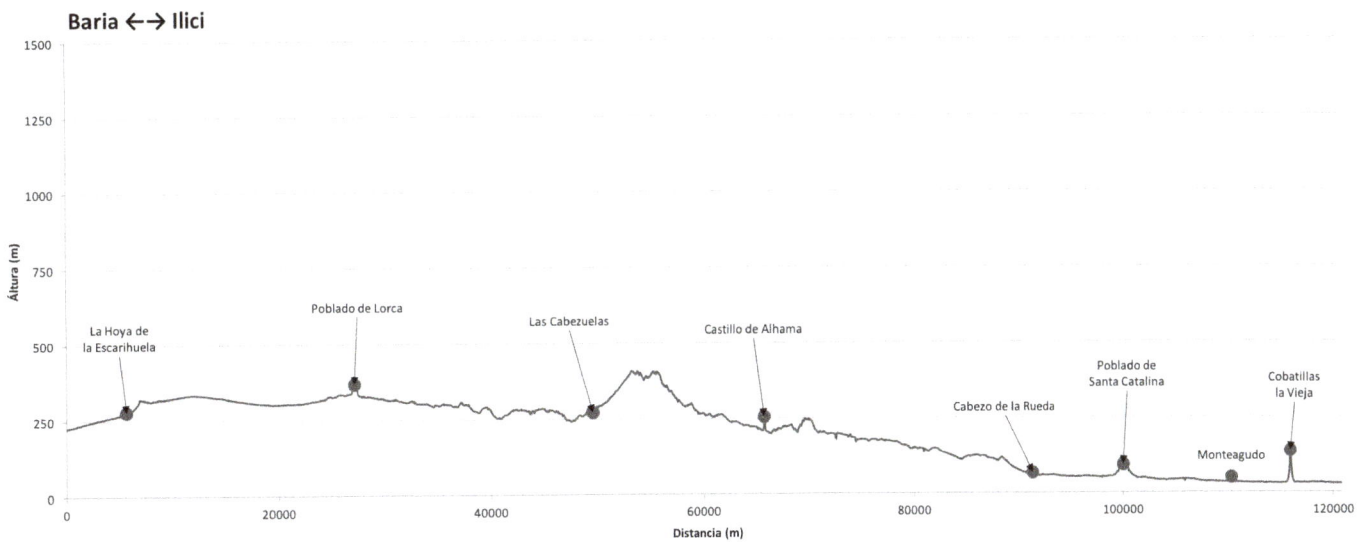

Figura 5.11. Perfil topográfico entre Baria e Ilici (elaboración propia).

Comenzando en el Poblado de Lorca se toma dirección NE siguiendo al pie de la sierra de la Tercia. La elección de este trazado viene motivada por la mayor presencia de yacimientos arqueológicos en el margen izquierdo del valle del río Guadalentín y se verá confirmado en el siguiente tramo con la existencia de un itinerario fosilizado en diversas vías pecuarias. La ruta tiene un perfil más irregular que su predecesora al tener una pendiente media de 5,53%. El final de esta etapa la hemos establecido en el poblado de las Cabezuelas, situado a 22,37 km de distancia.

A partir de este punto tenemos todo un entramado de vías pecuarias que nos guía a la hora de proponer un recorrido hasta el Castillo de Alhama de Murcia. Éste seguirá la falda de Sierra Espuña siguiendo la vereda del Camino de los Ordales, el cordel de los Alagüeces y después el cordel de Librilla a Lorca. La elección de este itinerario cerca del terreno montañosos dificulta el trazado, vemos como el escogido tiene una inclinación media de 7,2%, por lo que quizás podría ponerse en cuestión. Sin embargo, este itinerario puede albergar otro tipo de ventajas, como acceso a recursos, como la existencia de manantiales y refugios o incluso protección de caminos frente a avenidas torrenciales. Este tramo de camino tendría 16,25 km.

El siguiente tramo tendría como partida el Castillo de Alhama y como destino el poblado ribereño del Cabezo de la Rueda. El camino continuaría el cordel de Librilla a Lorca al pie de la sierra de la Muela siguiendo el trazado de menor coste y manteniendo el recorrido hasta llegar al cordel de los Valencianos del que se separará sólo para llegar hasta el cauce del río Segura donde se ubica el poblado de destino. Este tramo tiene una longitud de 25,56 km y una pendiente media de 5,06%.

El siguiente tramo es un pequeño recorrido desde el Cabezo de la Rueda hasta el Poblado de Santa Catalina, situado al SE atravesando el valle del Guadalentín en la confluencia de éste con el río Segura. Se trata de un terreno predominantemente llano por lo que los únicos obstáculos serían los cursos fluviales y las parcelas dispersas de aprovechamiento agrícola que existirían en el entorno. Nuestra propuesta de camino tendría una dirección rectilínea con una longitud de 8,78 km y una inclinación media de 2,57%; incluso este bajo valor estaría afectado al alza por el acceso al poblado en pendiente.

Desde el Verdolay tendríamos una ruta que comunicaría con el poblado de Monteagudo, situado al NE y que tendría que atravesar otra vez el río Segura (y quizás también el Guadalentín). Serían éstos los únicos obstáculos que se encontrarían en este terreno muy llano, lo que condiciona la elección de un camino directo con apenas 10,24 km y una pendiente media muy baja de 1,37%.

Desde Monteagudo existiría un pequeño tramo que lo uniría con Cobatillas la Vieja de apenas 5,66 km continuando por la margen izquierda del río. La inclinación media sería escasa de apenas 3,05%.

El último tramo antes de abandonar nuestra área de estudio partiría de este poblado en alto, como es Cobatillas la Vieja, siguiendo el curso del río Segura en dirección a la ciudad de Ilici. El tramo es de apenas 4,86 km con una pendiente media mínima de un 1%, que podríamos considerar un terreno llano.

El trazado propuesto para este camino quizás pudiera modificarse buscando perfiles menos abruptos, sobre todo en el recorrido que toma en el valle del río Guadalentín. De esta manera en algunos tramos conseguiríamos una alteración en la distancia y sobre todo una reducción de la inclinación media calculada. De hecho el camino óptimo calculado entre el Poblado de Santa Catalina y el Poblado de Lorca transcurre por el centro del valle. Como ya hemos apuntado más arriba son muchas las variables que pueden sacrificar este perfil más suave, en beneficio de otros factores como por ejemplo acceso a recursos y refugio. Además la proliferación de vías pecuarias tradicionales en los perfiles de las sierras que jalonan el valle al NW hacen que mantengamos esta propuesta. Pero quizás el hecho definitorio sea la ubicación de la mayoría de los yacimientos ibéricos en la margen izquierda del río lo que refuerza nuestra apuesta por el trazado en esta localización.

Una vez definidos los tres caminos que consideramos principales y vertebradores de la Región de Murcia, vamos a analizar una serie de caminos transversales, también por tramos, que nos ayudarán a completar la red viaria época ibérica. Si bien hasta ahora hemos tomado caminos que consideramos que tienen una lectura de unidad, nuestra propuesta a partir de ahora puede leerse en clave de camino único o exclusivamente en forma de tramos. Por ejemplo, al analizar el camino que llevaría desde *Ilici* a *Basti*, a través del Castillejo de las Peñas, podremos considerar de manera aislada el tramo entre el Cabezo del Tío Pío y el Cigarralejo por si queremos realizar un análisis conjunto con el tramo desde la Loma del Escorial hasta el Cabezo del Tío Pío y poder así obtener las distancias y las pendientes medias entre la Loma del Escorial y el Cigarralejo.

5.5.4. Basti - Ilici

El cuarto camino propuesto sería el que uniría la ciudad de Basti y la de Ilici por el interior (Figura 5.12 y Figura 5.13), atravesando los Villaricos, Begastri, el Cigarralejo, el Cabezo del Tío Pío, el Castillico de las Peñas y el Castillejo de los Baños. Este itinerario tendría un total de 133,80 km y lo hemos dividido en tramos tomando los yacimientos citados como los extremos de cada uno de ellos.

El primer tramo partiría desde el límite regional con destino al *oppidum* de Villaricos. Para ello seguirá el trazado de la cañada real del Cortijo Espín hasta su unión con la rambla de Tarragoya en la que seguirá dirección NE en un trazado casi coincidente con el camino óptimo calculado. En esta zona se disponen gran cantidad de yacimientos arqueológicos, casi todos ellos identificados como granjas

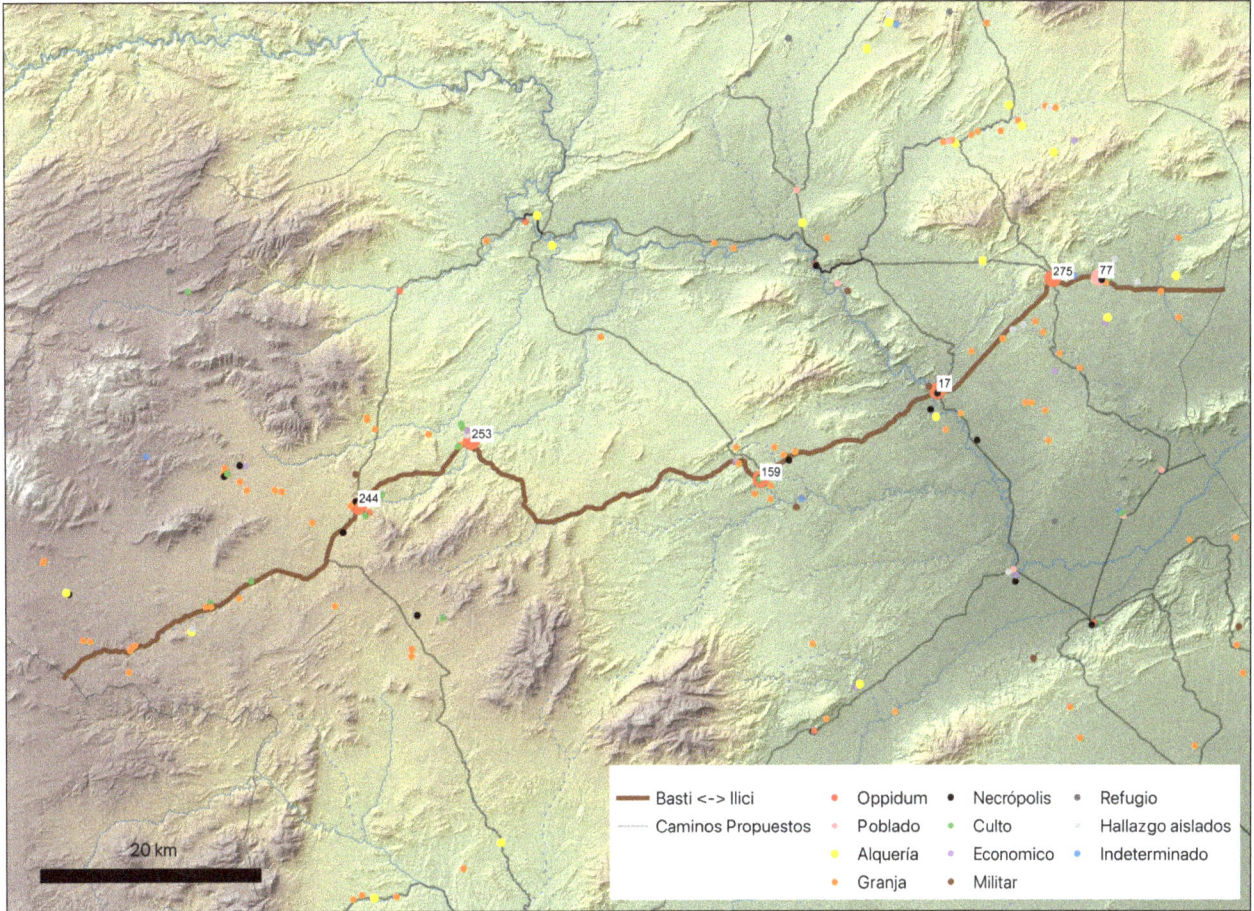

Figura 5.12. Camino propuesto entre Basti e Ilici (17-Poblado del Cabezo del Tío Pío, 77-Castillejo de los Baños, 159-Poblado de El Cigarralejo, 244-Los Villaricos, 253-Begastri, 275-Castillico de las Peñas) (elaboración propia).

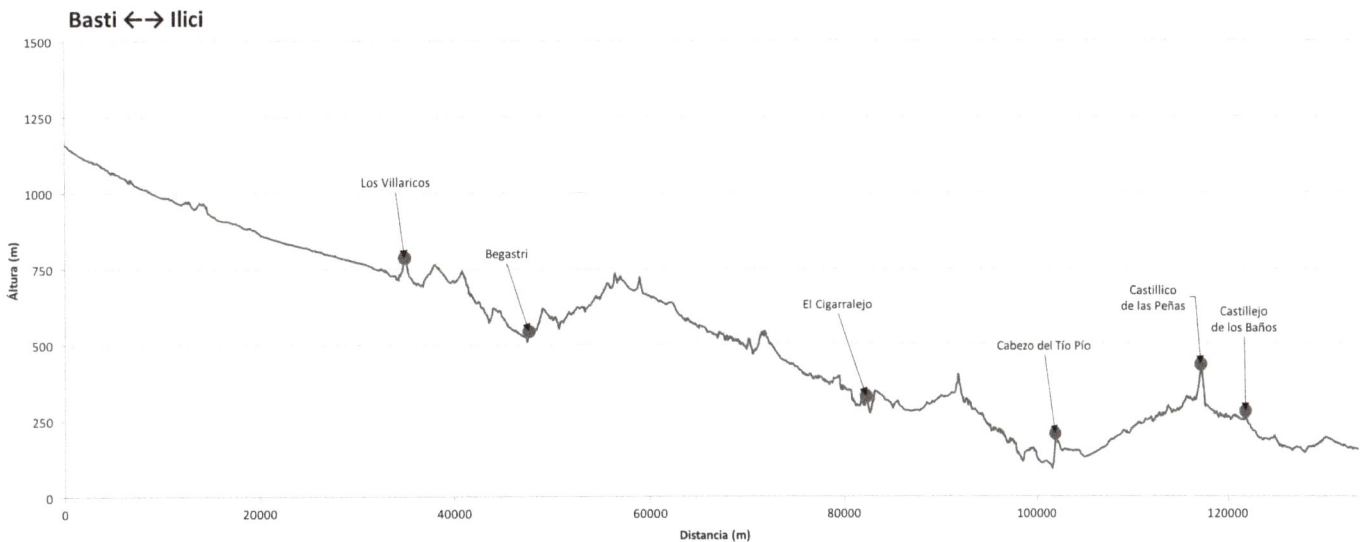

Figura 5.13. Perfil topográfico entre Basti e Ilici (elaboración propia).

y dos yacimientos donde se han interpretado la existencia de unos santuarios al aire libre (Coto de Don Joaquín y Cerro Perona). Quizás alguno de estos yacimientos funcionaría como lugar de descanso y avituallamiento, aunque no lo hemos identificado. Seguirá este camino, que

en algunos puntos coincidirá con la cañada real del Moral, hasta llegar al estrecho de las Cuevas de la Encarnación donde se ubica el poblado fortificado. Este primer tramo tendría 34,98 km y una pendiente media de 3,89%. Esta poca inclinación es debida al aprovechamiento del entorno del cauce de la rambla de Tarragoya primero y el río Quipar después como ruta evitando grandes desniveles.

La comunicación entre Villaricos y Begastri es muy compleja y seguramente requeriría un gran rodeo para seguir el trazado del río Argos. Hemos querido trazar un camino más directo a través del cálculo de la ruta de menor coste y hemos incorporado este trazado como posible vía de comunicación. Pese a tomar una ruta muy escarpada (10,40%) la existencia de yacimientos cercanos al trazado podría apoyar la existencia de este itinerario. Dos de estas estaciones han sido interpretados como lugar de culto por la existencia de un relieve con el motivo del "Domador de Caballos" en la Casa del Guarda y la "Dama de Cehegín" en Cantalobos. El yacimiento restante, Casa del Paso a Nivel, sería una granja para el aprovechamiento agropecuario del entorno inmediato. Esta etapa tendría 12,66 km.

Desde Begastri partiría otro el tercer tramo en dirección SE siguiendo la ruta de la Vereda de la Fuente del Pinar hasta que entronca con el Cordel de Moratalla. El camino continua dirección S rodeando la sierra de Burete hasta llegar al río Mula donde seguirá su curso, esquivando los accidentes orográficos más notables hasta llegar al Poblado de El Cigarralejo. Este tramo es uno de los más accidentados de todo el recorrido con una inclinación media de 11,45% y una distancia de 34,85 km.

Desde El Cigarralejo tenemos ya datos arqueológicos de una calzada romana, en las inmediaciones del río Mula que fosilizaría el trazado de un camino que uniría este yacimiento con el valle del río Segura y más concretamente con el poblado de del Cabezo del Tío Pío. Tras cruzar el cauce fluvial seguiría el trazado de la Cañada Real de Calasparra hasta unirse al Cordel de Maraón hasta llegar al destino. Los trazados de las vías pecuarias coinciden con los obtenidos en los caminos de menor coste calculados para esta etapa. La longitud cubierta sería de 19,81 km con una inclinación media de 11,96%.

Ya en el valle del Segura podría el camino planteado uniría el asentamiento del Cabezo del tío Pío con el *oppidum* del Castillico de las Peñas. No tenemos constancia de la existencia de vías pecuarias ni calzada romana (el trazado lo hemos propuesto a partir del cálculo de caminos óptimos realizado) por lo que la existencia de este camino podría estar en entredicho. A favor de su existencia está la concentración de yacimientos en el entorno del trazado propuesto, éstos serían las granjas de Serreta de la Comalica II, Rambla de las Cuevas I y II y Hoya del Fenazar I y II. El tramo tendría 15,21 km y una inclinación media de 8,90% muy influenciada por el enorme desnivel que hay que salvar para llegar al poblado.

La siguiente etapa uniría el *oppidum* del Castillico de las Peñas con el cercano poblado del Castillejo de los Baños bordeando la Sierra del Baño por el S y pasando en el entorno del abrigo y manantial de la Cueva Negra, quizás un santuario rupestre. Es un trazado de apenas 4,65 km cuya inclinación media está más influenciada con el

ascenso al Castillejo de los Baños, más incluso que en el tramo anterior, con una media de 14,76%.

El tramo final que uniría el Castillejo de los Baños con el límite provincial sería casi rectilíneo siguiendo el trazado del camino optimo calculado entre el Castillico de las Peñas e *Ilici* teniendo en cuenta el coste de desplazamiento. El paso del río Chicamo se realizaría en el entorno del yacimiento de El Olivar. La longitud calculada sería de 11,63 km con una pendiente media de 5,90%.

5.5.5. Poblado de Lorca – Bastida de les Alcusses

Al tramo de camino que hemos calculado entre el Poblado de Lorca y la Bastida de les Alcusses (Figura 5.14 y Figura 5.15) en Alicante le ocurre un fenómeno parecido al itinerario que acabamos de analizar entre el *Basti* e *Ilici*; no tenemos constancia de que funcionara como una entidad propia ni si todos los tramos que vamos a estudiar fuesen utilizados. Sin embargo creemos interesante el estudio en conjunto por criterios de facilidad de entendimientos aunque después puedan tomarse cada uno de los tramos de manera aislada. El camino tendría en total 195,39 km de longitud.

El camino lo iniciamos en el Poblado de Lorca de donde partiría en dirección NW remontando el curso del río Guadalentín y la Vereda de la Rambla de Caravaca, que en muchos puntos al inicio del trayecto son coincidentes para separarse a los pocos kilómetros, tomando esta última dirección N pasando muy próximo a la alquería de Coto de los Tiemblos. El camino continuaría dirección N con el trazado de la Cañada Real del puerto del Aceniche y después del Cordel de Archivel, cuya ruta discurre por el entorno de la necrópolis de la Fuente del Tío Carrulo. Seguirá el camino tradicional renombrado como Cañada Real de Archivel hasta llegar al cauce del río Quípar cuyo curso seguirá hasta el *oppidum* de los Villaricos. Este tramo abarcaría una distancia de unos 58,95 km, demasiados para abarcarlos en una sola jornada. No hemos encontrado ningún punto intermedio en el trazado que pudiera funcionar como lugar de avituallamiento o etapa además de los citados anteriormente. La inclinación media para el camino propuesto sería de 6,11%, no demasiada si observamos el desnivel que debe salvarse.

El segundo comenzaría en los poblados fortificados de Villaricos y los Molinicos. Si bien hay que tener en cuenta que el yacimiento de destino es destruido a mediados del s IV a.n.e. y no se vuelve a ocupar; el itinerario pudo seguir siendo utilizado aunque reconfigurando las etapas. La ruta partiría dirección N siguiendo el trazado de la vereda de las Minas, pasando muy cerca de los yacimientos de Cerro de la Cueva IV, Casa de Mairena, Cerro de Mairena y Villapatos; un puesto de vigilancia y tres granjas respectivamente. Continuaría siguiendo el trazado de menor coste calculado hasta llegar a los Molinicos en la confluencia de los ríos Benamor y Moratalla. Este tramo tendría una longitud de 20,20 km y una inclinación media de 8,43%.

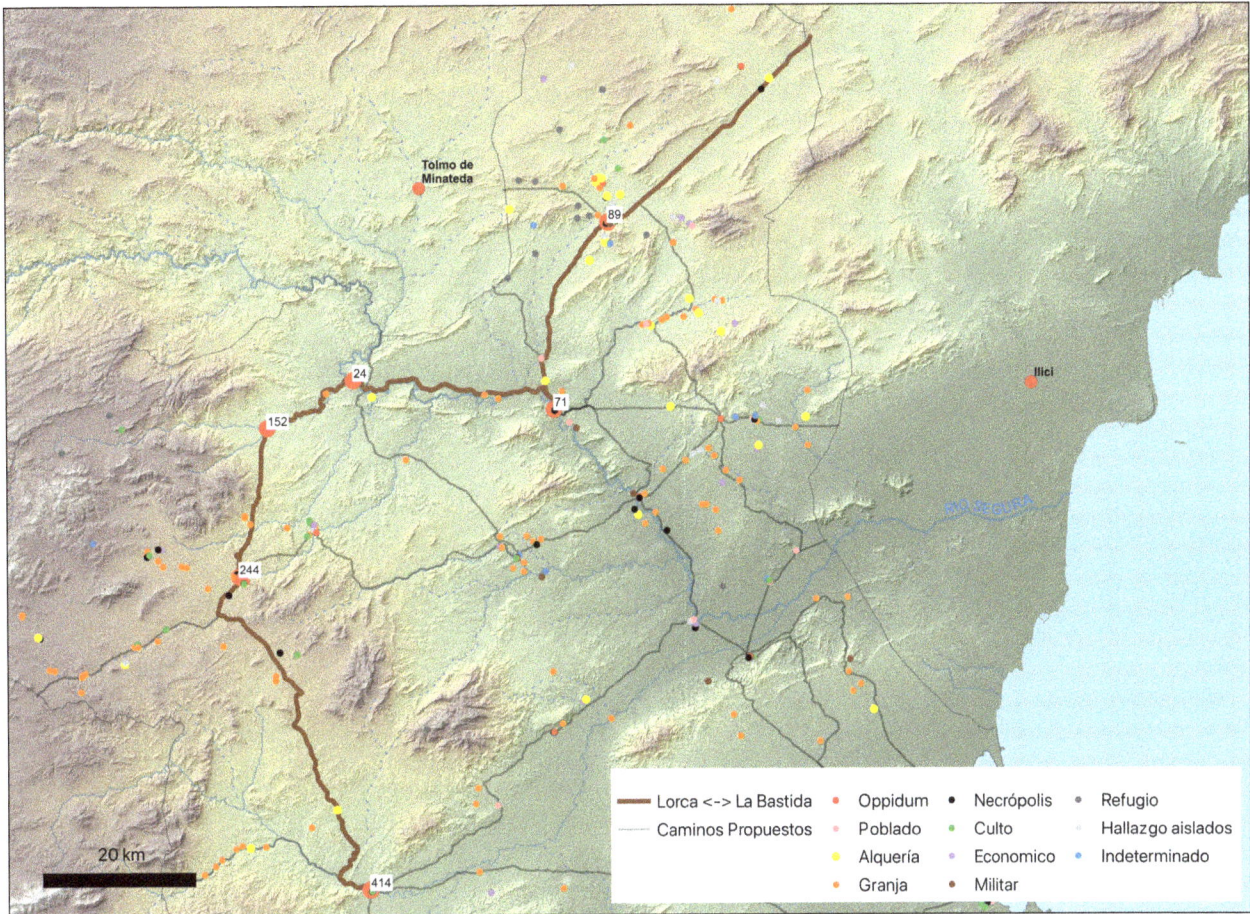

Figura 5.14. Camino propuesto entre el Poblado de Lorca y la Bastida de les Alcusses (24-Cerro de la Virgen, 71-Bolbax, 89-Poblado Ibérico de Coimbra Barranco Ancho, 152-Los Molinicos, 244-Los Villaricos, 414-Poblado ibérico de Lorca) (elaboración propia).

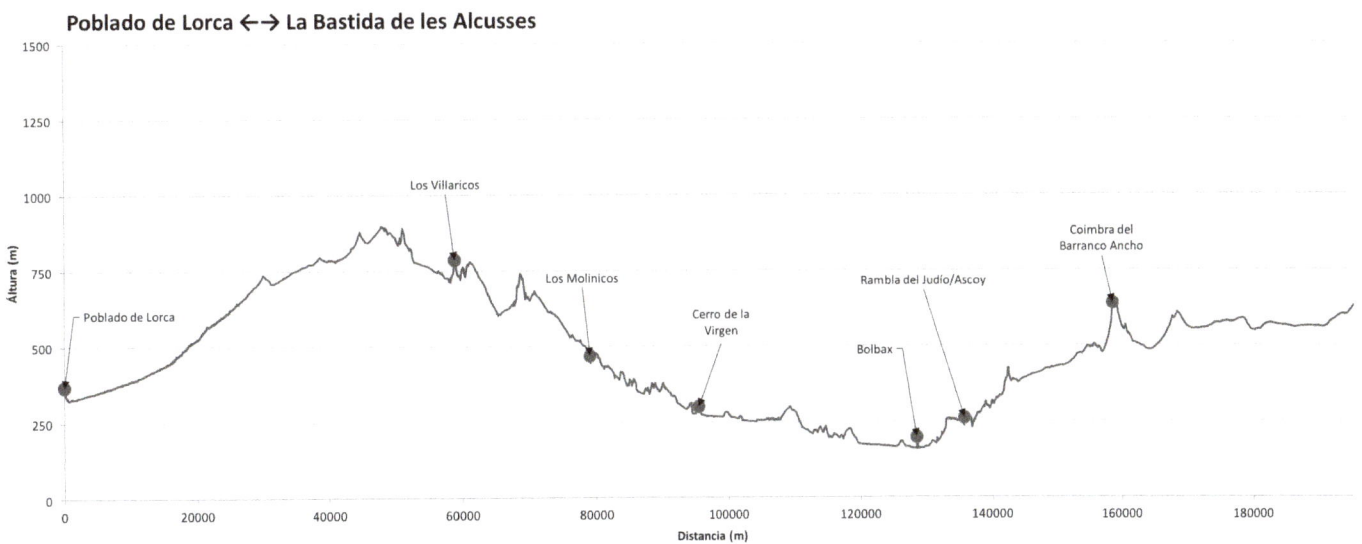

Figura 5.15. Perfil topográfico entre el Poblado de Lorca y la Bastida de les Alcusses (elaboración propia).

La tercera etapa uniría los poblados de Molinicos y del Cerro de la Virgen. Para ello seguiría el curso descendente del río Moratalla hasta la confluencia con el río Segura donde se ubica este poblado. Por el camino pasarían por la granja de el Campillo que podría funcionar también como un lugar de avituallamiento para los viajeros que pasaran por esta ruta. Este tramo tendría 16,44 km y una pendiente media de 7,90%. Los últimos estudios realizados en el yacimiento del Cerro de la Virgen (Martínez Chico, Fernández Tristante, López Sandoval y Torrente García 2022; Martínez Chico 2022) no identifican una fase ibérica para este yacimiento, adscribiendo su fundación a un momento posterior. Sin embargo, muy cercano tenemos el yacimiento de El Terratremo que pudiera funcionar como escala en el mismo itinerario con una cronología ibérica confirmada por el mismo autor (Martínez Chico y Fernández Tristante 2023) un conocido yacimiento ibéricode Calasparra (Murcia. Mantenemos ambas hipótesis mientras continúan los trabajos que puedan arrojar más luz a este asunto.

Desde este poblado el camino seguiría el curso del río Segura por su margen izquierda para llegar hasta el *oppidum* de Bolbax pasando en el entorno de los yacimientos de Soto de la Zarzuela y La Parra, dos granjas muy próximas entre sí que podrían complementar su actividad agropecuaria con la prestación de servicios a los usuarios de este trazado. Tendría una longitud de 33,13 km y una inclinación media de 4,26%.

Para este tramo tendremos que retomar ligeramente el camino completado, desviarnos hacia el N a la altura del yacimiento del Cabezo del Buho y dirigirnos hacia el poblado de Rambla del Judío/Ascoy. Esta pequeña etapa tendría 7,30 km una pendiente de 7,32%.

Es posible que en el trayecto desde el Cerro de la Virgen hasta Rambla del Judío/Ascoy, no fuera necesario el paso por Bolbax y el camino remontara la rambla del Judío desde su confluencia con el río Segura, unos kilómetros antes de llegar al *oppidum* ciezano. De esta manera se ahorraría un tramo de camino. Al no ser una teoría concluyente pues parece complicado tener cerca este importante poblado, con la posibilidad del intercambio de productos y obviarlo.

A partir de ese punto cogeremos el valle de la rambla del Judío siguiendo el trazado del camino óptimo calculado por el algoritmo en dirección NE por el margen derecho. El objetivo final es el Poblado de Coimbra del Barranco Ancho que se encuentra a 22,85 km de distancia con una inclinación media de 6,55%.

La última etapa saldría del célebre *oppidum* en dirección E siguiendo la ruta tradicional que pasa por la Necrópolis de la Senda, y el valle de Santa Ana, siguiendo un trazado rectilíneo tomando dirección NE. Al no existir una vía pecuaria que pase por la zona optamos por el trazado de menor coste de desplazamiento que pasa muy cercano a la villa romana de los Torrejones, donde las investigaciones arqueológicas han puesto de manifiesto la existencia de una alquería ibérica anterior. Quizás este yacimiento situado a 28,7 km del inicio de esta etapa pudo funcionar como un lugar de avituallamiento y descanso para comerciantes y viajeros. En cualquier caso, la distancia entre el yacimiento

de Coimbra del Barranco Ancho y el límite provincial sería de 36,52 km con una pendiente media muy baja, de apenas 3,85%.

5.5.6. *Loma del Escorial –Coimbra del Barranco Ancho – Tolmo de Minateda*

El ultimo camino que vamos a tratar en este apartado sería un trazado alternativo que llevaría desde la Loma del Escorial al Tolmo de Minateda pasando por puerto de Cañada de San Pedro, el Castillico de las Peñas y Coimbra del Barranco Ancho (Figura 5.16 y Figura 5.17). Al igual que en los dos casos anteriores no podemos tomar este trazado como una unidad, pero sí nos sirve para poder analizar itinerarios complementarios a los ya indicados para acceder a los yacimientos por los que transcurre. Este camino en total tendría 172,29 km.

Aunque una vez salvado la sierra de Carrascoy y la Luz a la altura de la Cañada de San Pedro, podríamos continuar el camino hacia el N en dirección a Cobatillas la Vieja, hemos querido tomar como escala el Poblado de Santa Catalina por dos razones que consideramos importantes. La primera sería poder tener una comparación entre este itinerario y el que pasa por el puerto de la Cadena para poder ver que camino es más recomendable. La segunda razón es que creemos que el Verdolay sería considerado como la etapa de referencia para todas las caravanas tras su paso por la sierra.

El camino se inicia desde la Loma del Escorial bordeando el Mar Menor siguiendo el trazado de la colada del Mar Menor hasta llegar a la vereda de los Alcazares donde tomará dirección NW hasta tomar la vereda de Maganes pasando muy cerca de la alquería de Costa Calida, las granjas de las Herencias, Hacienda Riquelme y los Ginovinos y ya a la altura del puesto de observación del Puerto de Sucina. El yacimiento de Costa Calida estaría a 30,99 km de la Loma del Escorial y a 33,97 km del Poblado de Santa Catalina, por lo que bien podría tratarse de un puesto intermedio que funcionaría como escala. De ahí tomará el paso de las Cañadas de San Pedro muy cercano a la rambla de las Herradores. Una vez superado este importante obstáculo desembocará a la Cañada Real de Torreagüera, a la altura de los yacimientos de los Almarcha/Carrihuelas y Estación de los Ramos, dos granjas ibéricas, A partir de este momento el camino girará hacia el SW en dirección al Poblado de Santa Catalina. Esta etapa tiene una longitud de 65,09 km, mayor a la existente desde la Loma del Escorial hasta el Verdolay pasando por el puerto de la Cadena (53,51 km). Lo mismo ocurre con la pendiente media del camino que en este caso la hemos calculado en 5,98% (en el trazado anteriormente propuesto sería 3,81%).

Los tramos comprendidos entre el Poblado de Santa Catalina, Monteagudo y Cobatillas la Vieja lo hemos

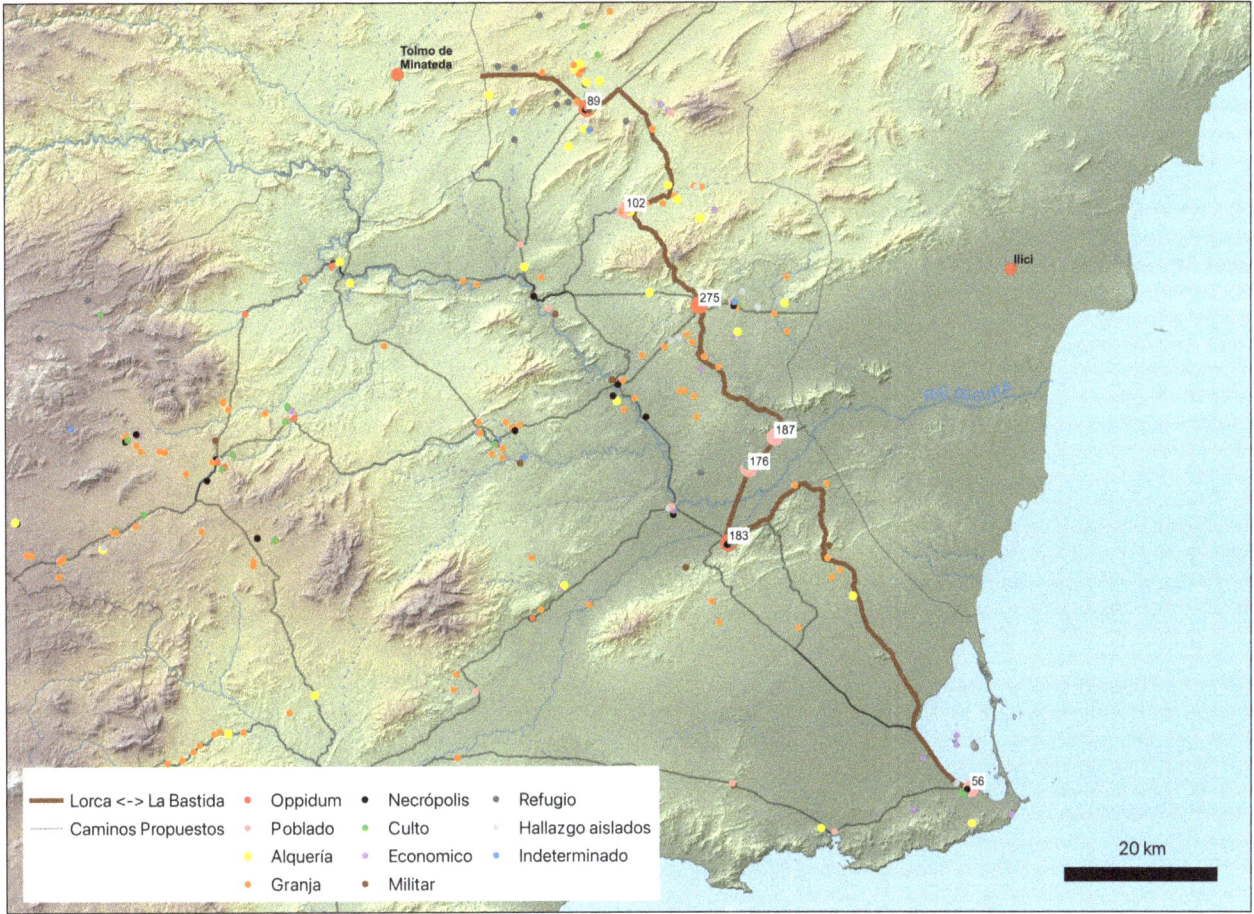

Figura 5.16. Camino propuesto entre la Loma del Escorial y el Tolmo de Minateda pasando por el Castillico de las Peñas y Coimbra del Barranco Ancho (56-Loma del Escorial, 89-Poblado Ibérico de Coimbra Barranco Ancho, 102-Loma de la Presa, 176-Casco urbano de Monteagudo, 183-Poblado Ibérico de Santa Catalina del Monte, 187-Cobatillas la Vieja, 275-Castillico de las Peñas) (elaboración propia).

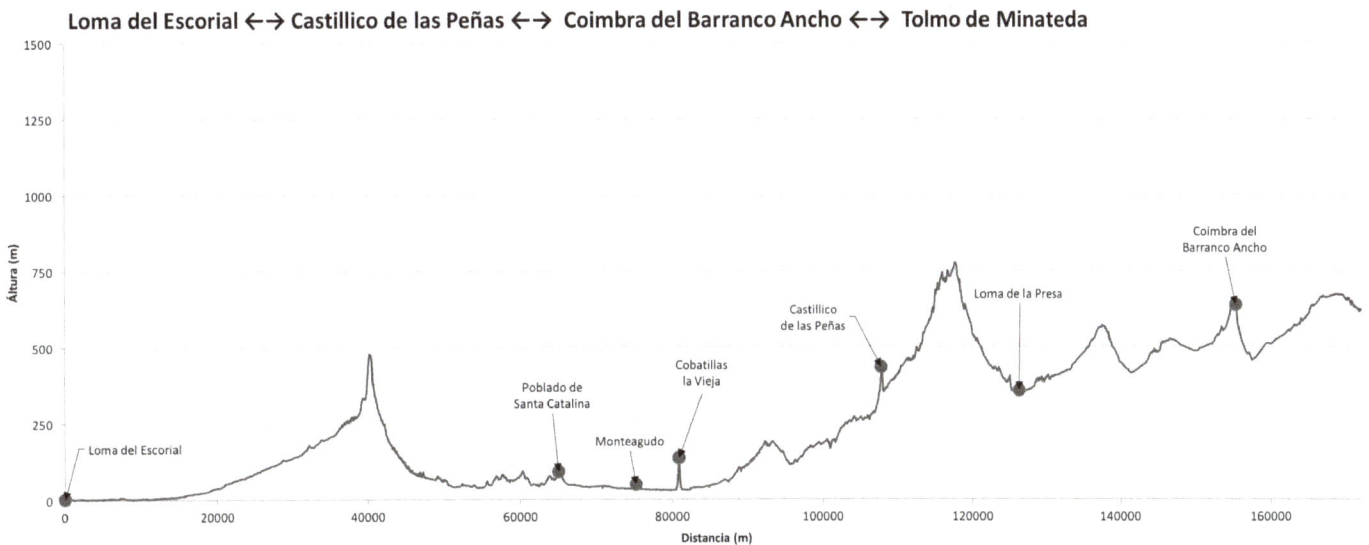

Figura 5.17. Perfil topográfico entre la Loma del Escorial y el Tolmo de Minateda pasando por el Castillico de las Peñas y Coimbra del Barranco Ancho (elaboración propia).

57

analizado anteriormente a colación de la ruta entre *Ilici* y *Baria* y nos remitimos a esos párrafos.

Desde Cobatillas la Vieja el camino partirá hacia el N hasta llegar al curso de rambla Salada pro donde pasas la Vereda de los Cuadros que posteriormente se unirá al Cordel de los Valencianos, siguiendo el curso fluvial. Pasará muy cerca de yacimientos como las granjas de Rambla Salada I, IX y XXIII y del manantial de Fuente de los Valientes. En esta concentración de yacimientos, el camino se desviará en dirección N siguiendo el trazado del camino óptimo calculado hasta llegar al *oppidum* del Castillico de las Peñas. Este tramo tiene una longitud de 27,01 km y una inclinación media de 6,01%.

Desde este punto hemos plateado de manera teórica la existencia de un camino que uniría este poblado fortificado con el de Coimbra del Barranco Ancho, pasando por el poblado de Loma de la Presa y la rambla de la Raja, donde hay una gran acumulación de yacimientos. Para ello hemos seguido el trazado del cordel de las Pocicas y Cueva de la Comunión que atraviesa la sierra de la Pila. Sería un trazado de 18,46 km hasta la Loma de la Presa con una pendiente media de 16,23% de inclinación media. En el caso de que existiera sería un camino muy agreste y de enorme dureza.

Desde la Loma de la Presa el camino remontaría el curso de la rambla de la Raja siguiendo la Cañada homónima pasando por el entorno de los yacimientos Loma del Águila I y II, Rambla de la Raja 12 y 13, Trozo del Moro o Solana de los Ruices. Todos estos tendrían una marcada función agrícola y quizás pudieron beneficiarse del paso de viajeros prestándoles servicio de descanso y avituallamiento. Al llegar a la altura del Cordel de la Rambla a la Rajica de Enmedio, el camino girará al N para esquivar la sierra de la Raja por el E. A la altura de la Karxa de los Estanquicos la ruta se unirá al trazado de la cañada real de Albacete a Murcia que seguirá hasta llegar a la altura del camino propuesto con dirección a la Bastida de les Alcusses que remontarán hasta llegar al paraje de Santa Ana y de ahí remontar hasta la Necrópolis de la Senda y de ahí al Poblado de Coimbra del Barranco Ancho. Este tramo tiene una longitud de 29,20 km con una pendiente media de 6,99 %.

El último tramo uniría el Poblado de Coimbra del Barranco Ancho con el Tolmo de Minateda hasta su límite provincial. Partiría en dirección NW pasando muy cerca de Casas de los Gómez y del yacimiento de el Morronazo donde el camino giraría al E para discurrir al S de la sierra de las Cabras. Este último trazado tendría 16,63 km y una pendiente media de 6,58%.

6

Potenciales vías de comunicación a partir de la distribución de materiales cerámicos

Utilizaremos los yacimientos donde hemos documentado cerámicas de importación como elementos para poder ponderar la importancia de los caminos propuestos que indicamos en el capítulo anterior para los siglos V, IV y III a.n.e. Para ello situaremos en un mapa los hallazgos e iluminaremos las vías de comunicación más evidentes para que pudiera llegar la mercancía.

Para nuestro análisis tomaremos todas las piezas en conjunto sin discriminar por técnicas, talleres o tipos, el único nexo en común que utilizaremos será el arco cronológico de las piezas. Apostamos por este método ya que en contextos comerciales conservados, como es el caso del pecio de la isla del Sec (Arribas, Trías de Arribas, Cerdá y de Hoz Bravo 1987) las cerámicas que formaban parte de la mercancía para el intercambio habían producciones de figuras rojas y de barniz negro de forma indistinta; y lo mismo ocurría con los tipos. Si bien algunas formas eran más abundantes, como por ejemplo, F21 L, F22 L, F23, F21/25 L o F43B L (Arribas, Trías de Arribas, Cerdá y de Hoz Bravo 1987; Adroher Auroux y López Marcos 1995); el cargamento se completaba con otras formas en menor proporción. Queda entonces probado la heterogeneidad de los lotes que se importaban y tiene sentido que una vez llegados al fondeadero el comercio al interior se realizaría con estos mismos conjuntos. De esta manera el comerciante podría ofrecer en los mercados variedad de formas acordes a los gustos o necesidades de los consumidores.

La llegada de los materiales a los yacimientos situados en la Región de Murcia se haría a través de los fondeaderos que existirían en el Mar Menor, cerca del asentamiento de Los Nietos; en Cartagena; desde la desembocadura del río Segura, donde se sitúan los yacimientos ibéricos de El Oral y La Escuera (Abad Casal y Sala Sellés 2001); desde el curso alto del Vinalopó hacia el altiplano y desde el puerto de *Baria* en la actual Villaricos (López Castro, Martínez Hahnmüller y Pardo Barrionuevo 2010).

Nuestro interés se centra en poder arrojar luz a las rutas interiores que seguían estos comerciantes en cada uno de los tres siglos en que dividimos nuestro estudio. En este punto nos gustaría hacer una aclaración. Las vías que no hemos destacado para cada una de las tres fases que hemos predefinido seguirían utilizándose para la comunicación normal entre los yacimientos ibéricos, solo que con menor intensidad de las que sí hemos destacado. Al tratarse de bienes importados y por lo tanto escasos y solo accesible a comunidades que pudieran permitirse estos objetos de

prestigio, tiene sentido que buscasen los mercados más propicios para ello, que serían los itinerarios con mayor actividad comercial.

Para el siglo V a.n.e. (Figura 6.1) observamos la disposición de los hallazgos en el área costera centralizados en Cartagena y el Mar Menor, una de las rutas de penetración de los productos; pero sobre todo en el eje del Segura y en la margen izquierda de éste. Otra vía probable de penetración de productos en este momento sería el remontando el cauce del río Segura desde los yacimientos próximos a su desembocadura, así como la del Vinalopó. Ya desde el interior la presencia de cerámica de importación en los yacimientos del SE de la Meseta (Blánquez Pérez 1990b; 1990a) y en yacimiento remotos como es el caso del Pulpillo nos puede indicar una llegada de productos desde los yacimientos situados en la cabecera del río Vinalopó. Recordemos que este yacimiento yeclano está situado en el entorno del trazado de la ruta interior de la Vía Augusta que fosilizaría un camino anterior prerromano conocido como Vía Heraklea o "Camino de Anibal". La existencia de restos de un plato de barniz negro ático podría confirmar que el trazado pasaría por las inmediaciones del lugar pudiendo tratarse de un sitio de descanso y servicio actividad que complementaría con la propia artesanal, según los restos documentados en las excavaciones arqueológicas llevadas a cabo. De esta manera el Pulpillo debería ser considerado más un yacimiento dentro de la órbita del poblamiento del SE de la meseta más que uno propio del altiplano murciano.

En el Mar Menor y Cartagena observamos un punto de entrada de piezas a través de los barcos mercantes que fondearían en las costas cercanas a estos puntos, sobre todo los que tenemos detectados en el entorno del asentamiento de Los Nietos, donde tenemos presencia de materiales en el poblado y en la necrópolis. Desde estos puntos saldrían cargamentos de materiales en dirección al valle del Segura.

En la confluencia del río Guadalentín con el río Segura encontramos una acumulación de materiales cerámicos importados con los asentamientos de Verdolay y Alcantarilla, la vía de llegada más probable sería remontando el río Segura donde tenemos Cobatillas la Vieja, también con hallazgos o desde la costa atravesando la sierra de Carrascoy por el puerto de la Cadena. Desde este punto las rutas remontarían el río Segura pasando por el Cabezo del Tío Pío en Archena, Rambla del Judío/ Ascoy en dirección al *oppidum* situado en el Tolmo de Minateda en dirección N.

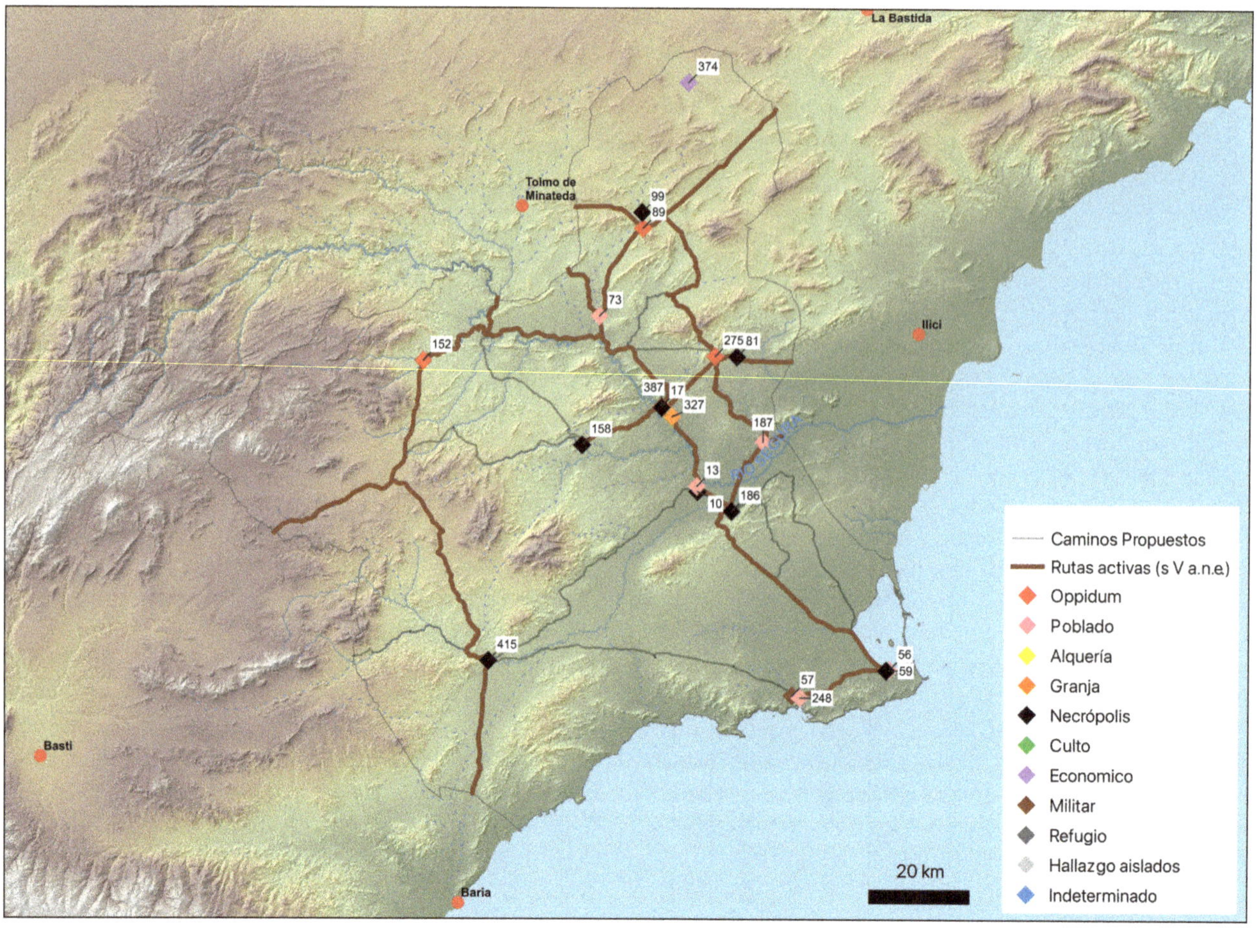

Figura 6.1. Cerámicas importadas del s V a.n.e. halladas en yacimientos ibéricos (10-C/ Cura Hurtado Lorente - C/ Eras, 13-Cabezo de la Rueda, 17-Poblado del Cabezo del Tío Pío, 56-Loma del Escorial, 57-La Mota I, 59-Necrópolis de los Nietos, 73-Rambla del Judío/Ascoy, 81-Necrópolis del Castillejo de los Baños, 89-Poblado Ibérico de Coimbra Barranco Ancho, 99-Necrópolis del Pasico de San Pascual, 152-Los Molinicos, 158-Necrópolis de El Cigarralejo, 186-Necrópolis del Cabecico del Tesoro, 187-Cobatillas la Vieja, 248-Casco urbano de Cartagena, 275-Castillico de las Peñas, 327-Los Palacios, 374-El Pulpillo, 387-Necrópolis del Cabezo del Tío Pío y 415-Necrópolis ibérica de Lorca) (elaboración propia).

En este trazado observamos varias bifurcaciones, quizás la más evidente es la que comunica con la Cuenca de Fortuna y con los yacimientos que allí tenemos localizados. Para acceder a éstos, se haría bien desde el S remontando la Rambla Salada, en las inmediaciones de Cobatillas la Vieja. También tendría sentido que existiera un camino desde el asentamiento del Cabezo del Tío Pío hacia el *oppidum* del Castillico de las Peñas y el poblado del Castillejo de los Baños; y directamente desde la desembocadura del Segura y Vinalopó podría existir un itinerario activo. Desde estos yacimientos existiría un trazado que comunicaría el yacimiento con el altiplano atravesando la sierra de la Pila, después siguiendo la rambla de la Raja para finalmente girar al N.

De igual manera desde el yacimiento de Rambla del Judío/Ascoy partiría un camino que siguiendo el mismo trazado que la rambla del Judío llegaría al área del importante asentamiento de Coimbra del Barranco Ancho que también estaría comunicado con el interior de la provincia alicantina con los yacimientos de Puntal de Salinas y la Bastida de les Alcusses.

En el margen derecho del río Segura los hallazgos son menos. Por un lado está el asentamiento de El Cigarralejo, claramente dentro de la órbita de los yacimientos del valle del Segura y los de la margen izquierda, por la proximidad a estos. El acceso se haría desde el asentamiento del Cabezo del Tío Pío a través de la pedanía de Yéchar en el itinerario que hemos propuesto en el epígrafe anterior.

En el Noroeste tenemos el yacimiento de Molinicos con presencia de cerámica de importación del s V a.n.e. Las rutas comerciales que le daría acceso a este tipo de productos provendrían desde el poblado de Lorca y quizás desde el poblado de Rambla del Judío/Ascoy remontando el río Segura y después el río Moratalla.

Para el caso de los materiales hallados en Lorca hemos optado por un una vía procedente del puerto de Baria, con un comercio muy activo en este siglo (López Castro 2014). en detrimento de la existente por el valle del Guadalentín o desde los fondeaderos de Cartagena y Los Nietos. Nuestra decisión la argumentamos en que la existencia de una vía estable de comunicación en estos puntos habría dejado huella en los importantes yacimientos ubicados en las proximidades de las rutas como es el caso del Castillo de Alhama de Murcia o las Cabezuelas en la ruta interior o una mayor cantidad de yacimientos en la ruta procedente del Mar Menor. Como hemos apuntado más arriba creemos que estas vías de comunicación existirían, pero con una actividad menor, sobre todo en relación a los ajuares de cerámica de prestigio. Tomando esta última hipótesis como válida nos encontraríamos ante un comercio muy limitado entre las comunidades ibéricas más septentrionales y las más meridionales.

Desde Lorca se comunicaría dirección N con la vía de comunicación que penetraría en dirección *Basti* a través de la rambla de Tarragoya, activa ya desde el s VI a.n.e. como evidencia la presencia de materiales griegos en la zona como por ejemplo el celebérrimo Centauro de los Royos. Esta vía sería también utilizada para acceder a Molinicos, y tendría como cruce de caminos el *oppidum* de los Villares en Caravaca de la Cruz, que si bien estaría

poblado en este momento la ausencia de materiales significativos hemos de explicarla por la ausencia de una excavación arqueológica reglada.

Para el s IV a.n.e. vemos como la red viaria comercial cambia drásticamente. La gran cantidad de hallazgos cerámicos documentados (Figura 6.2) ponen en evidencia la potenciación de gran número de rutas haciendo llegar las importaciones a más yacimientos y en más cantidad.

A las rutas existentes hemos de añadir mayor complejidad y multiplicidad de accesos muy visibles en la margen izquierda del río Segura donde los accesos a los yacimientos de la Cuenca de Fortuna y al Altiplano se multiplican abriendo nuevas vías de comunicación y generalizando la llegada de materiales a los yacimientos allí ubicados.

En el valle del Segura nos encontramos con un eje de yacimientos formado por Bolbax, Loma de la Tendida, Castillico de las Peñas, Castillejo de los Baños y Mafraque

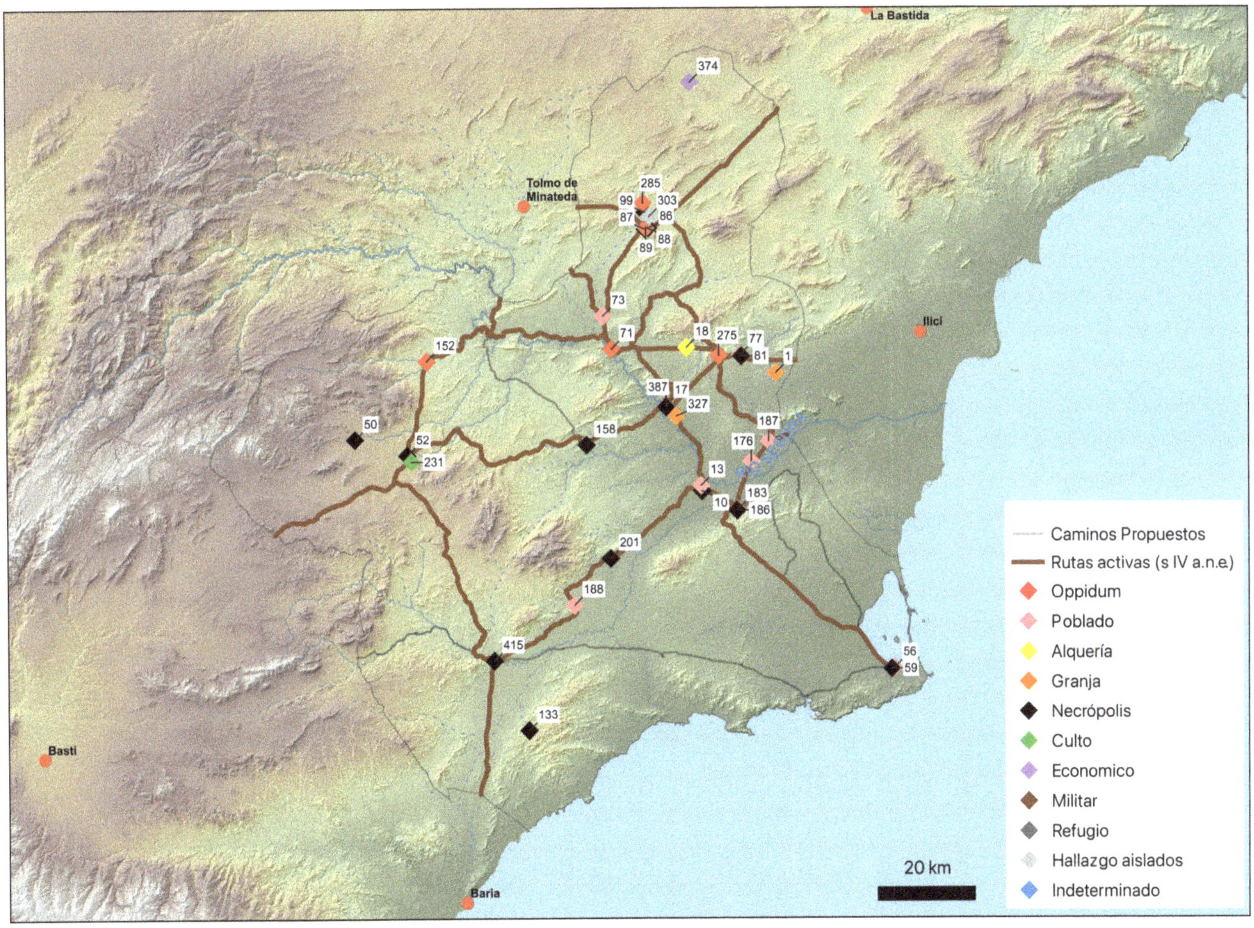

Figura 6.2. Cerámicas importadas del s IV a.n.e. halladas en yacimientos ibéricos (1-Mafraque, 10-C/ Cura Hurtado Lorente - C/ Eras, 13-Cabezo de la Rueda, 17-Poblado del Cabezo del Tío Pío, 18-Loma de la Tendida, 50-El Villar de Archivel, 52-Necrópolis de Villaricos, 56-Loma del Escorial, 59-Necrópolis de Los Nietos, 71-Bolbax, 73-Rambla del Judío/ Ascoy, 77-Castillejo de los Baños, 81-Necrópolis del Castillejo de los Baños, 86-Necrópolis de la Senda de Coimbra Barranco Ancho, 87-Necrópolis del Barranco de Coimbra Barranco Ancho, 88-Necrópolis del Poblado de Coimbra Barranco Ancho, 89-Poblado Ibérico de Coimbra Barranco Ancho, 99-Necrópolis del Pasico de San Pascual, 133-Villa Real, 152-Los Molinicos, 158-Necrópolis de El Cigarralejo, 176-Casco urbano de Monteagudo, 183-Poblado Ibérico de Santa Catalina del Monte, 186-Necrópolis del Cabecico del Tesoro, 187-Cobatillas la Vieja, 188-Las Cabezuelas, 201-Casco urbano de Alhama de Murcia, 231-Cerro de la Ermita de la Encarnación, 275-Castillico de las Peñas, 285-Castillo de Jumilla, 303-El Prado, 327-Los Palacios, 374-El Pulpillo, 387-Necrópolis del Cabezo del Tío Pío y 415-Necrópolis ibérica de Lorca) (elaboración propia).

que nos indica la existencia de un eje que comunicaría el yacimiento ciezano con tierras interiores alicantinas. También creemos que desde Bolbax se activaría comercialmente la vía que comunicaría con el Altiplano por la rambla del Moro y después la rambla de la Raja.

Quizás el hecho más destacado será la potenciación de la ruta del valle del Guadalentín probada por la presencia de cerámicas de importación fechadas en este siglo en los yacimientos del Castillo de Alhama y las Cabezuelas. La ruta desde los fondeaderos de Los Nietos y Cartagena no creemos que estuviera activa en este momento, aunque fuera usada para las comunicaciones y algún tipo de contacto menor. De esta manera el puerto de referencia del poblado ibérico de Lorca seguiría estando en *Baria*.

La gran cantidad de hallazgos en el Noroeste en el *oppidum* de Villaricos, en el Santuario de la Encarnación o incluso en el asentamiento de Archivel, puede explicarse por la potenciación de los contactos en las rutas existentes desde Molinicos, *Basti* y Lorca se le uniera uno nuevo desde El Cigarralejo lo que supondría el aumento de importancia de este asentamiento y de otros yacimientos que empiezan a tener importancia en el camino como es el caso de Begastri.

Ya en el s III a.n.e. (Figura 6.3) vemos como los hallazgos se reducen en número y en localizaciones con respecto a la centuria anterior. Pero no debemos explicar este fenómeno con una crisis comercial, social y política. La explicación la tenemos en los talleres emisores que empiezan a tener una gran cantidad de competidores con los talleres itálicos de la primera mitad de este siglo que están comenzando a sustituir los mercados que eran ocupados anteriormente por los alfares áticos. Esta permuta de las producciones comenzamos a intuirla en este momento y se verá ya completada con en el s II a.n.e., tras la Segunda Guerra Púnica y la llegada masiva de las cerámicas campanienses que acompañaran a la penetración romana en la península Ibérica.

Las rutas comerciales existentes en la Región de Murcia se consolidan en torno a dos ejes fundamentales, los ríos Segura y Guadalentín. La complejidad viaria que existían en la Cuenca de Fortuna y en el Noroeste dejan de ser utilizados masivamente para la importación de vasijas y muchos de los yacimientos que allí existían dejan de tener la importancia económica que se reflejaban en los siglos anteriores (Castillejo de los Baños) o directamente son destruidos o abandonados (Molinicos).

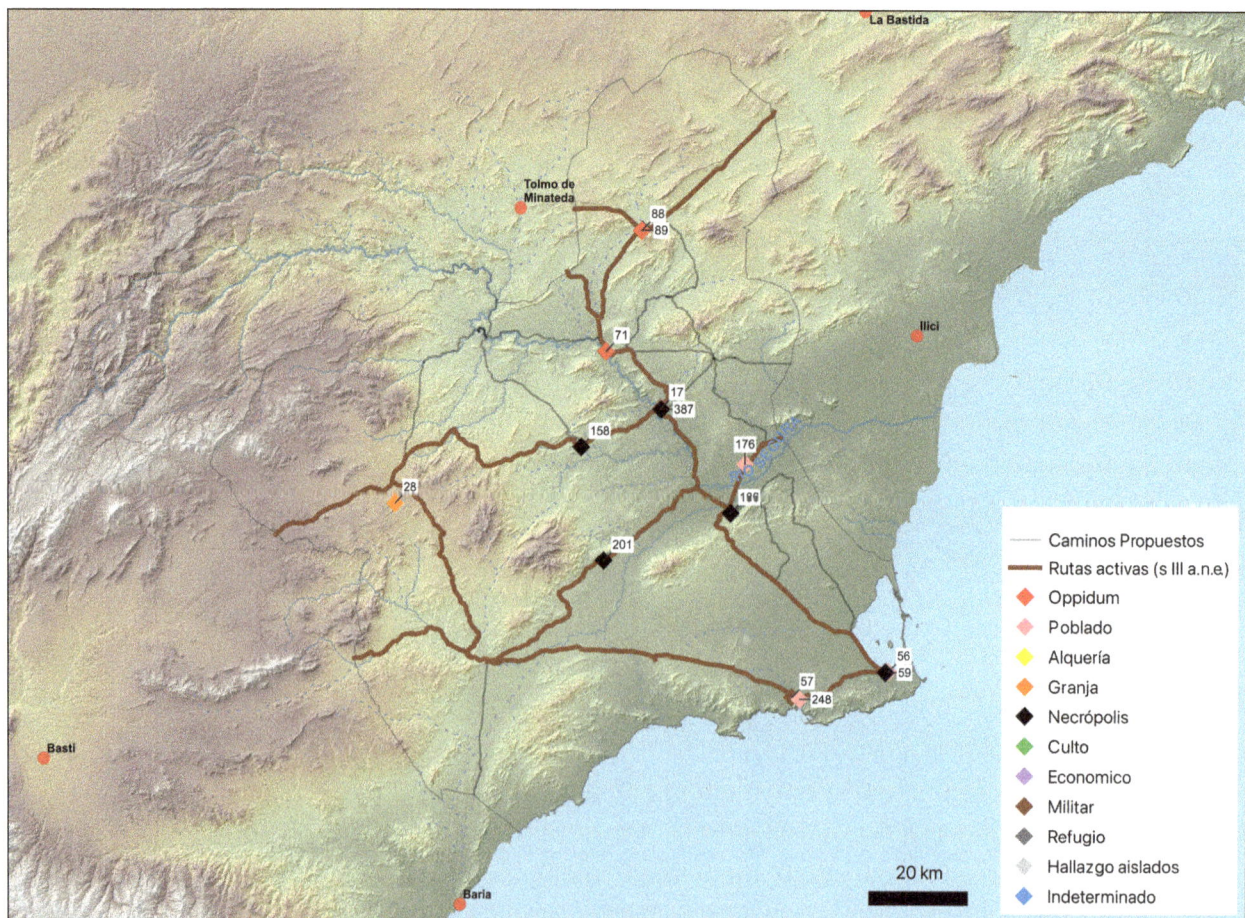

Figura 6.3. Cerámicas importadas del s III a.n.e. halladas en yacimientos ibéricos (17-Poblado del Cabezo del Tío Pío, 28-Campo Coy, 56-Loma del Escorial, 57-La Mota I, 59-Necrópolis de Los Nietos, 71-Bolbax, 88-Necrópolis del Poblado de Coimbra Barranco Ancho, 89-Poblado Ibérico de Coimbra Barranco Ancho, 158-Necrópolis de El Cigarralejo, 176-Casco urbano de Monteagudo, 186-Necrópolis del Cabecico del Tesoro, 201-Casco urbano de Alhama de Murcia, 248-Casco urbano de Cartagena y 387-Necrópolis del Cabezo del Tío Pío) (elaboración propia).

La vía de comunicación entre Cartagena y Lorca se potencia en este momento evidenciado por la aparición de nuevos yacimientos en el entorno de esta vía como puede ser la alquería de Fuente de la Pinilla, de la cual tenemos datos cronológicos fiables y que sitúan su fundación en este s III. Creemos que este cambio provocó el cambio de puerto de referencia de Lorca, pasando de Baria a Cartagena. De esta manera tendría sentido que desde la ciudad portuaria se buscase un acceso a *Basti* a través de Lorca aprovechando el trazado de lo que después se convertiría en la Vía Augusta.

También creemos plausible el mantenimiento de la vía de comunicación entre Lorca y el Noroeste como vía más interior para la comunicación con *Basti*, pero no para penetrar en la Meseta, que se haría siguiendo el valle fluvial del Guadalentín hasta el valle del Segura. La presencia de un bol helenístico de relieve en el yacimiento de Campo Coy pone de manifiesto la perduración de este camino durante el s III a.n.e. a pesar de contar con escasas evidencias materiales.

El acceso al Altiplano se consolida desde la Rambla del Judío, tras la caída de otras rutas alternativas como la procedente desde la Cuenca de Fortuna. También se tendría acceso desde el SE de la Meseta y desde la cabecera del río Vinalopó.

En todo este análisis diacrónico hemos de destacar algunos datos muy interesantes que tenemos que incorporar a nuestro análisis. Por un lado, es el caso de la comunicación entre el área tradicionalmente considerada como contestana y la bastetana. Si bien en el s V a.n.e. las rutas comerciales más activas que hemos propuesto (insistimos, no todos los caminos, sólo los más activos) no comunicarían estas dos áreas, estando Lorca mejor comunicada con *Baria* y *Basti*, a partir del s V vemos como los hallazgos en los yacimientos intermedios de cerámicas de importación evidencian una potenciación de esas comunicaciones a través del valle del Guadalentín, del campo de Cartagena, pero también por el interior también a través de una ruta que podría existir y que uniría el asentamiento del Cigarralejo con el de la Encarnación, pasando por Begastri. Esta comunicación comercial llevaría una comunicación cultural de manera irremediable.

Podrían ser estos contactos los que hubieran provocado una penetración de elementos, tradicionalmente considerados como contestanos en áreas tradicionalmente consideradas como bastetanas, como son un monumento funerario del tipo pilar estela en Coy (Jorge Aragoneses 1965; Almagro Gorbea 1988) o las tumbas con grandes encachados tumulares en el casco urbano de Lorca (García Ruiz y Ramos Martínez 2010).

7

Conclusiones

Gracias a las técnicas que nos ofrece la Arqueología del Paisaje hemos analizado la distribución de los yacimientos en el terreno, localizados sobre todo en el interior de la Región de Murcia y articulándose alrededor de dos ejes, el Segura y el Noroeste. Además, observamos cómo será el control de las vías de comunicación el que condicionará la ubicación de los grandes poblados, más que el acceso a las zonas más fértiles.

También se ha conseguido trazar una red de caminos teniendo en cuenta la orografía del terreno, los caminos tradicionales de la red pecuaria, las vías romanas, los caminos óptimos calculados con el software SIG, y la distribución de yacimientos.

La actividad comercial de los poblados ibéricos ha quedado demostrada con la existencia de materiales alóctonos como son las cerámicas de importación. Para nuestro análisis hemos dejado fuera otro tipo de materiales, casi con seguridad importados por ser muy escasos en los yacimientos ibéricos (amuletos egipciantes, espadas de frontón o hallazgos numismáticos) o por no poder discernir los talleres de procedencia y las rutas de acceso de los mismos (fíbulas o cerámicas ibéricas). Tras la llegada de estas mercancías a los fondeaderos de las costas de la Región de Murcia o provincias limítrofes, iniciarían un recorrido por una serie de caminos ya establecidos que permitirían el acceso a pueblos y *oppida* lejos de la costa y que adquirirían estos vasos para su uso cotidiano o como ajuar para sepulturas.

Los análisis que hemos obtenido gracias al software SIG nos han permitido plantear los itinerarios de menor coste entre los principales yacimientos, lo que unido a otros indicios como son las vías pecuarias, las vías romanas y la distribución de yacimientos, nos ha permitido trazar una propuesta de caminos utilizados en época ibérica.

Cruzando estos datos con la ubicación de los hallazgos de cerámicas importadas hemos conseguido discernir las vías de comunicación más utilizadas a finales del s V, en el s IV y en el s III a.n.e. De esta manera planteamos que el Guadalentín es una vía que empieza a cobrar importancia a partir del s IV comunicando el valle de Murcia con la ciudad de Lorca. Este fenómeno se hace muy evidente en la abundancia de materiales de este momento que comienza a documentarse en Lorca y en los asentamientos que se disponen en el camino, como, por ejemplo, las Cabezuelas o Alhama de Murcia. Antes de este momento la comunicación más probable sería con yacimientos de la órbita bastetana como *Basti* o *Baria*.

A partir del s III a.n.e. observamos como el camino que uniría Cartago Nova con Lorca se potencia con el surgimiento de yacimientos intermedios, como es el caso de Fuente Pinilla, que servirían como lugares de servicio para comerciantes y viajeros que empiezan a utilizar esta ruta. Este uso continuado y cada vez más intenso cristalizará en la definición de este itinerario dentro de la viaria romana con el paso de un ramal de la vía Augusta por este mismo recorrido y de los que tenemos evidencia material con distintos miliarios que se han documentado (Martínez Rodríguez y Ponce García 2014).

La potenciación del eje de comunicación del valle del Guadalentín hemos de ponerla en relación no sólo con la llegada de vajilla de importación sino también con la introducción de otros elementos propios de la cultura contestana, como son el uso de pilares estela, que se documentó en la Fuentecica del Tío Carrulo, al N de Lorca (Almagro Gorbea 1988); y también el uso de encachados de grandes dimensiones en las tumbas, como el que apareció en la Necrópolis de Lorca (García Ruiz y Ramos Martínez 2010).

Bibliografía

Abad Casal, L., y Sala Sellés, F. (2001): *Poblamento ibérico en el bajo Segura: el Oral (II) y La Escuera*, Real Academia de la Historia, Madrid.

Adroher Auroux, A.M. (1987): "Cerámica de Barniz Negro en el Sureste: bases para un análisis geoeconómico", *Cuadernos de prehistoria y arqueología de la Universidad de Granada* 12, pp. 185-194.

Adroher Auroux, A.M., y López Marcos, A. (1995): "Las cerámicas de barniz negro I: cerámicas áticas y protocampanienses", *Florentia iliberritana: Revista de estudios de antigüedad clásica* 6, pp. 11-53.

Alfaro Giner, C. (2001): "Vías pecuarias y romanización en la Península Ibérica", en *Los rebaños de Gerión: pastores y trashumancia en Iberia antigua y medieval: Seminario celebrado en la Casa Velázquez (15-16 de enero de 1996)*, Casa de Velázquez, pp. 215-232.

Almagro Gorbea, M. (1988): "El pilar-estela ibérico de Coy (Murcia)", en *Homenaje a Samuel de los Santos, Instituto de Estudios Albacetenses «Don Juan Manuel»*, pp. 125-130.

Amorós López, I., y Vives-Ferrándiz Sánchez, J. (2022): "De las políticas comensales a las relaciones sociales: cerámicas áticas en La Bastida de les Alcusses (Moixent, Valencia)", *Archivo español de arqueología* (95).

Amorós López, I., y Vives-Ferrándiz Sánchez, J. (2023): "Le Rouge et le Noire. Cerámicas áticas figuradas en la Bastida de les Alcusses (Moixent, Valencia)", en C. (dir.) Sánchez Fernández y J. (dir.) Tomás García (eds) *La cerámica ática fuera del Ática: Contextos, usos y miradas*, L'Erma di Bretschneider, Roma, pp. 29-48.

Arribas, A., Trías de Arribas, G., Cerdá, D., y de Hoz Bravo, J. eds. (1987): *El Barco de El Sec (Calvià, Mallorca): estudio de los materiales*, Exm. Ajuntament de Calvià: Universitat de Les Illes Balears, Mallorca.

Baños Serrano, J. (1990): "Una copa de cerámica de Gnatia en Alhama de Murcia. Estudio preliminar", *Murgetana* 81, pp. 15-22.

Beazley, J.D. (1956): *ABV Attic Black-figure vase painters*, London.

Beazley, J.D. (1963): *ARV Attic Red-figure vase painters*, Oxford.

Blánquez Pérez, J.J. (1990a): «El factor griego en la formación de las culturas prerromanas de la submeseta sur», *Cuadernos de Prehistoria y Arqueología* 17, pp. 9-24.

Blánquez Pérez, J.J. (1990b): *La formación del Mundo Ibérico en el sureste de la meseta (Estudio arqueológico de las Necrópolis Ibéricas de la provincia de Albacete)*, Instituto de Estudios Albacetenses, Albacete.

Blánquez Pérez, J.J. (1990c): «La vía Heraklea y el camino de Anibal: nuevas interpretaciones de su trazado en las tierras del interior", en *Simposio sobre la red viaria en la Hispania romana*, pp. 65-76.

Blánquez Pérez, J.J., y Quesada Sanz, F. (1999): «Los exvotos del Santuario Ibérico del Cigarralejo. Nuevas perspectivas en su estudio", *Revista de Arqueología* 20 (224), pp. 56-63.

Blánquez Pérez, J.J., y Rouillard, P. (1997): "Le vase grec dans les rites funéraires", en *Les Ibères [exposition]: Paris, Galeries nationales du Grand Palais, 15 octobre 1997 - 5 janvier 1998, Barcelone, Centre Cultural de la Fundación «La Caixa» 30 janvier 1998 - 12 avril 1998... : [catalogue]*, Lunwerg, pp. 121-124.

Blánquez Pérez, J.J., y Rouillard, P. (1998): "El vaso griego en los ritos funerarios", en *Los Iberos: príncipes de Occidente*, pp. 121-124.

Blázquez Martínez, J.M. (1974): "La colonización griega en España en el cuadro de la colonización griega en Occidente", en *Simposio Internacional de Colonizaciones. Barcelona-Ampurias*, 1971, pp. 65-78.

Cabrera, P. (2003): "Cerámicas griegas y comercio fenicio en el Mediterráneo occidental", *Treballs del Museu Arqueologic d'Eivissa e Formentera = Trabajos del Museo Arqueologico de Ibiza y Formentera* 51, pp. 61-86.

Cabrera, P. (2004): "Vasos cerámicos de importación de lujo del Mediterraneo oriental y central", en R. Olmos Romera y P. Rouillard (eds) *La vajilla ibérica en época helenística (siglos IV-III al cambio de era): Seminario celebrado en la Casa de Velázquez (22-23 de enero de 2001)*, pp. 5-18.

Calmel-Avila, M. (2000a): "Étude des paléoenvironnements holocènes dans le bassin du Bas-Guadalentín (région de Murcie, Espagne) / A study of Holocene palaeoenvironments in the Lower-Guadalentín basin (Murcia, Spain)", *Géomorphologie : relief, processus, environnement* 6 (3), pp. 147-159.

Calmel-Avila, M. (2000b): "Procesos hídricos holocenos en el Bajo Guadalentín (Murcia, SE España)", *Cuaternario y Geomorfología* 14 (3-4), pp. 65-78.

Calmel-Avila, M., Silva Barroso, P.G., Bardaji, T., Goy Goy, J.L., y Zazo Cardeña, C. (2009): "Drainage system inversion in the Guadalentin Depression during the late pleistocene - holocene (Murcia, Spain)", en *Avances en estudios sobre desertificación: aportaciones al Congreso Internacional sobre Desertificación en memoria del profesor John B. Thornes, (Murcia, 2009) = Advances in studies on desertification : contributions to the International Conference on Desertification in* memory of professor John B. Thornes, (Murcia, 2009), Murcia : Universidad de Murcia, EDITUM, 2009, pp. 461-464.

Celestino Pérez, S., Rafel, N., y Armada, X.L. eds. (2008): *Contacto cultural entre el Mediterráneo y el Atlántico (siglos XII-VIII ane): la precolonización a debate*, Editorial CSIC - CSIC Press.

Conesa García, C. (2006): "Las formas del relieve", en C. Conesa García (ed) *El medio físico de la Región de Murcia*, Universidad de Murcia, Murcia, pp. 47-94.

Cruz Pérez, M.L. (1987): "Necrópolis de Los Nietos (Cartagena). Campañas de excavación de 1984 a 1985", en *Memorias de Arqueología 1. Excavaciones y prospecciones arqueológicas*, Murcia, pp. 183-255.

Cruz Pérez, M.L. (1990): *La necrópolis ibérica de Los Nietos (Cartagena, Murcia). Metodología aplicada y estudio del yacimiento*, Madrid.

Cuadrado Díaz, E. (1950): "El plomo con inscripción ibérica del Cigarralejo (Mula, Murcia)", *Cuadernos de Historia Primitiva* V (1), pp. 5-42.

Cuadrado Díaz, E. (1952): "Exvotos equinos del Santuario Ibérico del Cigarralejo", en *I Congresso Internazionale di Preistoria y Protoistoria Mediterranea (Roma 1951)*, Florencia, pp. 454-460.

Cuadrado Díaz, E. (1953): "Lorca (Murcia). Villarreal", *Noticiario Arqueológico Hispánico* I (1-3), pp. 212.

Cuadrado Díaz, E. (1958): "Cerámica griega de figuras rojas en la necrópolis del Cigarralejo", *Archivo Español de Arqueología* 31, pp. 104-125.

Cuadrado Díaz, E. (1962): "Nuevas formas occidentales de cerámica precampana", en *Homenaje al prof. Cayetano de Mergelina*, Murcia, pp. 257-269.

Cuadrado Díaz, E. (1963): "Cerámica ática de Barniz Negro de la Necrópolis de El Cigarralejo en Mula (Murcia)", *Archivo de Prehistoria Levantina* 10, pp. 97-164.

Cuadrado Díaz, E. (1978a): "Cerámica Campaniense de El Cigarralejo.", *Boletín de la Asociación Española de Amigos de la Arqueología* 9, pp. 23-30.

Cuadrado Díaz, E. (1978b): "Cerámica Campaniense de las «Pequeñas estampillas» en Cigarralejo (Mula-Murcia).", *Boletín de la Asociación Española de Amigos de la Arqueología* 9, pp. 31-32.

Cuadrado Díaz, E. (1987): *La necrópolis ibérica de El Cigarralejo (Mula, Murcia)*, CSIC, Madrid.

Diehl, E., San Martín Moro, P., y Schubart, H. (1962): "Los Nietos. Ein handelsplatz des 5 bis 3 Jahrhundert an der Spanischen Levanteküste", *Madrider Mitteilungen* 3, pp. 45-83.

Domínguez, A.J., y Sánchez, C. (2001): *Greek pottery from the Iberian Peninsula: archaic and classical periods* G. R. Tsetskhladze (ed), Brill, Boston.

Domínguez Monedero, A.J. (1983): "Los términos Iberia e íberos en las fuentes grecolatinas: estudio acerca de su origen y ámbito de aplicación", *Lucentum* 2, pp. 203-224.

Domínguez Monedero, A.J. (1996): *Los griegos en la Península Ibérica*, Arco Libros, Madrid.

Domínguez Monedero, A.J. (2001): "Cerámica griega en la ciudad ibérica", *Anales de prehistoria y arqueología* 17-18, pp. 189-204.

Domínguez Pérez, J.C. (2003): "El barniz negro romano como argumento comercial en el horizonte prebélico contra Cartago", *Saldvie: Estudios de prehistoria y arqueología* 3, pp. 47-59.

Droop, J.P. (1910): "The Dates of the Vases called 'Cyrenaic'", *The Journal of Hellenic Studies* 30 (01), pp. 1-34.

Eiroa García, J.J., y Martínez Rodríguez, A. (1987): "Noticia de dos representaciones del «Potnios Hippon» encontradas en Lorca (Murcia)», *Anales de Prehistoria y Arqueología* 3, pp. 123-133.

Fairén Jiménez, S., Berrocal, M.C., López-Romero González de la Aleja, E., y Walid Sbeinati, S. (2006): "Las vías pecuarias como elementos arqueológicos", en I. Grau Mira (ed) *La aplicación de los SIG en la arqueología del paisaje*, Universidad de Alicante, Alicante, pp. 55-68.

Fernández Montoro, J.L., Lostal Pros, J., y Rodríguez Morales, J. (2011): "La calzada romana de Carthago-Nova a Complutum: síntesis de su recorrido", *El Nuevo Miliario* 13, pp. 32-54.

Fernández Nieto, F.J. (1999): "Economía de la colonización fenicia y griega en la Península Ibérica", *Studia historica. Historia antigua* 17, pp. 25-58.

García Cano, C. (1997): "Contextos del siglo III a.c. en el conjunto ibérico de los nietos (Cartagena): Las cerámicas del barniz negro", en *Actas del XXIII Congreso Nacional de Arqueología: Elche*, 1995, Ayuntamiento de Elche, Elche, pp. 493-502.

García Cano, C., García Cano, J.M., y Ruíz Valderas, E. (1989): "La cerámica campaniense de la necrópolis ibérica del Cabecico del Tesoro (Verdolay, Murcia)", *Verdolay* 1, pp. 117-187.

García Cano, C., Guillermo Martínez, M., Murcia Muñoz, A.J., y Madrid Balanza, M.J. (1999): "Aportación al estudio del poblamiento del S. IV a.C. en el entorno de Cartagena: el yacimiento de La mota (Sierra de Atalaya)", en *XXIV Congreso Nacional de Arqueología*, Murcia, pp. 243-252.

García Cano, J.M. (1979): "Cerámica ática de Galera (Granada) en el Museo Arqueológico Provincial de Murcia", *Pyrenae* (15), pp. 229-240.

García Cano, J.M. (1982): *Cerámicas griegas de la región de Murcia*, Murcia.

García Cano, J.M. (1985): "Cerámicas áticas de figuras rojas en el sureste peninsular", en *Ceramiques gregues i helenístiques a la Península Iberica. Taula Rodona amb motiu del 75e aniversari de les excavacions d'Empúries*, Barcelona, pp. 59-70.

García Cano, J.M. (1991): "El comercio arcaico en Murcia", en J. Remesal y O. Musso (eds) *La presencia del material etrusco en la Península Ibérica*, Universidad de Barcelona, Barcelona, pp. 369-382.

García Cano, J.M. (1993): *Las necrópolis ibéricas en Murcia. Un ejemplo paradigmático. Coimbra del Barranco Ancho. Estudio analítico*. Tesis Doctoral, Universidad de Murcia, Murcia.

García Cano, J.M. (1994): "El pilar estela de Coimbra del Barranco Ancho (Jumilla, Murcia)", *Revista de estudios ibéricos* 1, pp. 173-202.

García Cano, J.M. (1997): *Las Necrópolis Ibéricas de Coimbra del Barranco Ancho (Jumilla, Murcia). I Las excavaciones y estudio analítico de los materiales*, Universidad de Murcia, Murcia.

García Cano, J.M. (2004): "Contribución al estudio del poblamiento ibérico en el Valle del Guadalentín: la cerámica ática de Lorca I", *Alberca* 2, pp. 53-79.

García Cano, J.M., Page del Pozo, V., Gallardo Carrillo, J., Ramos Martínez, F., Hernández Carrión, E., y Gil González, F. (2008): *El mundo funerario ibérico en el altiplano Jumilla-Yecla (Murcia): La necrópolis de El poblado de Coimbra del Barranco Ancho. Investigaciones del 1995-2004. II.- Las incineraciones y los ajuares funerarios*, Murcia.

García Cano, J.M., y García Cano, C. (1992): "Cerámica ática del poblado ibérico de La Loma del Escorial (Los Nietos, Cartagena)", *Archivo español de arqueología* 65 (165), pp. 3-32.

García Cano, J.M., y Gil González, F. (2009): *La cerámica ática de figuras rojas: talleres y comercio (siglo IV a.C.): el caso de Coimbra del Barranco Ancho (Jumilla, Murcia) = The Attic red-figure pottery: workshops and trade (4th Century b.C.) : the case of Coimbra del Barranco Ancho* Editum, Murcia.

García Cano, J.M., y Gil González, F. (2013): "Nuevos enfoques para el estudio de las cerámicas áticas: la morfometría a propósito de un skyphos de Lorca", *Alberca* 11, pp. 29-49.

García Cano, J.M., y Hernández Carrión, E. (2001): "Nuevas aportaciones a la lectura del plomo de Coimbra del Barranco Ancho (Jumilla)", *Pleita* 4, pp. 47-51.

García Cano, J.M., y Page del Pozo, V. (1990): "La necrópolis ibérica de Archena: revisión de los materiales y nuevos hallazgos", *Verdolay* 2, pp. 109-147.

García Cano, J.M., y Page del Pozo, V. (1991): "Panorama actual de las cerámicas griegas en Murcia (1982-1991)", *Huelva arqueológica* 13, pp. 217-240.

García Cano, J.M., y Page del Pozo, V. (2000): "La cerámica ática de la necrópolis del Castillejo de los Baños (Fortuna, Murcia)", en *La ceramique attique du IVe siecle en Mediterranée Occidentale. Actes du colloque internatioanle d'Arles (1995)*, Napoles, pp. 253-258.

García Cano, J.M., y Page del Pozo, V. (2001): "El armamento de la necrópolis de Castillejo de los Baños: una aproximación a la panoplia ibérica de Fortuna (Murcia)", *Gladius* 21, pp. 57-136.

García Cano, J.M., y Page del Pozo, V. (2004): *Terracotas y vasos plásticos de la necrópolis del Cabecico del Tesoro, Verdolay, Murcia*, Murcia.

García Cano, J.M., Ramos Martínez, F., Gallardo Carrillo, J., y Cárceles Díaz, E. (2016): "Novedades en el ritual funerario ibérico: el kernos de la necrópolis de Lorca (Murcia)", *Alberca* (14), pp. 71-98.

García Galiano, S.G. (2006): "Las aguas superficiales en la cuenca del Río Segura: gestión de situaciones hidrológicas extremas", en *El medio físico de la Región de Murcia*, Universidad de Murcia, 2006, pp. 129-142.

García Martín, J.M. (2003): *La distribución de cerámica griega en la Contestanía ibérica: el puerto comercial de La Illeta dels Banyets*, Instituto Alicantino de Cultura «Juan Gil-Albert», Alicante.

García Ruiz, M., y Ramos Martínez, F. (2010): "Un enterramiento Calcolítico, la necrópolis Ibérica y el cementerio Islámico. Superposición de estructuras funerarias en el solar Rincón de Moncada, Calle Núñez de Arce en Lorca (Murcia)", en *Memorias de Arqueología 15*, Murcia, pp. 587-598.

García Sandoval, J., Quiñones López, M., y Precioso Arévalo, M.L. (2006): "Extracción, limpieza, consolidación y embalaje de un carro ibérico de hierro, procedente de las excavaciones arqueológicas de calle Corredera, 46 (Lorca)", en *XVII Jornadas de Patrimonio Histórico: intervenciones en el patrimonio arquitectónico, arqueológico y etnográfico de la región de Murcia*, Murcia, pp. 329-332.

González Blanco, A. ed. (1988): Vías romanas del sureste: actas del symposium celebrado en Murcia, 23 a 24 octubre, 1986, Universidad de Murcia.

González Fernández, R. (1988): "Una vía romana el camino viejo de Yechar (Mula-Murcia)", en *Vías romanas del sureste*, Murcia, pp. 61-64.

González Ortiz, J.L. (1999): *Geografía de la Región de Murcia*, Murcia.

Gorenflo, L.J., y Gale, N. (1990): "Mapping regional settlement in information space", *Journal of Anthropological Archaeology* 9 (3), pp. 240-274.

Grau Mira, I. (2000): "Continuidad y cambio en la trama urbana del «conventus carthaginensis» durante el preceso de romanización", *Anales de Prehistoria y Arqueología* 16, pp. 33-51.

Grau Mira, I., y Moratalla Jávega, J. (2001): "Interpretación socioeconómica del enclave", en L. Abad Casal y F. Sala Sellés (eds) *Poblamiento ibérico en el bajo Segura: el Oral (II) y la Escuera*, pp. 173-204.

Howard, S., y Johnson, F.P. (1954): "The Saint-Valentin Vases", *American Journal of Archaeology* 58 (3), pp. 191.

Incharraundieta Ramallo, A. (2015): "Una aproximación a la necrópolis de El Villar de Archivel", en *I Encuentro de Jóvenes Investigadores en Arqueología de la Región de Murcia: de la arqueología prehistórica a la arqueología industrial*, Universidad de Murcia, 2015, pp. 195-225.

Iniesta Sanmartín, Á. (1992): "Estudio preliminar del Conjunto Arqueológico de El Pulpillo. Yecla (Murcia)", *Yakka*, pp. 25-34.

Iniesta Sanmartín, Á., García Cano, J.M., y Berrocal Caparros, M. del C. (1985): "Grafitos prelatinos sobre cerámica en Murcia", *Anales de la Universidad de Murcia. Letras* XLIII (3-4), pp. 73-102.

Jorge Aragoneses, M. (1965): "Dos nuevas necrópolis ibéricas en la provincia de Murcia", *Anales de la Universidad de Murcia. Letras* XXIII (1-2), pp. 79-90.

Lamboglia, N. (1952): "Per una classificazione preliminare della ceramica campana", en *Atti del I Congreso de Studi Liguri, Istituto Internazionale di Studi Liguri*, Bordighera, pp. 139-206.

Lillo Carpio, M. (1987): "Morfogénesis y ocupación del territorio en el área donde se asienta la ciudad de Murcia", *Estudios románicos* 6, pp. 1673-1680.

Lillo Carpio, M., y Lisón Hernández, L. (2002): *Naturaleza y patrimonio: la dimensión de los aprovechamientos termales en Fortuna*, Universidad de Murcia, Servicio de Publicaciones, Murcia.

Lillo Carpio, P.A. (1978): "Corte estratigráfico en el Poblado Ibérico de Cobatillas la Vieja", *Ampurias* 38-40 (Simposi Internacional Els Origens del mòn ibéric), pp. 395-400.

Lillo Carpio, P.A. (1979): "Toneles y cantimploras ibéricos en el área murciana", *Revista de Murcia* 16, pp. 26-29.

Lillo Carpio, P.A. (1981): *El poblamiento ibérico en Murcia*, Murcia.

Lillo Carpio, P.A. (1989): "Las vías de comunicación en época ibérica", en *Caminos de la Región de Murcia*, Murcia, pp. 87-100.

Lillo Carpio, P.A. (1993): *El poblado ibérico fortificado de Los Molinicos*, Moratalla (Murcia)

Lillo Carpio, P.A., García Herrero, G., y González Blanco, A. (1980): "Novedades numismáticas en la provincia de Murcia", *Sociedad Iberoamericana de estudios numismáticos* XXX (165-167), pp. 161-165.

López Bermúdez, F. (1973): *La vega alta del Segura: (clima, hidrología y geomorfología)*, Universidad de Murcia, Murcia.

López Bermúdez, F., Calvo García-Tornel, F., y Morales Gil, A. (1986): *Geografía de la región de Murcia*, Ketrés Editora, Barcelona.

López Castro, J.L. (2014): "El comercio en «Baria» durante el siglo V a. C. a través del registro anfórico", *Treballs del Museu Arqueologic d'Eivissa e Formentera = Trabajos del Museo Arqueologico de Ibiza y Formentera* (72), pp. 343-352.

López Castro, J.L., Martínez Hahnmüller, V., y Pardo Barrionuevo, C.A. (2010): "La ciudad de Baria y su territorio", *Mainake* 32, pp. 109-132.

López-Mondéjar, L. (2011): "Ocupación del territorio entre los siglos V. a.C.-III d.C. en las altiplanicies lorquinas (Lorca, Murcia)", *BSAA Arqueología: Boletín del Seminario de Estudios de Arqueología* 77, pp. 139-170.

López-Mondéjar, L. (2019): *De íberos a romanos: poblamiento y territorio en el Sureste de la Península Ibérica (siglos IV a.C. - III d.C.)*, BAR International Series 2930, BAR Publishing, Oxford.

López-Mondéjar, L., y Ramos Martínez, F. (2017): "Una aproximación a los espacios sagrados en el conjunto ibérico de Lorca (Murcia) entre los periodos ibérico y romano: problemas y perspectivas de trabajo", en T. Tortosa Rocamora y S. F. Ramallo Asensio (eds) *El tiempo final de los santuarios ibéricos en los procesos de impacto y consolidación del mundo romano, Anejos de Archivo Español de Arqueología*, CSIC, Madrid, pp. 117-133.

Maluquer de Motes, J. (1985): "En torno al comercio protohistórico terrestre y marítimo griego en el Sudeste", en *VI Congreso Internacional de Arqueología Submarina*: Cartagena 1982, pp. 475-482.

Mangas Navas, J.M. (2012): *Cuadernos de la Trashumancia. N.o 0. Vías Pecuarias*

Martínez Chico, D. (2022): "Entre arqueología y religión: Cerro de la Virgen y el Santuario de Ntra. Sra. de la Esperanza (Calasparra, Murcia)", en Y. Hernández Navarro (ed) *II Simposio de Patrimonio Cultural ICOMOS España*, Editorial Universitat Politècnica de València, Valencia, pp. 391-398.

Martínez Chico, D., y Fernández Tristante, R. (2023): "El Terratremo (Calasparra, Murcia). Nuevos datos de un poblado ibérico en altura", en P. E. Collado Espejo, J. García Sandoval, y A. Iniesta Sanmartín (eds) *XXIX Jornadas de Patrimonio Cultural de la Región de Murcia*, Tres Fronteras, Murcia, pp. 103-110.

Martínez Chico, D., Fernández Tristante, R., López Sandoval, M.Á., y Torrente García, N. (2022): "Redescubriendo Cerro de la Virgen (Calasparra,

Murcia): primeros planteamientos sobre un encastillamiento tardorromano", en P. E. Collado Espejo, J. García Sandoval, y A. Iniesta Sanmartín (eds) *XXVIII Jornadas de Patrimonio Cultural de la Región de Murcia.*, Comunidad Autónoma de la Región de Murcia, Murcia, pp. 165-172.

Martínez Rodríguez, A., y Ponce García, J. (2014): "El descubrimiento de un nuevo miliario en el Hornillo, Lorca (Murcia)", *Alberca* 12, pp. 59-72.

Martínez Sánchez, M. (2023): *Vías romanas del Sureste: análisis histórico y espacial*. Tesis Doctoral, Universidad de Murcia.

Medina Rosales, N. (2008): "Nuevos Materiales Griegos de La Huelva Protohistórica. Excavación en Calle Concepción no 5 de Huelva", *Vipasca* 2, pp. 296-306.

Montaner Salas, M.E., Montaner, C., y Tudela, M.L. (2002): *Murcia, una región al borde del Mediterráneo*, Universidad de Murcia, Murcia.

Morel, J.P. (1969): "Etudes de céramique campanienne, I : L'atelier des petites estampilles", *Mélanges de l'école française de Rome* 81 (1), pp. 59-117.

Morel, J.P. (1980): "La céramique campanienne: acquis et problemes", en *Céramique hellenistiques et romaines, Besançon*, pp. 85-122.

Morel, J.P. (1981): *Céramique Campanienne. Les Formes*, Paris.

Morel, J.P. (1983): "La céramique à vernis noir de Carthage-Byrsa: nouvelles données et élements de comparaison", en *Actes deu Colloque sur la Céramique Antique (Carthage, 1980)*, Túnez, pp. 43-76.

Morel, J.-P. (1986): "La céramique à vernis noir de Carthage, sa diffusion, son influence", en *Cahiers des études anciennes XVIII, Carthage*, Presses de l'Université du Québec, Montréal, pp. 25-68.

Morel, J.P. (1998): "L´etude des céramique à vernis noir, entre archéologie e t archéometrie", en *Indagini archeometriche relative alla ceramica a vernice nera: nuovi dati sulla provenienza e la diffusione*, Como, pp. 9-22.

Muñoz Amilibia, A.M. (1988): "La posible vía romana de Cartagena a Mazarrón", en *Vías romanas del sureste: actas del symposium celebrado en Murcia, 23 a 24 octubre, 1986*, pp. 27-30.

Muñoz Amilibia, A.M. (1990): "Plomo ibérico en escritura griega de Coimbra del Barranco Ancho (Jumilla, Murcia)", *Verdolay* 2, pp. 97-100.

Murrieta Flores, P., Wheatley, D.W., y García Sanjuan, L. (2011): "Movilidad y vias de paso en los paisajes prehistoricos: Megalitos y vias pecuarias en Almaden de la Plata (Sevilla, Espana)", en *Tecnologías de información geográfica y análisis arqueológico del territorio: Actas del V Simposio Internacional de Arqueología de Mérida, Anejos de Archivo Español de Arqueología*, pp. 411-423.

Nieto Gallo, G. (1942): "La necrópolis hispánica del Cabecico del Tesoro, Verdolay (Murcia). III Campaña de excavaciones (octubre 1942)", *Boletín del Seminario de Estudios de Arte y Arqueología* 9, pp. 191-196.

Olmos Romera, R. (1973): *Cerámica griega*, Ministerio de Educación y Ciencia, Madrid.

Olmos Romera, R. (1977): "Política, mito y propaganda política en la cerámica griega", *Historia 16* 20, pp. 99-106.

Olmos Romera, R. (1983): "Auriga y monomaquias en una copa «Droop» en Murcia», *Archivo español de arqueología* 56 (147), pp. 37-44.

Olmos Romera, R. (1984): "La cerámica de importación griega en el mundo ibérico", *Serie arqueológica* 10, pp. 225-248.

Olmos Romera, R. (1993): "Cerámica griega del Castillo de Fuengirola (Málaga)", *Mainake* 15, pp. 109-114.

Olmos Romera, R., y Balmaseda Muncharaz, L.J. (1981): "Mito y figuración en la cerámica ática de época clásica: el último período arcaico", *Cuadernos de filología clásica* 17, pp. 111-134.

Olmos Romera, R., y Cabrera, P. (1980): "Un nuevo fragmento de Clitias en Huelva", *Archivo Español de Arqueología* 53 (141), pp. 5-14.

Olmos Romera, R., y Garrido Roiz, J.P. (1982): "Cerámica griega en Huelva. Un informe preliminar", en *Homenaje a Sáenz de Buruaga*, Institución Cultural Pedro de Valencia, Badajoz, pp. 243-264.

Pedroni, L. (1986): *Ceramica a vernice nera da Cales*, Liguori, Napoli.

Pedroni, L. (1990): *Ceramica a vernice nera da Cales. 2*, Liguori, Napoli.

Pérez Ballester, J. (1987): "El taller de las pequeñas estampillas: revisión y precisiones a la luz de las cerámicas de barniz negro de Gabii (Latium): Los últimos hallazgos en el Levante y Sureste español", *Archivo Español de arqueología* 60 (155), pp. 43-72.

Pérez Ballester, J. (2008): "La cerámica de barniz negro", en D. (coord.) Bernal Casasola y A. (coord.) Ribera i Lacomba (eds) *Cerámicas hispanorromanas: un estado de la cuestión*, Servicio de Publicaciones de la Universidad de Cádiz, Cádiz, pp. 263-274.

Pérez Ballester, J. (2012): "Sobre cerámicas Helenísticas en Iberia / Hispania. Significado y funcionalidad", *Archivo Español de Arqueología* 85, pp. 65-78.

Picazo Gurina, M., y Rouillard, P. (1976): "Les Skyphos attiques à décor réservé et surpeint de Catalogne et du Languedoc", *Mélanges de la Casa de Velázquez* 12, pp. 7-26.

Picazo, M. (1977): *Las cerámicas áticas de Ullastret*, Instituto de Arqueología y Prehistoria, Barcelona.

Principal Ponce, J. (1998): *Las importaciones de vajilla fina de barniz negro en la Cataluña sur y occidental durante el siglo III aC: comercio dinámica de adquisición en las sociedades indígenas*, BAR International Series 729, BAR Publishing, Oxford.

Principal Ponce, J., y Ribera i Lacomba, A. (2013): "El material más apreciado por los arqueólogos. La cerámica fina. La cerámica de barniz negro", en *Manual de cerámica romana: del mundo helenístico al Imperio Romano*, Alcalá de Henares: Museo Arqueológico Regional; Madrid: Sección de Arqueología, Ilustre Colegio de Doctores y Licenciados en Filosofía y Letras y en Ciencias de la Comunidad de Madrid, 2013, pp. 41-146.

Puig, A.M., y Martin, A. eds. (2006): *La colònia grega de Rhode (Roses, Alt Empordà)*, Museu d'Arqueologia de Catalunya, Girona.

Py, M. (1993): "CAMP-A Céramique campanienne A", en Dicocer[1], Dictionnaire des céramiques antiques (VIIe s. av. n. è.-VIIe s. de n. è.) en Méditerranée nord-occidentale (Provence, Languedoc, Ampurdan), *Lattara* 6, Lattes, pp. 146-150.

Py, M. (2001): "Céramique campanienne A (CAMP-A)", en Dicocer[2], Corpus des céramiques de l'âge du Fer de Lattes (fouilles 1963-1999), *Lattara* 14, Lattes, pp. 435-556.

Quesada Sanz, F. (1998): "Aristócratas a caballo y la existencia de una verdadera caballería en la cultura ibérica: dos ámbitos conceptuales diferentes", *Saguntum número extraordinario* 1, pp. 169-184.

Rabal Saura, G. (1988): "La vía romana de Cartagena a Alcantarilla, por el Puerto de la Cadena", en *Vías romanas del sureste: actas del symposium celebrado en Murcia, 23 a 24 octubre, 1986*, pp. 49-52.

Ramallo Asensio, S.F. (1989): *La documentación arqueológica*, Universidad de Murcia, Murcia.

Ramallo Asensio, S.F., y Brotóns Yagüe, F. (2014): "Depósitos votivos y ritos en los santuarios ibéricos e íbero-romanos. Continuidades y rupturas a través de las evidencias de culto en el santuario del Cerro de la Ermita de la Encarnación (Caravaca de la Cruz, Murcia)", en *Diálogo de identidades. Bajo el prisma de las manifestaciones religiosas en el ámbito mediterráneo (s III a.C. - I d.C.)*, Mérida.

Ramos Martínez, F. (2007): "Intervención arqueológica en el Pasico de San Pascual, Jumilla", en *XVIII Jornadas de Patrimonio Cultural de la Región de Murcia*, Murcia, pp. 79-82.

Ramos Martínez, F. (2018): *Poblamiento ibérico (ss V-III a.n.e.) en el sureste de la península ibérica. Nuevos datos para el estudio a través de la arqueología del paisaje*, BAR International Series 2930, BAR Publishing, Oxford.

Ramos Martínez, F. (2019): "Lorca ibérica. Datos arqueológicos e históricos", *Alberca*: 17, pp. 55-76.

Robinson, D.M. (1950): *Excavations at Olynthus. Part XIII. Vases found in 1934 and 1938*, Baltimore.

Rodríguez Estrella, T. (2006): "Geología de la Región de Murcia", en C. (coord.) Conesa García (ed) *El medio físico de la Región de Murcia*, Universidad de Murcia, 2006, pp. 11-46.

Roldán Hervas, J.M. (1975): *Itineraria Hispana: fuentes antiguas para el estudio de las vías romanas en la Península Ibérica*.

Roldán Hervás, J.M., y Caballero Casado, C.J. (2014): "Itinera Hispana: Estudio de las vías romanas en Hispania a partir del Itinerario de Antonio, el Anónimo de Ravena y los Vasos de Vicarello", *El Nuevo Miliario: boletín sobre vías romanas, historia de los caminos y otros temas de geografía histórica* 17, pp. 10-253.

Romero Díaz, A., y Alonso Serra, F. eds. (2007): *Atlas global de la Región de Murcia*, Murcia.

Rouillard, P. (1975): "Coupes attiques à figures du IV s. en Andalousie", *Mélanges de la Casa de Velázquez* 11, pp. 21-50.

Rouillard, P. (1981): "La ceramique grecque du Burriac (Cabrera del Mar-Barcelona) conservée au Musée de Mataró", *Laietania: Estudis d'historia i d'arqueología de Mataró i del Maresme* 1, pp. 7-14.

Rouillard, P. (2001): "Les céramiques de Grèce de l'est dans le sud-est de la péninsule ibérique: nouveaux éléments", en *Ceràmiques jònies d'època arcaica: centres de producció i comercialització al Mediterrani occidental: Actes de la Taula Rodona celebrada a Empúries, els dies 26 al 28 de maig de 1999*, pp. 225-232.

Rouillard, P. (2008): "Les céramiques grecques dans le Sud-Est de la Péninsule Ibérique", en *1er Congreso Internacional de Arqueología Ibérica Bastetana*, Varia, Universidad Autónoma de Madrid, Madrid, pp. 73-92.

Rouillard, P. (2010): "La cerámica griega en la necrópolis de Cabezo Lucero", en *Guardamar del Segura, arqueología y museo: Museos municipales en el MARQ: [MARQ, diciembre 2010-febrero 2011]*, Fundación MARQ, Alicante, pp. 114-121.

Rouillard, P., y Ginouves, R. (2009): "El vaso griego y la Contestania", en *Huellas griegas en la Contestania Ibérica: [Exposición]*, Museo Arqueológico de Alicante, Alicante, pp. 42-51.

Ruíz Valderas, E. (1999): "Las cerámicas campanienses del siglo III a. C. en Cartagena: el Cerro del Molinete", en *XXIV Congreso Nacional de Arqueología: [celebrado en] Cartagena, 1997*, Murcia: Comunidad Autónoma de la Región de Murcia, Instituto de Patrimonio Histórico, D.L. 1999, pp. 33-42.

Ruiz-Gálvez Priego, M. (2009): "¿Qué hace un micénico como tú en un sitio como éste?: Andalucía entre el colapso de los palacios y la presencia semita", *Trabajos de prehistoria* 66 (2), pp. 93-118.

San Nicolás del Toro, M. (1983): "Un nuevo relieve del «domador» de caballos procedente de la Encarnación (Caravaca, Murcia)", *Pyrenae* 19-20, pp. 277-280.

Sánchez Meseguer, J.L., y Quesada Sanz, F. (1992): "La Necrópolis Ibérica del Cabecico del Tesoro (Verdolay, Murcia)", en J. J. Blánquez Pérez y V. Antona del Val (eds) *Congreso de Arqueología Ibérica: Las necrópolis*, Varia, Universidad Autónoma de Madrid, Madrid, pp. 349-396.

Sanmartí i Grego, E., y Santiago Álvarez, R.A. (1987): "Une lettre grecque sur plomb trouvée à Emporion (Fouilles 1985)", *Zeitschrift für Papyrologie und Epigraphik* 68, pp. 119-127.

Sanmartí i Grego, E., y Solier, Y. (1978): "Les patères à trois palmettes sur guillochures : note sur un nouveau groupe de potiers pseudo-campaniens", *Revue archéologique de Narbonnaise* 11, pp. 117-134.

Santiago Álvarez, R.A. (1989): "En torno al plomo de Pech Maho", *Faventia* 11 (2), pp. 163-179.

Scheidel, W. (2014): "The shape of the Roman world: modelling imperial connectivity", *Journal of Roman Archaeology* 27, pp. 7-32.

Schrader, C. (1977): *Herodoto*. Historia Libro I Clío, Editorial Gredos, Madrid.

Shefton, B.B. (1982): "Discusión a M. Pellicer: «Las cerámicas del mundo fenicio en el Bajo Guadalquivi»", *Phönizier im Westen. Madrider Beiträge* 8, pp. 403-405.

Shefton, B.B. (2003): "Massalia and Colonization in the North-Western Mediterranean", en *The Archaeology of Greek Colonisation: Essays Dedicated to Sir John Boardman*, pp. 61-86.

Silva, P.G., Bardají, T., Calmel-Avila, M., Goy, J.L., y Zazo, C. (2008): "Transition from alluvial to fluvial systems in the Guadalentín Depression (SE Spain) during the Holocene: Lorca Fan versus Guadalentín River", *Geomorphology* 100 (1-2), pp. 140-153.

Sparkes, B.A., y Talcott, L. (1970): *Black and Plain Pottery: Of the 6th, 5th and 4th Centuries B.C.*, American School of Classical Studies at Athens, Princeton.

Talbert, R.J.A., y Bagnall, R.S. (2000): *Barrington atlas of the Greek and Roman world*, Princeton University Press, Princeton, N.J.

Tobler, W.R. (1993): *Three Presentations on Geographical Analysis and Modeling: Non-isotropic Geographic Modeling; Speculations on the Geometry of Geography; and Global Spatial Analysis*, NCGIA, University of California.

Tortosa Rocamora, T. (1999): "Tras las huellas de dos recipientes ibéricos: el vaso de los guerreros de Archena y el vaso Cazurro", en *La cultura ibérica a través de la fotografía a principios de siglo*, pp. 167-174.

Trías de Arribas, G. (1967): *Cerámicas griegas de la Península Ibérica*, William L. Bryant Foundation.

Anexo I

Piezas de importación documentadas en los yacimientos ibéricos

Tabla AI.1. Abreviaturas utilizadas en las producciones (elaboración propia).

Sigla	Produccion
FN	Figuras Negras
FR	Figuras Rojas
SV	*Sant-Valentin*
BN	Barniz Negro Ático
RI	Rojo Internacional
ProtoCamp	Talleres protocampanienses
SurIta	Talleres Suritálicos
Gn	Taller de Gnathia
PEst	Taller de las pequeñas estampillas
TOcc	Talleres Occidentales
3PR	Taller de las 3 palmetas radiales
TTeano	Taller de Teano
PAP	Producciones del área punicizante
CampA	Campaniense A
BHR	Bol Helenístico

Tabla AI.2. Cerámicas importadas en yacimientos de la Región de Murcia.

Producción	Tipo	Cronología	Referencia
Poblado Ibérico de Coimbra Barranco Ancho			
Plato BN	Plato	-410/-390	(García Cano 1982; pieza 411)
Pared BN	Indeterminada	-410/-390	(García Cano 1982; pieza 412)
Plato BN	F22 L	-400/-375	(García Cano 1982; pieza 437)
Bolsal BN	F42B L	-400/-375	(García Cano 1982; pieza 415)
Bolsal BN	F42B L	-400/-375	(García Cano 1982; pieza 416)
Bolsal BN	F42B L	-400/-375	(García Cano 1982; pieza 417)
Plato BN	F21 L	-400/-350	(García Cano 1982; pieza 421)
Plato BN	F21 L	-400/-350	(García Cano 1982; pieza 422)
Plato BN	F21 L	-400/-350	(García Cano 1982; pieza 423)
Plato BN	F22 L	-400/-350	(García Cano 1982; pieza 438)
Plato BN	F22 L	-400/-350	(García Cano 1982; pieza 439)
Plato BN	F22 L	-400/-350	(García Cano 1982; pieza 440)
Plato BN	F22 L	-400/-350	(García Cano 1982; pieza 441)
Plato BN	F22 L	-400/-350	(García Cano 1982; pieza 442)
Plato BN	F21/22 L	-400/-350	(García Cano 1982; pieza 445)
Plato BN	F21/22 L	-400/-350	(García Cano 1982; pieza 446)
Plato BN	F21/22 L	-400/-350	(García Cano 1982; pieza 447)
Plato BN	F21/22 L	-400/-350	(García Cano 1982; pieza 455)
Pátera BN	F24 L	-400/-350	(García Cano 1982; pieza 460)

(Continued)

Tabla AI.2. (*Continued*)

Producción	Tipo	Cronología	Referencia
Pátera BN	F24 L	-400/-350	(García Cano 1982; pieza 461)
Pátera BN	F21/25 L	-400/-350	(García Cano 1982; pieza 463)
Pátera BN	F21/25 L	-400/-350	(García Cano 1982; pieza 465)
Pátera BN	F21/25 L	-400/-350	(García Cano 1982; pieza 466)
Pyxide BN	F3 L	-400/-350	(García Cano 1982; pieza 468)
Crátera FR	Crátera de campana	-400/-350	(García Cano 1982; pieza 402)
Crátera FR	Crátera de campana	-400/-350	(García Cano 1982; pieza 403)
Crátera FR	Crátera de campana	-400/-350	(García Cano 1982; pieza 404)
Crátera FR	Crátera de campana	-400/-350	(García Cano 1982; pieza 405)
Crátera FR	Crátera de campana	-400/-350	(García Cano 1982; pieza 406)
Crátera FR	Crátera de campana	-400/-350	(García Cano 1982; pieza 407)
Crátera FR	Crátera de campana	-400/-350	(García Cano 1982; pieza 408)
Kylix FR	*Kylix*	-400/-350	(García Cano 1982; pieza 409)
Kylix BN	F42A L	-400/-350	(García Cano 1982; pieza 413)
Kylix BN	F42A L	-400/-350	(García Cano 1982; pieza 414)
Plato BN	F21 L	-400/-350	(García Cano 1982; pieza 420)
Plato BN	F21 L	-400/-300	(García Cano 1982; pieza 432)
Plato BN	F21 L	-400/-300	(García Cano 1982; pieza 433)
Plato BN	F21 L	-400/-300	(García Cano 1982; pieza 434)
Plato BN	F21 L	-400/-300	(García Cano 1982; pieza 435)
Plato BN	F21 L	-400/-300	(García Cano 1982; pieza 436)
Plato BN	F22 L	-400/-300	(García Cano 1982; pieza 443)
Plato BN	F22 L	-400/-300	(García Cano 1982; pieza 443)
Plato BN	F21/22 L	-400/-300	(García Cano 1982; pieza 449)
Plato BN	F21/22 L	-400/-300	(García Cano 1982; pieza 450)
Plato BN	F21/22 L	-400/-300	(García Cano 1982; pieza 451)
Plato BN	F21/22 L	-400/-300	(García Cano 1982; pieza 452)
Plato BN	F21/22 L	-400/-300	(García Cano 1982; pieza 453)
Plato BN	F21/22 L	-400/-300	(García Cano 1982; pieza 456)
Plato BN	F21/22 L	-400/-300	(García Cano 1982; pieza 457)
Plato BN	F21/22 L	-400/-300	(García Cano 1982; pieza 458)
Plato BN	F21/22 L	-400/-300	(García Cano 1982; pieza 459)
Pátera BN	F21/25 L	-400/-300	(García Cano 1982; pieza 467)
Plato BN	F21/22 L	-375/-350	(García Cano 1982; pieza 448)
Pátera BN	F21/25 L	-375/-350	(García Cano 1982; pieza 464)
Skyphos BN	*Skyphos*	-375/-350	(García Cano 1982; pieza 418)
Plato BN	F21 L	-350/-300	(García Cano 1982; pieza 424)
Plato BN	F21 L	-350/-300	(García Cano 1982; pieza 425)
Plato BN	F21 L	-350/-300	(García Cano 1982; pieza 426)
Plato BN	F21 L	-350/-300	(García Cano 1982; pieza 427)
Plato BN	F21 L	-350/-300	(García Cano 1982; pieza 428)
Plato BN	F21 L	-350/-300	(García Cano 1982; pieza 429)
Plato BN	F21 L	-350/-300	(García Cano 1982; pieza 430)
Plato BN	F21 L	-350/-300	(García Cano 1982; pieza 431)
Plato BN	F21/22 L	-350/-300	(García Cano 1982; pieza 454)
Pátera BN	F24 L	-350/-300	(García Cano 1982; pieza 462)
Skyphos BN	*Skyphos*	-350/-300	(García Cano 1982; pieza 419)
Frag ProtoCamp	Indeterminado	-250/-200	(García Cano 1982; pieza 486)

Producción	Tipo	Cronología	Referencia
Necrópolis de la Senda de Coimbra Barranco Ancho			
Kantharos BN	F40E L	-400/-375	(García Cano 1993: nº cat S-588)
Plato BN	F22 L	-400/-350	(García Cano 1993: nº cat S-611)
Plato BN	F22 L	-400/-300	(García Cano 1993: nº cat S-174)
Plato BN	Plato	-400/-300	(García Cano 1993: nº cat S-275)
Plato BN	F22 L	-400/-300	(García Cano 1993: nº cat S-275bis)
Kylix FR	*Kylix*	-375/-350	(García Cano 1993: nº cat S-11)
Plato BN	Plato	-375/-350	(García Cano 1993: nº cat S-16)
Plato BN	F21 L	-375/-350	(García Cano 1993: nº cat S-19)
Plato BN	F22 L	-375/-350	(García Cano 1993: nº cat S-18)
Pátera BN	F21/25B-II Cuadrado	-375/-350	(García Cano 1993: nº cat S-12)
Skyphos FR	*Skyphos*	-375/-350	(García Cano 1993: nº cat S-483)
Kantharos BN	F40E-I Cuadrado	-375/-350	(García Cano 1993: nº cat S-484)
Plato BN	F21 L	-375/-350	(García Cano 1993: nº cat S-488)
Plato BN	F21 L	-375/-350	(García Cano 1993: nº cat S-485)
Plato BN	Plato	-375/-350	(García Cano 1993: nº cat S-492)
Plato BN	Plato	-375/-350	(García Cano 1993: nº cat S-489)
Plato BN	F22 L	-375/-350	(García Cano 1993: nº cat S-494)
Kylix FR	*Kylix*	-375/-350	(García Cano 1993: nº cat S-332)
Skyphos FR	*Skyphos*	-375/-350	(García Cano 1993: nº cat S-330)
Skyphos FR	*Skyphos*	-375/-350	(García Cano 1993: nº cat S-331)
Plato BN	F22 L	-375/-350	(García Cano 1993: nº cat S-333)
Plato BN	Plato	-375/-350	(García Cano 1993: nº cat S-334)
Plato BN	F22 L	-375/-350	(García Cano 1993: nº cat S-335)
Skyphos FR	*Skyphos*	-375/-350	(García Cano 1993: nº cat S-366)
Plato BN	F21 L	-375/-350	(García Cano 1993: nº cat S-367)
Pátera BN	F24A-I L	-375/-350	(García Cano 1993: nº cat S-368)
Lekythos FR	*Lekythos* aribalístico	-375/-350	(García Cano 1993: nº cat S-377)
Bolsal BN	F42Ba L	-375/-350	(García Cano 1993: nº cat S-378)
Bolsal BN	F42Ba L	-375/-350	(García Cano 1993: nº cat S-380)
Pátera BN	F24 L	-375/-350	(García Cano 1993: nº cat S-379)
Bolsal BN	F42Ba L	-375/-350	(García Cano 1993: nº cat S-46)
Plato BN	F21 L	-375/-350	(García Cano 1993: nº cat S-540)
Plato BN	F21 L	-375/-350	(García Cano 1993: nº cat S-541)
Bolsal BN	F42Ba L	-375/-350	(García Cano 1993: nº cat S-46)
Bolsal BN	F42Ba L	-375/-350	(García Cano 1993: nº cat S-42)
Plato BN	F21 L	-375/-350	(García Cano 1993: nº cat S-41)
Bolsal BN	F42Ba L	-375/-350	(García Cano 1993: nº cat S-579)
Plato BN	F22 L	-375/-350	(García Cano 1993: nº cat S-578)
Pátera BN	F21/25B-II Cuadrado	-375/-350	(García Cano 1993: nº cat S-394)
Pátera BN	F21/25B-II Cuadrado	-375/-350	(García Cano 1993: nº cat S-395)
Plato BN	F21 L	-375/-350	(García Cano 1993: nº cat S-631)
Plato BN	F22 L	-375/-350	(García Cano 1993: nº cat S-281)
Plato BN	F21 L	-375/-350	(García Cano 1993: nº cat S-280)
Plato BN	F21 L	-375/-350	(García Cano 1993: nº cat S-560)
Plato BN	F21 L	-375/-350	(García Cano 1993: nº cat S-29)
Kantharos BN	F40E-I Cuadrado	-375/-350	(García Cano 1993: nº cat S-49)
Pátera BN	F21/25 L	-375/-350	(García Cano 1993: nº cat S-601)

(Continued)

Tabla AI.2. (*Continued*)

Producción	Tipo	Cronología	Referencia
Kantharos BN	F40E-II Cuadrado	-375/-350	(García Cano 1993: n° cat S-623)
Pátera BN	F21/25 L	-375/-350	(García Cano 1993: n° cat S-619)
Plato BN	F21/26 L	-375/-325	(García Cano 1993: n° cat S-54)
Plato BN	F21 L	-375/-300	(García Cano 1993: n° cat S-17)
Plato BN	F22 L	-350/-340	(García Cano 1993: n° cat S-354)
Bolsal BN	F42Ba L	-350/-340	(García Cano 1993: n° cat S-363)
Kantharos BN	F40E-II Cuadrado	-350/-325	(García Cano 1993: n° cat S-514)
Plato BN	Plato	-350/-325	(García Cano 1993: n° cat S-515)
Plato BN	F21 L	-350/-325	(García Cano 1993: n° cat S-516)
Plato BN	F21 L	-350/-325	(García Cano 1993: n° cat S-517)
Necrópolis del Barranco de Coimbra Barranco Ancho			
Bolsal BN	F42B L	-400/-375	(García Cano 1982; pieza 570)
Bolsal BN	F42B L	-400/-375	(García Cano 1982; pieza 571)
Pátera BN	F21 L	-400/-300	(García Cano 1982; pieza 573)
Plato BN	Plato	-400/-300	(García Cano 1982; pieza 575)
Kantharos BN	F40E-I Cuadrado	-375/-350	(García Cano 1982; pieza 572)
Necrópolis del Poblado de Coimbra Barranco Ancho			
Pelike FR	*Pelike*	-400/-350	(García Cano y Gil González 2009: n° cat NB-8024)
Plato BN	F22 L	-400/-300	(García Cano et al. 2008: n° inv 5540)
Lekanis FR	Tapadera de *Lekanis*	-390/-360	(García Cano et al. 2008: n° inv 7292)
Bolsal BN	F42Ba L	-390/-360	(García Cano et al. 2008: n° inv 7293)
Kantharos BN	F40E L	-390/-360	(García Cano et al. 2008: n° inv 7294)
Plato BN	F21 L	-390/-360	(García Cano et al. 2008: n° inv 7295)
Plato BN	F21 L	-375/-350	(García Cano et al. 2008: n° inv 2040)
Plato BN	F21 L	-375/-350	(García Cano et al. 2008: n° inv 2041)
Plato BN	F21 L	-375/-350	(García Cano et al. 2008: n° inv 2607)
Plato BN	F21 L	-375/-350	(García Cano et al. 2008: n° inv 6131)
Kantharos BN	F40E-I Cuadrado	-375/-350	(García Cano et al. 2008: n° inv 6136)
Kantharos BN	F40E-I Cuadrado	-375/-350	(García Cano et al. 2008: n° inv 6613)
Kantharos BN	F40E-I Cuadrado	-375/-350	(García Cano et al. 2008: n° inv 6614)
Plato BN	Plato	-375/-350	(García Cano et al. 2008: n° inv 6615)
Plato BN	F21 L	-375/-350	(García Cano et al. 2008: n° inv 6615bis)
Plato BN	F22 L	-375/-350	(García Cano et al. 2008: n° inv 6616)
Plato BN	F22 L	-375/-350	(García Cano et al. 2008: n° inv 6617)
Plato BN	F22 L	-375/-350	(García Cano et al. 2008: n° inv 6618)
Plato BN	Plato	-375/-350	(García Cano et al. 2008: n° inv 6619)
Plato BN	F21 L	-375/-350	(García Cano et al. 2008: n° inv 6326)
Kantharos BN	F40E-I Cuadrado	-375/-350	(García Cano et al. 2008: n° inv 6853)
Plato BN	Plato	-375/-350	(García Cano et al. 2008: n° inv 6855)
Plato BN	F21 L	-375/-350	(García Cano et al. 2008: n° inv 6856)
Plato BN	F21 L	-375/-350	(García Cano et al. 2008: n° inv 6857)
Plato BN	F21 L	-375/-350	(García Cano et al. 2008: n° inv 7432)
Plato BN	F21 L	-375/-350	(García Cano et al. 2008: n° inv 6926)
Pátera BN	F24A-II L	-375/-350	(García Cano et al. 2008: n° inv 6927)
Plato BN	Plato	-375/-350	(García Cano et al. 2008: n° inv 6928)
Plato BN	F21 L	-375/-350	(García Cano et al. 2008: n° inv 6876.1)
Plato BN	F21 L	-375/-350	(García Cano et al. 2008: n° inv 6929.1)

Producción	Tipo	Cronología	Referencia
Bolsal BN	F42Ba L	-375/-350	(García Cano et al. 2008: n° inv 7488)
Kantharos BN	F40D L	-375/-350	(García Cano et al. 2008: n° inv 7489)
Plato BN	F21 L	-375/-350	(García Cano et al. 2008: n° inv 7490)
Plato BN	F21 L	-375/-350	(García Cano et al. 2008: n° inv 7492)
Plato BN	F28 L	-375/-350	(García Cano et al. 2008: n° inv 7491)
Plato BN	F21 L	-375/-350	(García Cano et al. 2008: n° inv 7598)
Bolsal BN	F42Ba L	-375/-350	(García Cano et al. 2008: n° inv 7599)
Bolsal BN	F42Ba L	-375/-340	(García Cano et al. 2008: n° inv 6261)
Plato BN	F23 L	-375/-340	(García Cano et al. 2008: n° inv 6262)
Plato BN	F21 L	-375/-340	(García Cano et al. 2008: n° inv 6302)
Plato BN	F21 L	-375/-325	(García Cano et al. 2008: n° inv 7463)
Plato BN	F21 L	-375/-325	(García Cano et al. 2008: n° inv 7464)
Plato BN	F22 L	-360/-360	(García Cano et al. 2008: n° inv 7578)
Plato BN	F21 L	-360/-340	(García Cano et al. 2008: n° inv 6899.1)
Plato BN	F21 L	-360/-340	(García Cano et al. 2008: n° inv 6900.1)
Kantharos BN	F40D-I Cuadrado	-350/-325	(García Cano et al. 2008: n° inv 4111)
Plato BN	F21 L	-350/-325	(García Cano et al. 2008: n° inv 4112)
Kantharos BN	F40E-I Cuadrado	-350/-325	(García Cano et al. 2008: n° inv 5747)
Kantharos BN	F40E-I Cuadrado	-350/-325	(García Cano et al. 2008: n° inv 5748)
Kantharos BN	F40E-I Cuadrado	-350/-325	(García Cano et al. 2008: n° inv 5749)
Kantharos BN	F40E-I Cuadrado	-350/-325	(García Cano et al. 2008: n° inv 6060)
Plato BN	F21 L	-350/-320	(García Cano et al. 2008: n° inv 1114)
Plato BN	F21 L	-350/-320	(García Cano et al. 2008: n° inv 3770)
Plato BN	F21 L	-350/-300	(García Cano et al. 2008: n° inv 2729)
Plato BN	Plato	-350/-300	(García Cano et al. 2008: n° inv 3401)
Kantharos BN	F40	-350/-300	(García Cano et al. 2008: n° inv 6638)
Plato BN	F21 L	-350/-300	(García Cano et al. 2008: n° inv 7239)
Plato BN	Plato	-350/-300	(García Cano et al. 2008: n° inv 7787)
Cuenco PEst	F27 L	-300/-250	(García Cano et al. 2008: n° inv 1200)
Cuenco CampA	F27B L	-225/-175	(García Cano et al. 2008: n° inv 1843/1844)
Cuenco CampA	F27 L?	-225/-175	(García Cano et al. 2008: n° inv 2463)
Cuenco CampA	F27 L	-225/-175	(García Cano et al. 2008: n° inv 2762)
Cuenco CampA	F27 L	-225/-175	(García Cano et al. 2008: n° inv 5541)
Plato CampA	Plato	-200/-190	(García Cano et al. 2008: n° inv 1988)
Cuenco CampA	F27B L	-200/-175	(García Cano et al. 2008: n° inv 3499)
Plato CampA	Plato	-200/-175	(García Cano et al. 2008: n° inv 3324)
Necrópolis del Pasico de San Pascual			
Kylix-Skyphos BN	*Kylix-Skyphos*	-410/-390	(Ramos Martínez 2007)
Necrópolis de El Cigarralejo			
Plato BN	F21 L	-410/-390	(García Cano 1982: pieza 262)
Kylix FR	*Kylix*	-410/-390	(García Cano 1982: pieza 196)
Plato BN	F21 L	-410/-390	(García Cano 1982: pieza 256)
Plato BN	F22 L	-410/-375	(García Cano 1982: pieza 314)
Plato BN	F22 L	-410/-375	(García Cano 1982: pieza 315)
Pátera BN	F24A-I Cuadrado	-410/-375	(García Cano 1982: pieza 347)
Pátera BN	F24A-I Cuadrado	-410/-375	(García Cano 1982: pieza 348)
Plato BN	F21 L	-400/-375	(García Cano 1982: pieza 257)
Plato BN	F21 L	-400/-375	(García Cano 1982: pieza 258)

(*Continued*)

Tabla AI.2. (*Continued*)

Producción	Tipo	Cronología	Referencia
Plato BN	F21 L	-400/-375	(García Cano 1982: pieza 259)
Plato BN	F21 L	-400/-375	(García Cano 1982: pieza 260)
Plato BN	F21 L	-400/-375	(García Cano 1982: pieza 261)
Plato BN	F21 L	-400/-375	(García Cano 1982: pieza 263)
Plato BN	F21 L	-400/-375	(García Cano 1982: pieza 265)
Plato BN	F21 L	-400/-375	(García Cano 1982: pieza 266)
Plato BN	F21 L	-400/-375	(García Cano 1982: pieza 267)
Plato BN	F21 L	-400/-375	(García Cano 1982: pieza 268)
Plato BN	F21 L	-400/-375	(García Cano 1982: pieza 269)
Plato BN	F21 L	-400/-375	(García Cano 1982: pieza 270)
Cuenco BN	F26 L	-400/-375	(García Cano 1982: pieza 313)
Plato BN	F22 L	-400/-375	(García Cano 1982: pieza 316)
Plato BN	F22 L	-400/-375	(García Cano 1982: pieza 317)
Plato BN	F22 L	-400/-375	(García Cano 1982: pieza 319)
Plato BN	F22 L	-400/-375	(García Cano 1982: pieza 320)
Plato BN	F22 L	-400/-375	(García Cano 1982: pieza 321)
Plato BN	F23 L	-400/-375	(García Cano 1982: pieza 343)
Plato BN	F23 L	-400/-375	(García Cano 1982: pieza 344)
Pátera BN	F24 L	-400/-375	(García Cano 1982: pieza 349)
Pátera BN	F24A-II Cuadrado	-400/-375	(García Cano 1982: pieza 357)
Pátera BN	F24A-II Cuadrado	-400/-375	(García Cano 1982: pieza 358)
Pátera BN	F21/25B-I Cuadrado	-400/-375	(García Cano 1982: pieza 363)
Pátera BN	F21/25B-II Cuadrado	-400/-375	(García Cano 1982: pieza 365)
Lagynos BN	F70 Cuadrado	-400/-375	(García Cano 1982: pieza 369)
Kylix FR	*Kylix*	-400/-375	(García Cano 1982: pieza 197)
Kylix FR	*Kylix*	-400/-375	(García Cano 1982: pieza 198)
Kylix FR	*Kylix*	-400/-375	(García Cano 1982: pieza 199)
Kylix FR	*Kylix*	-400/-375	(García Cano 1982: pieza 200)
Kylix FR	*Kylix*	-400/-375	(García Cano 1982: pieza 201)
Kylix FR	*Kylix*	-400/-375	(García Cano 1982: pieza 202)
Kylix FR	F42A-II Cuadrado	-400/-375	(García Cano 1982: pieza 203)
Kylix FR	*Kylix*	-400/-375	(García Cano 1982: pieza 204)
Skyphos FR	*Skyphos*	-400/-375	(García Cano 1982: pieza 207)
Kylix BN	F42A-II Cuadrado	-400/-375	(García Cano 1982: pieza 208)
Bolsal BN	F42B L	-400/-375	(García Cano 1982: pieza 209)
Bolsal BN	F42B L	-400/-375	(García Cano 1982: pieza 210)
Bolsal BN	F42B L	-400/-375	(García Cano 1982: pieza 211)
Bolsal BN	F42B L	-400/-375	(García Cano 1982: pieza 212)
Bolsal BN	F42B L	-400/-375	(García Cano 1982: pieza 213)
Bolsal BN	F42B L	-400/-375	(García Cano 1982: pieza 214)
Bolsal BN	F42B L	-400/-375	(García Cano 1982: pieza 215)
Bolsal BN	F42B L	-400/-375	(García Cano 1982: pieza 216)
Bolsal BN	F42B L	-400/-375	(García Cano 1982: pieza 217)
Bolsal BN	F42B L	-400/-375	(García Cano 1982: pieza 218)
Bolsal BN	F42B L	-400/-375	(García Cano 1982: pieza 219)
Bolsal BN	F42B L	-400/-375	(García Cano 1982: pieza 220)
Bolsal BN	F42B	-400/-375	(García Cano 1982: pieza 221)
Skyphos BN	*Skyphos*	-400/-375	(García Cano 1982: pieza 233)

Producción	Tipo	Cronología	Referencia
Kantharos BN	F40E-I Cuadrado	-400/-375	(García Cano 1982: pieza 238)
Plato BN	F21 L	-400/-375	(García Cano 1982: pieza 255)
Plato BN	F23 L	-400/-350	(García Cano 1982: pieza 345)
Pátera BN	F24A-I Cuadrado	-400/-350	(García Cano 1982: pieza 352)
Pátera BN	F24A-II Cuadrado	-400/-350	(García Cano 1982: pieza 359)
Kantharos BN	F40 L	-400/-350	(García Cano 1982: pieza 253)
Plato BN	F22 L	-385/-375	(García Cano 1982: pieza 318)
Plato BN	F22 L	-385/-375	(García Cano 1982: pieza 323)
Kantharos BN	F40E-I Cuadrado	-385/-375	(García Cano 1982: pieza 237)
Plato BN	F21 L	-380/-375	(García Cano 1982: pieza 273)
Plato BN	F21 L	-380/-370	(García Cano 1982: pieza 271)
Plato BN	F21 L	-380/-370	(García Cano 1982: pieza 274)
Plato BN	F22 L	-380/-370	(García Cano 1982: pieza 322)
Pátera BN	F24A-I Cuadrado	-380/-370	(García Cano 1982: pieza 350)
Pátera BN	F24A-I Cuadrado	-380/-370	(García Cano 1982: pieza 351)
Pátera BN	F21/25B-I Cuadrado	-380/-370	(García Cano 1982: pieza 364)
Plato BN	F22 L	-375/-365	(García Cano 1982: pieza 324)
Crátera FR	Crátera de campana	-375/-365	(García Cano 1982: pieza 195)
Bolsal BN	F42B L	-375/-360	(García Cano 1982: pieza 222)
Plato BN	F21 L	-375/-350	(García Cano 1982: pieza 275)
Plato BN	F21 L	-375/-350	(García Cano 1982: pieza 276)
Plato BN	F21 L	-375/-350	(García Cano 1982: pieza 277)
Plato BN	F21 L	-375/-350	(García Cano 1982: pieza 278)
Plato BN	F21 L	-375/-350	(García Cano 1982: pieza 279)
Plato BN	F21 L	-375/-350	(García Cano 1982: pieza 280)
Plato BN	F21 L	-375/-350	(García Cano 1982: pieza 281)
Plato BN	F21 L	-375/-350	(García Cano 1982: pieza 282)
Plato BN	F21 L	-375/-350	(García Cano 1982: pieza 283)
Plato BN	F21 L	-375/-350	(García Cano 1982: pieza 284)
Plato BN	F21 L	-375/-350	(García Cano 1982: pieza 285)
Plato BN	F21 L	-375/-350	(García Cano 1982: pieza 286)
Plato BN	F21 L	-375/-350	(García Cano 1982: pieza 288)
Plato BN	F21 L	-375/-350	(García Cano 1982: pieza 289)
Plato BN	F21 L	-375/-350	(García Cano 1982: pieza 290)
Plato BN	F21 L	-375/-350	(García Cano 1982: pieza 291)
Plato BN	F21 L	-375/-350	(García Cano 1982: pieza 292)
Plato BN	F21 L	-375/-350	(García Cano 1982: pieza 293)
Plato BN	F21 L	-375/-350	(García Cano 1982: pieza 294)
Plato BN	F21 L	-375/-350	(García Cano 1982: pieza 295)
Plato BN	F21 L	-375/-350	(García Cano 1982: pieza 296)
Plato BN	F21 L	-375/-350	(García Cano 1982: pieza 297)
Plato BN	F21 L	-375/-350	(García Cano 1982: pieza 298)
Plato BN	F21 L	-375/-350	(García Cano 1982: pieza 299)
Plato BN	F21 L	-375/-350	(García Cano 1982: pieza 300)
Plato BN	F21 L	-375/-350	(García Cano 1982: pieza 301)
Plato BN	F22 L	-375/-350	(García Cano 1982: pieza 325)
Plato BN	F22 L	-375/-350	(García Cano 1982: pieza 326)
Plato BN	F22 L	-375/-350	(García Cano 1982: pieza 328)

(*Continued*)

Tabla AI.2. (*Continued*)

Producción	Tipo	Cronología	Referencia
Plato BN	F22 L	-375/-350	(García Cano 1982: pieza 329)
Plato BN	F22 L	-375/-350	(García Cano 1982: pieza 330)
Plato BN	F22 L	-375/-350	(García Cano 1982: pieza 331)
Plato BN	F22 L	-375/-350	(García Cano 1982: pieza 332)
Plato BN	F22 L	-375/-350	(García Cano 1982: pieza 333)
Plato BN	F28 L	-375/-350	(García Cano 1982: pieza 334)
Plato BN	F28 L	-375/-350	(García Cano 1982: pieza 335)
Plato BN	F28 L	-375/-350	(García Cano 1982: pieza 336)
Plato BN	F28 L	-375/-350	(García Cano 1982: pieza 337)
Plato BN	F28 L	-375/-350	(García Cano 1982: pieza 338)
Plato BN	F28 L	-375/-350	(García Cano 1982: pieza 339)
Plato BN	F28 L	-375/-350	(García Cano 1982: pieza 340)
Plato BN	F28 L	-375/-350	(García Cano 1982: pieza 341)
Plato BN	F23 L	-375/-350	(García Cano 1982: pieza 346)
Pátera BN	F24 L	-375/-350	(García Cano 1982: pieza 353)
Pátera BN	F24A-I Cuadrado	-375/-350	(García Cano 1982: pieza 354)
Pátera BN	F24A-I Cuadrado	-375/-350	(García Cano 1982: pieza 355)
Pátera BN	F24A-I Cuadrado	-375/-350	(García Cano 1982: pieza 356)
Pátera BN	F24 L	-375/-350	(García Cano 1982: pieza 362)
Pátera BN	F21/25 L	-375/-350	(García Cano 1982: pieza 367)
Kylix FR	*Kylix*	-375/-350	(García Cano 1982: pieza 205)
Kylix FR	*Kylix*	-375/-350	(García Cano 1982: pieza 206)
Bolsal BN	F42B L	-375/-350	(García Cano 1982: pieza 224)
Bolsal BN	F42B L	-375/-350	(García Cano 1982: pieza 223)
Bolsal BN	F42B L	-375/-350	(García Cano 1982: pieza 225)
Bolsal BN	F42B L	-375/-350	(García Cano 1982: pieza 226)
Bolsal BN	F42B L	-375/-350	(García Cano 1982: pieza 227)
Bolsal BN	F42B L	-375/-350	(García Cano 1982: pieza 228)
Bolsal BN	F42B L	-375/-350	(García Cano 1982: pieza 229)
Bolsal BN	F42B L	-375/-350	(García Cano 1982: pieza 230)
Kantharos BN	F40E-I Cuadrado	-375/-350	(García Cano 1982: pieza 240)
Kantharos BN	F40E-I Cuadrado	-375/-350	(García Cano 1982: pieza 242)
Kantharos BN	F40E-I Cuadrado	-375/-350	(García Cano 1982: pieza 243)
Kantharos BN	F40E-I Cuadrado	-375/-350	(García Cano 1982: pieza 244)
Kantharos BN	F40E-I Cuadrado	-375/-350	(García Cano 1982: pieza 245)
Kantharos BN	F40E-II Cuadrado	-375/-350	(García Cano 1982: pieza 251)
Kantharos BN	F40E-II Cuadrado	-375/-350	(García Cano 1982: pieza 252)
Kantharos BN	F40E-I Cuadrado	-375/-340	(García Cano 1982: pieza 246)
Kantharos BN	F40E-I Cuadrado	-375/-325	(García Cano 1982: pieza 239)
Kantharos BN	F40G Cuadrado	-375/-325	(García Cano 1982: pieza 254)
Kantharos BN	F40E-I Cuadrado	-375/-300	(García Cano 1982: pieza 241)
Plato BN	F21 L	-370/-380	(García Cano 1982: pieza 272)
Plato BN	F21 L	-360/-350	(García Cano 1982: pieza 302)
Plato BN	F21 L	-360/-350	(García Cano 1982: pieza 303)
Kantharos BN	F40E-I Cuadrado	-360/-350	(García Cano 1982: pieza 247)
Kantharos BN	F40E-I Cuadrado	-360/-340	(Cuadrado Díaz 1987:nº inv 2122)
Bolsal BN	F42B L	-360/-340	(García Cano 1982: pieza 231)
Plato BN	F21 L	-350/-375	(García Cano 1982: pieza 307)

Producción	Tipo	Cronología	Referencia
Plato BN	F21 L	-350/-375	(García Cano 1982: pieza 309)
Plato BN	F21 L	-350/-325	(García Cano 1982: pieza 304)
Plato BN	F21 L	-350/-325	(García Cano 1982: pieza 305)
Plato BN	F21 L	-350/-325	(García Cano 1982: pieza 306)
Plato BN	Plato	-350/-325	(García Cano 1982: pieza 308)
Pátera BN	F24A-II Cuadrado	-350/-325	(García Cano 1982: pieza 360)
Pátera BN	F21/25B-II Cuadrado	-350/-325	(García Cano 1982: pieza 366)
Bolsal BN	F42B L	-350/-325	(García Cano 1982: pieza 232)
Kantharos BN	F40E-I Cuadrado	-350/-325	(García Cano 1982: pieza 248)
Kantharos BN	F40E-I Cuadrado	-350/-325	(García Cano 1982: pieza 249)
Kantharos BN	F40E-I	-350/-325	(García Cano 1982: pieza 250)
Kantharos BN	F40D-I Cuadrado	-335/-325	(García Cano 1982: pieza 234)
Kantharos BN	F40D-II Cuadrado	-335/-325	(García Cano 1982: pieza 236)
Plato BN	F21 L	-325/-300	(García Cano 1982: pieza 310)
Plato BN	F21 L	-325/-300	(García Cano 1982: pieza 311)
Plato BN	F21 L	-325/-300	(García Cano 1982: pieza 312)
Plato BN	F28 L	-325/-300	(García Cano 1982: pieza 342)
Pátera BN	F24A-II Cuadrado	-325/-300	(García Cano 1982: pieza 361)
Pátera BN	F24A-II Cuadrado	-325/-300	(Cuadrado Díaz 1987: nº inv 3032)
Kantharos BN	F40D-I Cuadrado	-325/-300	(García Cano 1982: pieza 235)
Cuenco PEst	F27 L?	-300/-250	(Cuadrado Díaz 1978b: nº inv 3878)
Cuenco PEst	F27B L	-300/-250	(Cuadrado Díaz 1978b: nº inv 1134bis)
Cuenco PEst	Cuenco	-300/-250	(Cuadrado Díaz 1978b: nº inv 4409)
Plato CampA	F23 L	-220/-180	(Cuadrado Díaz 1978a: nº inv 4412)
Cuenco CampA	F27a L	-210/-200	(Cuadrado Díaz 1978a: nº inv 3856)
C/ Cura Hurtado Lorente - C/ Eras			
Kylix BN	F42A L	-425/-400	(García Cano, 1982: pieza 2)
Oinochoe FR	Tipo II de Beazley, con boca trilobulada	-410/-390	(García Cano, 1982: pieza 1)
Kylix BN	F42A L	-400/-375	(García Cano, 1982: pieza 3)
Kylix-Skyphos BN	*Kylix-Skyphos*	-400/-375	(García Cano, 1982: pieza 4)
Kantharos BN	F40 L	-375/-350	(García Cano, 1982: pieza 5)
Kantharos BN	F40E L	-375/-350	(García Cano, 1982: pieza 2)
Cabezo de la Rueda			
Kylix FR	*Kylix*	-410/-390	(García Cano, 1982: pieza 91)
Kylix BN	F42A L	-400/-375	(García Cano, 1982: pieza 92)
Plato BN	F23 L	-400/-350	(García Cano, 1982: pieza 93)
Poblado Ibérico de Santa Catalina del Monte			
Kantharos BN	F40 L	-375/-350	(García Cano, 1982: pieza 597)
Necrópolis del Cabecico del Tesoro			
Skyphos BN	F43 L	-410/-390	(García Cano 1982: pieza 33)
Aryballo BN	*Aryballo*	-410/-390	(García Cano 1982: pieza 44)
Crátera FR	Crátera de campana	-400/-390	(García Cano 1982: pieza 20)
Kylix BN	F42A L	-400/-375	(García Cano 1982: pieza 29)
Kylix BN	F42A L *Inset lip*	-400/-375	(García Cano 1982: pieza 30)
Kylix BN	F42A L *Inset lip*	-400/-375	(García Cano 1982: pieza 31)
Bolsal BN	F42B L	-400/-375	(García Cano 1982: pieza 32)
Plato BN	F21 L	-400/-375	(García Cano 1982: pieza 47)

(Continued)

Tabla AI.2. (*Continued*)

Producción	Tipo	Cronología	Referencia
Plato BN	F23 L	-400/-375	(García Cano 1982: pieza 57)
Kylix FR	B-1 Rouillard	-400/-360	(García Cano 1982: pieza 26)
Crátera FR	Crátera de campana	-400/-350	(García Cano 1982: pieza 21)
Crátera FR	Crátera de campana	-400/-350	(García Cano 1982: pieza 22)
Crátera FR	Crátera de campana	-400/-350	(García Cano 1982: pieza 23)
Crátera FR	Crátera de campana	-400/-350	(García Cano 1982: pieza 24)
Crátera FR	Crátera de campana	-400/-350	(García Cano 1982: pieza 25)
Skyphos FR	*Skyphos*	-400/-350	(García Cano 1982: pieza 28)
Kylix FR	B-1 Rouillard	-380/-370	(García Cano 1982: pieza 27)
Kantharos BN	F40E-I Cuadrado	-380/-370	(García Cano 1982: pieza 37)
Plato BN	F21 L	-380/-360	(García Cano 1982: pieza 50)
Kantharos BN	F40 L	-375/-350	(Iniesta Sanmartín et al. 1985: pieza 2)
Kantharos BN	F40E-I Cuadrado	-375/-350	(García Cano 1982: pieza 34)
Kantharos BN	F40E-II Cuadrado	-375/-350	(García Cano 1982: pieza 35)
Kantharos BN	F40 L	-375/-350	(García Cano 1982: pieza 36)
Kantharos BN	F40 L	-375/-350	(García Cano 1982: pieza 38)
Kantharos BN	F40 L	-375/-350	(García Cano 1982: pieza 40)
Plato BN	F21 L	-375/-350	(García Cano 1982: pieza 48)
Plato BN	F21 L	-375/-350	(García Cano 1982: pieza 49)
Plato BN	F21 L	-375/-350	(García Cano 1982: pieza 51)
Plato BN	F22 L	-375/-350	(García Cano 1982: pieza 54)
Plato BN	F22 L	-375/-350	(García Cano 1982: pieza 55)
Patera BN	F24 L	-375/-350	(García Cano 1982: pieza 58)
Patera BN	F24 L	-375/-350	(García Cano 1982: pieza 59)
Patera BN	F24 L	-375/-350	(García Cano 1982: pieza 60)
Patera BN	F24 L	-375/-350	(García Cano 1982: pieza 61)
Patera BN	F24 L	-375/-350	(García Cano 1982: pieza 62)
Pátera BN	F21/25A L	-375/-350	(García Cano 1982: pieza 63)
Pátera BN	F21/25BII Cuadrado	-375/-350	(García Cano 1982: pieza 64)
Kantharos BN	F40 L	-360/-340	(García Cano 1982: pieza 39)
Plato BN	F21 L	-360/-340	(García Cano 1982: pieza 52)
Cuenco BN	F26 L	-360/-340	(García Cano 1982: pieza 56)
Kantharos BN	F40D-I Cuadrado	-350/-325	(García Cano 1982: pieza 41)
Kantharos BN	F40E-I Cuadrado	-350/-325	(García Cano 1982: pieza 42)
Kantharos BN	F40 L	-350/-325	(García Cano 1982: pieza 43)
Plato BN	F21 L	-350/-325	(García Cano 1982: pieza 53)
Lucerna BN	Lucerna	-350/-300	(García Cano 1982: pieza 45)
Lucerna BN	Lucerna	-325/-290	(García Cano 1982: pieza 46)
Plato PAP	F1116a1 M	-300/-275	(García Cano et al. 1989: pieza 36)
Copa TTeano	F1766 M	-300/-250	(García Cano et al. 1989: pieza 6)
Cuenco TTeano	F27 L	-300/-250	(García Cano et al. 1989: pieza 3)
Cuenco PEst	F27 L	-300/-250	(García Cano et al. 1989: pieza 4)
Cuenco PEst	F27 L	-300/-250	(García Cano et al. 1989: pieza 5)
Pátera TOcc	F21/25B L	-300/-250	(García Cano et al. 1989: pieza 33)
Cuenco PEst	F27 L	-300/-250	(García Cano 1982: pieza 72)
Cuenco PEst	F27 L	-300/-250	(García Cano 1982: pieza 73)
Guttus TOcc	Guttus	-300/-200	(García Cano et al. 1989: pieza 30)
Cuenco CampA	F26 L	-300/-200	(García Cano 1982: pieza 82)

Producción	Tipo	Cronología	Referencia
Pátera 3PR	F26 L	-275/-250	(García Cano et al. 1989: pieza 13)
Cuenco PEst	F27 L	-275/-250	(García Cano et al. 1989: pieza 19)
Pátera 3PR	F26d L	-275/-250	(García Cano et al. 1989: pieza 16)
Cuenco 3PR	F27 L	-275/-250	(García Cano et al. 1989: pieza 20)
Plato 3PR	F23 L	-275/-250	(García Cano et al. 1989: pieza 21)
Plato 3PR	F23 L	-275/-250	(García Cano et al. 1989: pieza 24)
Plato 3PR	F36 L	-275/-250	(García Cano et al. 1989: pieza 25)
Patera 3PR	F26 L	-275/-250	(García Cano et al. 1989: pieza 12)
Patera 3PR	F26 L	-275/-250	(García Cano et al. 1989: pieza 14)
Patera PEst	F26 L	-275/-250	(García Cano et al. 1989: pieza 15)
Patera 3PR	F26 L	-275/-250	(García Cano et al. 1989: pieza 8)
Patera 3PR	F26 L	-275/-250	(García Cano et al. 1989: pieza 10)
Patera 3PR	F26 L	-275/-250	(García Cano et al. 1989: pieza 9)
Patera 3PR	F26 L	-275/-250	(García Cano et al. 1989: pieza 11)
Plato 3PR	F23 L	-275/-250	(García Cano et al. 1989: pieza 23)
Plato 3PR	F23 L	-275/-250	(García Cano et al. 1989: pieza 22)
Kantharos TOcc	F40C L	-275/-225	(García Cano et al. 1989: pieza 26)
Kantharos TOcc	F40C L	-275/-225	(García Cano et al. 1989: pieza 27)
Pátera 3PR	F26d L	-260/-230	(García Cano et al. 1989: pieza 17)
Pátera 3PR	F26d L	-260/-230	(García Cano et al. 1989: pieza 18)
Pátera TRTeano	F1153 M	-250/-225	(García Cano et al. 1989: pieza 7)
Vaso plástico PAP	Forma de pie izquierdo	-250/-225	(García Cano et al. 1989: pieza 37)
Vaso plástico PAP	Forma de pie izquierdo	-250/-225	(García Cano et al. 1989: pieza 38)
Guttus TOcc	*Guttus*	-250/-200	(García Cano et al. 1989: pieza 31)
Copa TOcc	F3135 M	-250/-200	(García Cano et al. 1989: pieza 32)
Vaso plástico PAP	Personaje sedente en un trono	-250/-200	(García Cano et al. 1989: pieza 39)
Vaso plástico PAP	Forma de caballo	-250/-200	(García Cano et al. 1989: pieza 40)
Guttus PAP	*Guttus*	-250/-200	(García Cano et al. 1989: pieza 43)
Guttus CampA	*Guttus*	-250/-200	(García Cano 1982: pieza 84)
Plato CampA	F23 L	-225/-200	(García Cano 1982: pieza 77)
Plato CampA	F23 L	-225/-200	(García Cano 1982: pieza 80)
Guttus CampA	*Guttus*	-225/-200	(García Cano 1982: pieza 85)
Guttus CampA	*Guttus*	-225/-200	(García Cano 1982: pieza 86)
Cuenco TOcc	F25 L	-225/-190	(García Cano et al. 1989: pieza 34)
Cuenco TOcc	F25 L	-225/-190	(García Cano et al. 1989: pieza 35)
Cuenco CampA	F33A L	-225/-175	(García Cano et al. 1989: pieza 71)
Plato CampA	F23 L	-220/-190	(García Cano et al. 1989: pieza 60)
Plato CampA	F23 L	-220/-190	(García Cano et al. 1989: pieza 64)
Plato CampA	F23 L	-220/-190	(García Cano et al. 1989: pieza 65)
Plato CampA	F23 L	-220/-190	(García Cano et al. 1989: pieza 66)
Plato CampA	F23 L	-220/-190	(García Cano et al. 1989: pieza 67)
Plato CampA	F23 L	-220/-190	(García Cano et al. 1989: pieza 68)
Plato CampA	F23 L	-220/-190	(García Cano et al. 1989: pieza 69)
Plato CampA	F23 L	-220/-190	(García Cano et al. 1989: pieza 70)
Plato CampA	F23 L	-220/-190	(García Cano et al. 1989: pieza 62)
Plato CampA	F23 L	-220/-190	(García Cano et al. 1989: pieza 63)
Plato CampA	F23 L	-220/-190	(García Cano et al. 1989: pieza 61)
Guttus CampA	*Guttus*	-220/-180	(García Cano et al. 1989: pieza 75)

(*Continued*)

Tabla AI.2. (*Continued*)

Producción	Tipo	Cronología	Referencia
Guttus CampA	*Guttus*	-220/-180	(García Cano et al. 1989: pieza 73)
Guttus CampA	*Guttus*	-220/-180	(García Cano et al. 1989: pieza 74)
Guttus CampA	*Guttus*	-220/-180	(García Cano et al. 1989: pieza 75)
Casco urbano de Monteagudo			
Plato BN	Plato	-400/-375	(García Cano, 1982: pieza 595)
Fragmento FR	Fragmento	-400/-350	(García Cano, 1982: pieza 594)
Plato 3PR	F26 L?	-300/-250	(García Cano, 1982: pieza 596)
Necrópolis del Castillejo de los Baños			
Kantharos StValentin	Grupo IV y VI de Howard y Johnson	-450/-400	(García Cano y Page del Pozo 2000)
Kantharos StValentin	Grupo IV y VI de Howard y Johnson	-450/-400	(García Cano y Page del Pozo 2000)
Kantharos StValentin	Grupo IV y VI de Howard y Johnson	-450/-400	(García Cano y Page del Pozo 2000)
Kantharos StValentin	Grupo IV y VI de Howard y Johnson	-450/-400	(García Cano y Page del Pozo 2000)
Kantharos StValentin	Grupo IV y VI de Howard y Johnson	-450/-400	(García Cano y Page del Pozo 2000)
Kylix BN	*Kylix* de pie bajo	-450/-400	(García Cano y Page del Pozo 2000)
Kylix BN	*Kylix* de pie bajo	-450/-400	(García Cano y Page del Pozo 2000)
Kylix BN	*Kylix* de pie bajo	-450/-400	(García Cano y Page del Pozo 2000)
Kylix BN	*Kylix* de pie bajo	-450/-400	(García Cano y Page del Pozo 2000)
Kylix BN	*Kylix* de pie bajo	-450/-400	(García Cano y Page del Pozo 2000)
Kylix BN	*Kylix* de pie bajo	-450/-400	(García Cano y Page del Pozo 2000)
Kylix BN	*Kylix* de pie bajo	-450/-400	(García Cano y Page del Pozo 2000)
Kylix BN	*Kylix* de pie bajo	-450/-400	(García Cano y Page del Pozo 2000)
Kylix BN	*Kylix* de pie bajo	-450/-400	(García Cano y Page del Pozo 2000)
Kylix BN	*Kylix* de pie bajo	-450/-400	(García Cano y Page del Pozo 2000)
Kylix BN	*Kylix* de pie bajo	-450/-400	(García Cano y Page del Pozo 2000)
Kylix BN	*Kylix* de pie bajo	-450/-400	(García Cano y Page del Pozo 2000)
Kylix BN	*Kylix* de pie bajo	-450/-400	(García Cano y Page del Pozo 2000)
Kylix BN	*Kylix* de pie bajo	-450/-400	(García Cano y Page del Pozo 2000)
Kylix BN	*Kylix* de pie bajo	-450/-400	(García Cano y Page del Pozo 2000)
Bolsal BN	F42B L	-450/-400	(García Cano y Page del Pozo 2001)
Skyphos BN	*Skyphos*	-450/-400	(García Cano y Page del Pozo 2000)
Oinochoe BN	*Oinochoe*	-450/-400	(García Cano y Page del Pozo 2000)
Oinochoe BN	*Oinochoe*	-450/-400	(García Cano y Page del Pozo 2000)
Plato BN	F22 L	-450/-400	(García Cano y Page del Pozo 2000)
Plato BN	F22 L	-450/-400	(García Cano y Page del Pozo 2000)
Kylix-Skyphos FN	*Kylix-Skyphos*	-450/-400	(García Cano y Page del Pozo 2000)
Skyphos FR	*Skyphos*	-425/-400	(García Cano y Page del Pozo 2001: n° cat T14/4)
Plato BN	F22 L	-425/-400	(García Cano y Page del Pozo 2001: n° cat 42/7)
Kylix FR	*Kylix*	-400/-350	(García Cano y Page del Pozo 2000)
Kylix FR	*Kylix*	-400/-350	(García Cano y Page del Pozo 2000)
Kylix FR	*Kylix*	-400/-350	(García Cano y Page del Pozo 2000)
Skyphos FR	*Skyphos*	-400/-350	(García Cano y Page del Pozo 2000)
Skyphos FR	*Skyphos*	-400/-350	(García Cano y Page del Pozo 2000)
Skyphos FR	*Skyphos*	-400/-350	(García Cano y Page del Pozo 2000)

Producción	Tipo	Cronología	Referencia
Skyphos FR	*Skyphos*	-400/-350	(García Cano y Page del Pozo 2000)
Skyphos FR	*Skyphos*	-400/-350	(García Cano y Page del Pozo 2000)
Skyphos FR	*Skyphos*	-400/-350	(García Cano y Page del Pozo 2000)
Kantharos BN	F40 L	-400/-350	(García Cano y Page del Pozo 2000)
Kylix BN	*Kylix* de pie bajo	-400/-350	(García Cano y Page del Pozo 2000)
Kylix BN	*Kylix* de pie bajo	-400/-350	(García Cano y Page del Pozo 2000)
Bolsal BN	F42B L	-400/-350	(García Cano y Page del Pozo 2001)
Skyphos BN	*Skyphos*	-400/-350	(García Cano y Page del Pozo 2000)
Skyphos BN	*Skyphos*	-400/-350	(García Cano y Page del Pozo 2000)
Skyphos BN	*Skyphos*	-400/-350	(García Cano y Page del Pozo 2000)
Skyphos BN	*Skyphos*	-400/-350	(García Cano y Page del Pozo 2000)
Skyphos BN	*Skyphos*	-400/-350	(García Cano y Page del Pozo 2000)
Skyphos BN	*Skyphos*	-400/-350	(García Cano y Page del Pozo 2000)
Plato BN	F21 L	-400/-350	(García Cano y Page del Pozo 2000)
Plato BN	F21 L	-400/-350	(García Cano y Page del Pozo 2000)
Plato BN	F21 L	-400/-350	(García Cano y Page del Pozo 2000)
Plato BN	F21 L	-400/-350	(García Cano y Page del Pozo 2000)
Plato BN	F21 L	-400/-350	(García Cano y Page del Pozo 2000)
Plato BN	F21 L	-400/-350	(García Cano y Page del Pozo 2000)
Plato BN	F21 L	-400/-350	(García Cano y Page del Pozo 2000)
Plato BN	F22 L	-400/-350	(García Cano y Page del Pozo 2000)
Plato BN	F22 L	-400/-350	(García Cano y Page del Pozo 2000)
Plato BN	F22 L	-400/-350	(García Cano y Page del Pozo 2000)
Plato BN	F22 L	-400/-350	(García Cano y Page del Pozo 2000)
Plato BN	F22 L	-400/-350	(García Cano y Page del Pozo 2000)
Plato BN	F22 L	-400/-350	(García Cano y Page del Pozo 2000)
Plato BN	F22 L	-400/-350	(García Cano y Page del Pozo 2000)
Plato BN	F22 L	-400/-350	(García Cano y Page del Pozo 2000)
Plato BN	F22 L	-400/-350	(García Cano y Page del Pozo 2000)
Plato BN	F22 L	-400/-350	(García Cano y Page del Pozo 2000)
Plato BN	F22 L	-400/-350	(García Cano y Page del Pozo 2000)
Plato BN	F22 L	-400/-350	(García Cano y Page del Pozo 2000)
Plato BN	Plato	-400/-350	(García Cano y Page del Pozo 2000)
Plato BN	Plato	-400/-350	(García Cano y Page del Pozo 2000)
Plato BN	Plato	-400/-350	(García Cano y Page del Pozo 2000)
Plato BN	Plato	-400/-350	(García Cano y Page del Pozo 2000)
Plato BN	Plato	-400/-350	(García Cano y Page del Pozo 2000)
Plato BN	Plato	-400/-350	(García Cano y Page del Pozo 2000)
Plato BN	Plato	-400/-350	(García Cano y Page del Pozo 2000)
Plato BN	Plato	-400/-350	(García Cano y Page del Pozo 2000)
Plato BN	Plato	-400/-350	(García Cano y Page del Pozo 2000)
Plato BN	Plato	-400/-350	(García Cano y Page del Pozo 2000)
Pátera BN	F21/25 L	-400/-350	(García Cano y Page del Pozo 2000)
Pátera BN	F21/25 L	-400/-350	(García Cano y Page del Pozo 2000)

(*Continued*)

Tabla AI.2. (*Continued*)

Producción	Tipo	Cronología	Referencia
Pátera BN	F21/25 L	-400/-350	(García Cano y Page del Pozo 2000)
Pátera BN	F21/25 L	-400/-350	(García Cano y Page del Pozo 2000)
Pátera BN	F21/25 L	-400/-350	(García Cano y Page del Pozo 2000)
Pátera BN	F21/25 L	-400/-350	(García Cano y Page del Pozo 2000)
Pátera BN	F21/25 L	-400/-350	(García Cano y Page del Pozo 2000)
Pátera BN	F21/25 L	-400/-350	(García Cano y Page del Pozo 2000)
Pátera BN	F21/25 L	-400/-350	(García Cano y Page del Pozo 2000)
Pátera BN	F21/25 L	-400/-350	(García Cano y Page del Pozo 2000)
Pátera BN	F21/25 L	-400/-350	(García Cano y Page del Pozo 2000)
Lucerna BN	Lucerna	-400/-350	(García Cano y Page del Pozo 2000)
Lucerna BN	Lucerna	-400/-350	(García Cano y Page del Pozo 2000)
Skyphos FR	*Skyphos*	-375/-350	(García Cano y Page del Pozo 2001: nº cat T10/7)
Kylix-Skyphos BN	*Kylix-Skyphos*	-375/-350	(García Cano y Page del Pozo 2001: nº cat T10/8)
Kylix-Skyphos BN	*Kylix-Skyphos*	-375/-350	(García Cano y Page del Pozo 20011: nº cat T10/9)
Pátera BN	F21/25 L	-375/-350	(García Cano y Page del Pozo 2001: nº cat T10/10)
Plato BN	F21 L	-375/-350	(García Cano y Page del Pozo 2001: nº cat T29/8)
Kylix FR	*Kylix* de pie bajo	-375/-350	(García Cano y Page del Pozo 2001: nº cat T30/7)
Pátera BN	F21/25B-II Cuadrado	-375/-350	(García Cano y Page del Pozo 2001: nº cat T30/8)
Plato BN	F22 L	-375/-350	(García Cano y Page del Pozo 2001: nº cat T30/9)
Skyphos BN	*Skyphos*	-375/-350	(García Cano y Page del Pozo 2001: nº cat T36/8)
Plato BN	F21 L	-375/-350	(García Cano y Page del Pozo 2001: nº cat T36/9)
Castillejo de los Baños			
Kylix BN	F42A L	-400/-375	(García Cano, 1982: pieza 154)
Kylix BN	F42A L	-400/-375	(García Cano, 1982: pieza 155)
Kylix BN	F42A L	-400/-375	(García Cano, 1982: pieza 156)
Kylix FR	*Kylix*	-400/-350	(García Cano, 1982: pieza 153)
Kylix FR	*Kylix*	-400/-300	(García Cano, 1982: pieza 151)
Kylix FR	*Kylix*	-400/-300	(García Cano, 1982: pieza 152)
Kantharos BN	F40 L	-400/-300	(García Cano, 1982: pieza 160)
Kantharos BN	F40 L	-375/-350	(García Cano, 1982: pieza 157)
Plato BN	F21 L	-375/-350	(García Cano, 1982: pieza 161)
Plato BN	Plato	-375/-350	(García Cano, 1982: pieza 162)
Plato BN	F22 L	-375/-350	(García Cano, 1982: pieza 165)
Plato BN	F22 L	-375/-350	(García Cano, 1982: pieza 166)
Plato BN	F22 L	-375/-350	(García Cano, 1982: pieza 168)
Plato BN	F22 L	-375/-350	(García Cano, 1982: pieza 169)
Plato BN	F22 L	-375/-350	(García Cano, 1982: pieza 170)
Plato BN	F22 L	-375/-300	(García Cano, 1982: pieza 167)
Kantharos BN	F40 L	-350/-300	(García Cano, 1982: pieza 158)
Kantharos BN	F40 L	-350/-300	(García Cano, 1982: pieza 159)
Plato BN	F21 L	-350/-300	(García Cano, 1982: pieza 163)

Producción	Tipo	Cronología	Referencia
Plato BN	F21 L	-350/-300	(García Cano, 1982: pieza 164)
Poblado del Cabezo del Tío Pío			
Kylix Droop FN	*Droop cup*	-540/-520	(García Cano, 1982: pieza 96)
Kylix FR	*Kylix*	-410/-390	(García Cano, 1982: pieza 98)
Kantharos FR	F40 L	-410/-390	(García Cano, 1982: pieza 114)
Crátera FR	Crátera	-400/-390	(García Cano, 1982: pieza 97)
Kylix FR	*Kylix*	-400/-375	(García Cano, 1982: pieza 99)
Kylix FR	*Kylix*	-400/-375	(García Cano, 1982: pieza 100)
Kylix FR	*Kylix*	-400/-375	(García Cano, 1982: pieza 101)
Kylix FR	*Kylix*	-400/-375	(García Cano, 1982: pieza 102)
Kylix FR	*Kylix*	-400/-375	(García Cano, 1982: pieza 103)
Kylix FR	*Kylix*	-400/-375	(García Cano, 1982: pieza 104)
Kylix FR	*Kylix*	-400/-375	(García Cano, 1982: pieza 105)
Kylix FR	*Kylix*	-400/-375	(García Cano, 1982: pieza 106)
Kylix-Skyphos FR	*Kylix-Skyphos*	-400/-375	(García Cano, 1982: pieza 108)
Kylix-Skyphos FR	*Kylix-Skyphos*	-400/-375	(García Cano, 1982: pieza 109)
Kylix-Skyphos FR	*Kylix-Skyphos*	-400/-375	(García Cano, 1982: pieza 110)
Kylix-Skyphos FR	*Kylix-Skyphos*	-400/-375	(García Cano, 1982: pieza 111)
Kylix-Skyphos FR	*Kylix-Skyphos*	-400/-375	(García Cano, 1982: pieza 112)
Kylix BN	F42A L	-400/-375	(García Cano, 1982: pieza 116)
Kylix BN	F42A L	-400/-375	(García Cano, 1982: pieza 117)
Bolsal BN	F42B L	-400/-375	(García Cano, 1982: pieza 123)
Kylix BN	F42A L	-400/-350	(García Cano, 1982: pieza 121)
Kylix BN	F42A L	-400/-350	(García Cano, 1982: pieza 122)
Plato BN	F21 L	-400/-300	(García Cano, 1982: pieza 135)
Plato BN	F21 L	-400/-300	(García Cano, 1982: pieza 136)
Plato BN	F21 L	-400/-300	(García Cano, 1982: pieza 137)
Plato BN	F21 L	-400/-300	(García Cano, 1982: pieza 138)
Kylix BN	F42A L	-375/-350	(García Cano, 1982: pieza 118)
Kylix BN	F42A L	-375/-350	(García Cano, 1982: pieza 119)
Kylix BN	F42A L	-375/-350	(García Cano, 1982: pieza 120)
Kantharos BN	F40E-I de Cuadrado	-375/-350	(García Cano, 1982: pieza 126)
Plato BN	F21 L	-375/-350	(García Cano, 1982: pieza 130)
Pátera BN	F21/25A L	-375/-350	(García Cano, 1982: pieza 142)
Pátera BN	F21/25A L	-375/-350	(García Cano, 1982: pieza 143)
Pátera BN	F21/25B-II Cuadrado	-375/-350	(García Cano, 1982: pieza 144)
Pátera BN	F21/25B-II Cuadrado	-375/-350	(García Cano, 1982: pieza 145)
Plato BN	F21 L	-360/-350	(García Cano, 1982: pieza 131)
Plato BN	F22 L	-360/-350	(García Cano, 1982: pieza 140)
Plato BN	F21 L	-360/-340	(García Cano, 1982: pieza 132)
Plato BN	F21 L	-350/-300	(García Cano, 1982: pieza 134)
Fuente BN	F28 L	-350/-300	(García Cano, 1982: pieza 141)
Copa TTeano	F1766 M	-300/-250	(García Cano et al. 1989: p 121)
Pátera 3PR	F26 L	-300/-250	(García Cano 1982: pieza 147)
Plato CampA	F23 L	-250/-200	(García Cano, 1982: pieza 148)
Guttus CampA	*Guttus*	-250/-200	(García Cano, 1982: pieza 149)
Necrópolis del Cabezo del Tío Pío			
Kylix Droop FN	*Droop cup*	-525/-500	(García Cano y Page del Pozo 1990: pieza 56)

(Continued)

Tabla AI.2. (*Continued*)

Producción	Tipo	Cronología	Referencia
Kylix-Skyphos FN	*Kylix-Skyphos*	-450/-400	(García Cano y Page del Pozo 1990: pieza 57)
Kylix BN	F42A L	-425/-400	(García Cano y Page del Pozo 1990: pieza 35)
Kylix BN	F42A L *inset lip*	-425/-400	(García Cano y Page del Pozo 1990: pieza 36)
Kylix BN	F24A L *inset lip*	-425/-400	(García Cano y Page del Pozo 1990: pieza 84)
Kylix BN	F24A L *inset lip*	-425/-400	(García Cano y Page del Pozo 1990: pieza 85)
Kylix BN	F42A L *inset lip*	-425/-400	(García Cano y Page del Pozo 1990: pieza 86)
Kylix BN	F42A L	-410/-400	(García Cano y Page del Pozo 1990: pieza 87)
Kantharos StValentin	Grupo IV o VI Howard y Johnson	-410/-390	(García Cano y Page del Pozo 1990: pieza 83)
Askos BN	*Askos*	-410/-390	(García Cano y Page del Pozo 1990: pieza 2)
Skyphos BN	F43 L	-400/-375	(García Cano y Page del Pozo 1990: pieza 38)
Bolsal BN	F42B L	-400/-375	(García Cano y Page del Pozo 1990: pieza 27)
Pátera BN	F21/25 L	-400/-375	(García Cano y Page del Pozo 1990: pieza 28)
Kylix BN	F42A L	-400/-375	(García Cano y Page del Pozo 1990: pieza 37)
Plato BN	Plato	-400/-375	(García Cano y Page del Pozo 1990: pieza 44)
Kylix-Skyphos FR	*Kylix-Skyphos*	-400/-375	(García Cano y Page del Pozo 1990: pieza 79)
Kylix-Skyphos FR	*Kylix-Skyphos*	-400/-375	(García Cano y Page del Pozo 1990: pieza 80)
Kylix-Skyphos FR	*Kylix-Skyphos*	-400/-375	(García Cano y Page del Pozo 1990: pieza 81)
Kylix BN	*Kylix* de pie bajo	-400/-375	(García Cano y Page del Pozo 1990: pieza 88)
Kylix BN	*Kylix* de pie bajo	-400/-375	(García Cano y Page del Pozo 1990: pieza 89)
Bolsal BN	F42B L	-400/-375	(García Cano y Page del Pozo 1990: pieza 91)
Kylix-Skyphos BN	*Kylix-Skyphos*	-400/-375	(García Cano y Page del Pozo 1990: pieza 95)
Kylix-Skyphos BN	*Kylix-Skyphos*	-400/-375	(García Cano y Page del Pozo 1990: pieza 96)
Oinochoe BN	*Oinochoe*	-400/-375	(García Cano y Page del Pozo 1990: pieza 99)
Skyphos BN	*Skyphos*	-400/-375	(García Cano, 1982: pieza 124)
Plato BN	Plato	-400/-350	(García Cano y Page del Pozo 1990: pieza 50)
Oinochoe FR	*Oinochoe*	-400/-350	(García Cano y Page del Pozo 1990: pieza 82)
Pátera BN	F21/25 L	-400/-350	(García Cano y Page del Pozo 1990: pieza 108)
Pátera BN	F21/25 L	-400/-350	(García Cano y Page del Pozo 1990: pieza 109)
Crátera FR	Crátera de campana	-400/-300	(García Cano y Page del Pozo 1990: pieza 74)
Plato BN	F22 L	-400/-300	(García Cano y Page del Pozo 1990: pieza 41)
Kantharos BN	F40 L	-375/-350	(García Cano y Page del Pozo 1990: pieza 3)
Plato BN	F21 L	-375/-350	(García Cano y Page del Pozo 1990: pieza 4)
Plato BN	F21 L	-375/-350	(García Cano y Page del Pozo 1990: pieza 39)
Plato BN	F21 L	-375/-350	(García Cano y Page del Pozo 1990: pieza 40)
Plato BN	Plato	-375/-350	(García Cano y Page del Pozo 1990: pieza 42)
Crátera FR	Crátera de campana	-375/-350	(García Cano y Page del Pozo 1990: pieza 58)
Crátera FR	Crátera de campana	-375/-350	(García Cano y Page del Pozo 1990: pieza 59)
Crátera FR	Crátera de campana	-375/-350	(García Cano y Page del Pozo 1990: pieza 60)
Crátera FR	Crátera de campana	-375/-350	(García Cano y Page del Pozo 1990: pieza 61)
Crátera FR	Crátera de campana	-375/-350	(García Cano y Page del Pozo 1990: pieza 62)
Crátera FR	Crátera de campana	-375/-350	(García Cano y Page del Pozo 1990: pieza 63)
Crátera FR	Crátera de campana	-375/-350	(García Cano y Page del Pozo 1990: pieza 64)
Crátera FR	Crátera de campana	-375/-350	(García Cano y Page del Pozo 1990: pieza 65)
Crátera FR	Crátera de campana	-375/-350	(García Cano y Page del Pozo 1990: pieza 66)
Crátera FR	Crátera de campana	-375/-350	(García Cano y Page del Pozo 1990: pieza 67)
Crátera FR	Crátera de campana	-375/-350	(García Cano y Page del Pozo 1990: pieza 68)
Crátera FR	Crátera de campana	-375/-350	(García Cano y Page del Pozo 1990: pieza 69)
Crátera FR	Crátera de campana	-375/-350	(García Cano y Page del Pozo 1990: pieza 70)

Producción	Tipo	Cronología	Referencia
Crátera FR	Crátera de campana	-375/-350	(García Cano y Page del Pozo 1990: pieza 71)
Crátera FR	Crátera de campana	-375/-350	(García Cano y Page del Pozo 1990: pieza 72)
Crátera FR	Crátera de campana	-375/-350	(García Cano y Page del Pozo 1990: pieza 73)
Crátera FR	Crátera	-375/-350	(García Cano y Page del Pozo 1990: pieza 75)
Kylix FR	*Kylix* de pie bajo	-375/-350	(García Cano y Page del Pozo 1990: pieza 76)
Kylix FR	*Kylix* de pie bajo	-375/-350	(García Cano y Page del Pozo 1990: pieza 77)
Kylix FR	*Kylix* de pie bajo	-375/-350	(García Cano y Page del Pozo 1990: pieza 78)
Bolsal BN	F42B L	-375/-350	(García Cano y Page del Pozo 1990: pieza 90)
Bolsal BN	F42B L	-375/-350	(García Cano y Page del Pozo 1990: pieza 92)
Bolsal BN	F42B L	-375/-350	(García Cano y Page del Pozo 1990: pieza 94)
Kantharos BN	F40 L	-375/-350	(García Cano y Page del Pozo 1990: pieza 97)
Kantharos BN	F40 L	-375/-350	(García Cano y Page del Pozo 1990: pieza 98)
Plato BN	F21 L	-375/-350	(García Cano y Page del Pozo 1990: pieza 100)
Plato BN	F21 L	-375/-350	(García Cano y Page del Pozo 1990: pieza 101)
Skyphos FR	*Skyphos*	-375/-350	(García Cano y Page del Pozo 1990: pieza 1)
Kantharos BN	F40E-I de Cuadrado	-375/-350	(García Cano y Page del Pozo 1990: pieza 13)
Plato BN	F21 L	-375/-350	(García Cano y Page del Pozo 1990: pieza 14)
Plato BN	F21 L	-375/-350	(García Cano y Page del Pozo 1990: pieza 15)
Pátera 3PR	F26 L	-275/-225	(García Cano y Page del Pozo 1990: pieza 113)
Bolbax			
Plato BN	F22 L	-400/-350	(García Cano, 1982: pieza 18)
Pátera BN	F21/25B-I Cuadrado	-375/-350	(García Cano, 1982: pieza 17)
Kantharos BN	F40 L	-360/-350	(García Cano, 1982: pieza 16)
Copa TTeano	F1766 M	-300/-250	(García Cano et al. 1989: p 121)
Cerro de la Ermita de la Encarnación			
Kantharos de BN	F40E L	-400/-350	(García Cano, 1982: pieza 578)
Plato BN	Plato	-350/-300	(García Cano, 1982: pieza 579)
Plato CampA	F36 L / F1312 M	-200/-100	(Ramallo Asensio y Brotóns Yagüe 2014: 31)
Necrópolis de Villaricos			
Pátera BN	F24 L	-375/-350	(García Cano 1992)
Copa CampA	F31 L	-200/-175	(García Cano 1992)
Necrópolis ibérica de Lorca			
Kylix BN	Clase delicada	-450/-425	(García Cano 1989)
Skyphos FR	*Skyphos*	-440/-430	(García Cano y Gil González 2013: nº inv LOR-T33-3047)
Kylix BN	*Kylix*	-410/-390	(Ponce García 1997)
Kylix-Skyphos BN	*Kylix-Skyphos*	-400/-375	(García Cano 2004: nº inv 2664)
Bolsal BN	F42B L	-375/-350	(García Cano 2004: nº inv 2675)
Bolsal BN	F42B L	-375/-350	(García Cano 2004: nº inv 2676)
Bolsal BN	F42B L	-375/-350	(García Cano 2004: nº inv 2677)
Bolsal BN	F42B L	-375/-350	(García Cano 2004: nº inv 2679)
Bolsal BN	F42B L	-375/-350	(García Cano 2004: nº inv 2680)
Bolsal BN	F42B L	-375/-350	(García Cano 2004: nº inv 2681)
Bolsal BN	F42B L	-375/-350	(García Cano 2004: nº inv 2682)
Bolsal BN	F42B L	-375/-350	(García Cano 2004: nº inv 2683)
Bolsal BN	F42B L	-375/-350	(García Cano 2004: nº inv 2688)
Plato BN	F21 L	-375/-350	(García Cano 2004: nº inv 2667)
Plato BN	F21 L	-375/-350	(García Cano 2004: nº inv 2665)

(*Continued*)

Tabla AI.2. (*Continued*)

Producción	Tipo	Cronología	Referencia
Plato BN	F21 L	-375/-350	(García Cano 2004: nº inv 2661)
Skyphos FR	*Skyphos*	-375/-350	(García Cano 2004: nº inv 2678)
Skyphos FR	*Skyphos*	-375/-350	(García Cano 2004: nº inv 2662)
Skyphos BN	*Skyphos*	-375/-350	(García Cano 2004: nº inv 2684)
Bolsal BN	F42B L	-375/-350	(García Cano 2004: nº inv 2663)
Bolsal BN	F42B L	-375/-350	(García Cano 2004: nº inv 2666)
Bolsal BN	F42B L	-375/-350	(García Cano 2004: nº inv 2674)
Kantharos BN	F40D-I Cuadrado	-375/-325	(García Cano et al 2016)
Necrópolis de Los Nietos			
Kylix BN	*Kylix* inset lip	-425/-400	(Cruz Pérez 1990: pieza T8/17)
Kylix BN	*Kylix* inset lip	-425/-400	(Cruz Pérez 1990: pieza FC/37)
Kylix BN	*Kylix* inset lip	-425/-400	(Cruz Pérez 1990: pieza FC/38)
Kylix BN	*Kylix* inset lip	-425/-400	(Cruz Pérez 1990: pieza FC/39)
Kylix BN	*Kylix* inset lip	-425/-400	(Cruz Pérez 1990: pieza FC/40)
Kylix BN	*Kylix* inset lip	-425/-400	(Cruz Pérez 1990: pieza 41)
Kylix BN	*Kylix* inset lip	-425/-400	(Cruz Pérez 1990: pieza FC/42)
Kylix BN	Clase delicada	-425/-400	(Cruz Pérez 1990: pieza FC/43)
Olpe BN	*Olpe*	-420/-400	(Cruz Pérez 1990: pieza T18/1)
Olpe BN	*Olpe*	-420/-400	(Cruz Pérez 1990: pieza T18/2)
Olpe BN	*Olpe*	-420/-400	(Cruz Pérez 1990: pieza T18/3)
Olpe BN	*Olpe*	-420/-400	(Cruz Pérez 1990: pieza T31/1)
Plato BN	F21 L	-410/-400	(Cruz Pérez 1990: pieza T18/9)
Pátera BN	Pátera	-410/-400	(Cruz Pérez 1990: pieza T10/3)
Pátera BN	F21/25B-II Cuadrado	-400/-375	(Cruz Pérez 1990: pieza FC/34)
Plato BN	F22 L	-400/-350	(Cruz Pérez 1990: pieza T7/3)
Plato BN	F22 L	-400/-350	(Cruz Pérez 1990: pieza FC/14)
Plato BN	F22 L	-400/-350	(Cruz Pérez 1990: pieza FC/15)
Plato BN	F22 L	-400/-350	(Cruz Pérez 1990: pieza FC/16)
Plato BN	F22 L	-400/-350	(Cruz Pérez 1990: pieza FC/17)
Plato BN	F22 L	-400/-350	(Cruz Pérez 1990: pieza FC/18)
Plato BN	F22 L	-400/-350	(Cruz Pérez 1990: pieza FC/19)
Plato BN	F22 L	-400/-350	(Cruz Pérez 1990: pieza FC/20)
Plato BN	F22 L	-400/-350	(Cruz Pérez 1990: pieza FC/24)
Plato BN	F22 L	-400/-350	(Cruz Pérez 1990: pieza FC/21)
Plato BN	F22 L	-400/-350	(Cruz Pérez 1990: pieza FC/22)
Plato BN	F22 L	-400/-350	(Cruz Pérez 1990: pieza FC/23)
Plato BN	F22 L	-400/-350	(Cruz Pérez 1990: pieza FC/25)
Plato BN	F21 L	-400/-350	(Cruz Pérez 1990: pieza FC/28)
Kylix-Skyphos BN	*Kylix-Skyphos*	-380/-370	(Cruz Pérez 1990: pieza FC/44)
Pátera BN	F21/25B-I Cuadrado	-375/-350	(Cruz Pérez 1987: pieza T27/3)
Plato BN	F21 L	-375/-350	(Cruz Pérez 1990: pieza T11/2)
Pátera BN	F21/25B-I Cuadrado	-375/-350	(Cruz Pérez 1990: pieza T19/9)
Pátera BN	F21/25B-I Cuadrado	-375/-350	(Cruz Pérez 1990: pieza FC/33)
Plato BN	F21 L	-360/-340	(Cruz Pérez 1990: pieza FC/29)
Plato BN	F23 L	-350/-325	(Cruz Pérez 1990: pieza FC/50)
Plato BN	F21 L	-350/-325	(Cruz Pérez 1990: pieza FC/30)
Bolsal BN	F42B L	-350/-300	(Cruz Pérez 1990: pieza FC/45)
Bolsal BN	F42B L	-350/-300	(Cruz Pérez 1990: pieza FC/46)

Producción	Tipo	Cronología	Referencia
Bolsal BN	F42B L	-350/-300	(Cruz Pérez 1990: pieza FC/47)
Kantharos BN	F40 L	-325/-310	(Cruz Pérez 1990: pieza FC/48)
Kantharos BN	F40 L	-325/-310	(Cruz Pérez 1990: pieza FC/49)
Bol 3PR	F2762 M	-300/-250	(García Cano 1997: pieza 292)
Bol TOcc	F2764 M	-300/-250	(García Cano 1997: pieza 108/3)
Bol TOcc	F2764 M	-300/-250	(García Cano 1997: pieza 294)
Bolsal CampA	F4120 M	-250/-200	(García Cano 1997: pieza 293)
Copa CampA	F3311 M	-250/-200	(García Cano 1997: pieza 291)
Bol CampA	F2764 M	-225/-200	(García Cano 1997: pieza 104/1)
Copa CampA	F3130 M / F3131 M	-210/-180	(Cruz Pérez 1987: pieza T28/2)
Loma del Escorial			
Kylix RI	*Kylix*	-500/-475	(García Cano, 1982: pieza 612)
Kylix FR	*Kylix* de pie bajo	-460/-440	(García Cano, 1982: pieza 606)
Crátera FR	Crátera de campana	-425/-400	(García Cano, 1982: pieza 598)
Crátera FR	Crátera de Campana	-410/-400	(García Cano, 1982: pieza 603)
Kylix BN	F42A L	-410/-400	(García Cano, 1982: pieza 613)
Kylix BN	F42A L	-410/-400	(García Cano, 1982: pieza 615)
Kylix BN	F42A L	-410/-390	(García Cano, 1982: pieza 614)
Crátera FR	Crátera de Campana	-400/-375	(García Cano, 1982: pieza 600)
Kylix FR	*Kylix* de pie bajo	-400/-375	(García Cano, 1982: pieza 607)
Plato BN	Plato	-400/-375	(García Cano, 1982: pieza 621)
Plato BN	Plato	-400/-375	(García Cano, 1982: pieza 622)
Crátera FR	Crátera de Campana	-400/-350	(García Cano, 1982: pieza 601)
Crátera FR	Crátera de Campana	-400/-350	(García Cano, 1982: pieza 602)
Kylix FR	*Kylix* de pie bajo	-400/-350	(García Cano, 1982: pieza 608)
Lekythos FR	*Lekythos* aribalístico	-400/-350	(García Cano, 1982: pieza 609)
Plato BN	F22 L	-400/-350	(García Cano, 1982: pieza 620)
Plato BN	F23 L	-400/-350	(García Cano, 1982: pieza 637)
Plato BN	F23 L	-400/-350	(García Cano, 1982: pieza 638)
Pátera BN	F21/25 L	-400/-350	(García Cano, 1982: pieza 640)
Pátera BN	F21/25 L	-400/-350	(García Cano, 1982: pieza 641)
Pátera BN	F21/25 L	-400/-350	(García Cano, 1982: pieza 642)
Crátera FR	Crátera de Campana	-400/-300	(García Cano, 1982: pieza 604)
Crátera FR	Crátera de campana	-400/-300	(García Cano, 1982: pieza 605)
Kylix BN	F42A L	-400/-300	(García Cano, 1982: pieza 616)
Kylix BN	F42A L	-400/-300	(García Cano, 1982: pieza 617)
Plato BN	Plato	-400/-300	(García Cano, 1982: pieza 623)
Plato BN	Plato	-400/-300	(García Cano, 1982: pieza 624)
Plato BN	Plato	-400/-300	(García Cano, 1982: pieza 625)
Plato BN	Plato	-400/-300	(García Cano, 1982: pieza 626)
Plato BN	F26 L	-400/-300	(García Cano, 1982: pieza 627)
Plato BN	F26 L	-400/-300	(García Cano, 1982: pieza 628)
Plato BN	F26 L	-400/-300	(García Cano, 1982: pieza 629)
Plato BN	F28 L	-400/-300	(García Cano, 1982: pieza 630)
Plato BN	F28 L	-400/-300	(García Cano, 1982: pieza 631)
Plato BN	F28 L	-400/-300	(García Cano, 1982: pieza 632)
Plato BN	F28 L	-400/-300	(García Cano, 1982: pieza 633)
Plato BN	F36 L	-400/-300	(García Cano, 1982: pieza 634)

(*Continued*)

Tabla AI.2. (*Continued*)

Producción	Tipo	Cronología	Referencia
Pátera BN	F21/25 L	-400/-300	(García Cano, 1982: pieza 639)
Kylix-Skyphos BN	*Kylix-Skyphos*	-375/-350	(García Cano, 1982: pieza 618)
Bolsal BN	F42B L	-375/-350	(García Cano, 1982: pieza 619)
Crátera FR	Crátera de Campana	-375/-350	(García Cano y García Cano 1992: pieza 1)
Crátera FR	Crátera de Campana	-375/-350	(García Cano y García Cano 1992: pieza 3)
Crátera FR	Crátera de Campana	-375/-350	(García Cano y García Cano 1992: pieza 2)
Crátera FR	Crátera de Campana	-375/-350	(García Cano y García Cano 1992: pieza 7)
Crátera FR	Crátera de Campana	-375/-350	(García Cano y García Cano 1992: pieza 8)
Crátera FR	Crátera de Campana	-375/-350	(García Cano y García Cano 1992: pieza 6)
Crátera FR	Crátera de campana	-375/-350	(García Cano y García Cano 1992: pieza 5)
Crátera FR	Crátera de campana	-375/-350	(García Cano y García Cano 1992: pieza 4)
Crátera FR	Crátera de campana	-375/-350	(García Cano, 1982: pieza 599)
Crátera FR SurIta	Crátera	-350/-300	(García Cano, 1982: pieza 610)
Pátera 3PR	F26 L	-300/-250	(García Cano, 1982: pieza 644)
Pátera 3PR	F26 L	-300/-250	(García Cano, 1982: pieza 645)
Kantharos Gn	Copa	-300/-250	(García Cano, 1982: pieza 645bis)
Bol PEst	F2784 M	-300/-250	(García Cano 1997: pieza 52)
Pátera TOcc	F2642 M	-300/-250	(García Cano 1997: pieza 115)
Bol TOcc	F2764 M	-300/-250	(García Cano 1997: pieza 92)
Bol TOcc	F2764 M	-300/-250	(García Cano 1997: pieza 30)
Plato TOcc	F1121 M	-300/-250	(García Cano 1997: pieza 17)
Bol TOcc	F2764 M	-300/-250	(García Cano 1997: pieza 112)
Bol CampA	F2764 M	-280/-220	(García Cano 1997: pieza 102)
Plato CampA	F1121d	-225/-200	(García Cano 1997: pieza 88)
Bol CampA	F2764 M	-225/-200	(García Cano 1997: pieza 6)
Casco urbano de Alhama de Murcia			
Copa Gn	Copa	-310/-290	(Baños Serrano, 1990)
La Mota I			
Kylix BN	*Kylix*	-450/-400	(García Cano et al. 1999)
Skyphos BN	*Skyphos*	-425/-400	(García Cano et al. 1999)
Frag CampA	Indeterminado	-225/-50	(García Cano et al. 1999)
El Villar de Archivel			
Kylix BN	*Kylix*	-400/-375	(Incharraundieta Ramallo 2015)
Pátera BN	F22 L	-400/-375	(Incharraundieta Ramallo 2015)
Plato BN	F22 L	-400/-350	(Incharraundieta Ramallo 2015)
Pátera BN	F21/25 L	-375/-350	(Incharraundieta Ramallo 2015)
Plato BN	F22 L	-375/-350	(Incharraundieta Ramallo 2015)
Kylix FR	*Kylix*	-375/-350	(Incharraundieta Ramallo 2015)
Kylix FR	*Kylix*	-375/-350	(Incharraundieta Ramallo 2015)
Kantharos BN	F40E-I Cuadrado	-360/-340	(Incharraundieta Ramallo 2015)
Skyphos FR	*Skyphos*	-350/-325	(Incharraundieta Ramallo 2015)
Mafraque			
Kylix-Skyphos FR	*Kylix-Skyphos*	-400/-350	(García Cano, 1982: pieza 582)
Kylix BN	F42A L	-400/-350	(García Cano, 1982: pieza 583)
Kylix BN	F42A L	-400/-350	(García Cano, 1982: pieza 584)
Loma de la Tendida			
Plato BN	F22 L	-400/-350	(García Cano, 1982: pieza 581)
Kylix FR	*Kylix* de pie bajo	-375/-350	(García Cano, 1982: pieza 580)

Producción	Tipo	Cronología	Referencia
Campo Coy			
Bol Helenístico	BHR 8 de perfil jonio	-225/-25	(López Mondéjar 2011)
Casco urbano de Cartagena			
Skyphos FR	*Skyphos*	-425/-400	(Ramallo Asensio 1989)
Copa TTeano	F1766 M	-300/-250	(García Cano et al. 1989: p 121)
Copa TTeano	F1766 M	-300/-250	(García Cano et al. 1989: p 121)
Bol PEst	F27 L / F2784 M	-300/-250	(Pérez Ballester 1987: 71)
Skyphos Gn	F3112b M	-270/-200	(Ruíz Valderas 1999: 34)
Pátera TTeano	F1153 M	-250/-225	(García Cano et al. 1989: p 122)
Pátera TTeano	F1153 M	-250/-225	(García Cano et al. 1989: p 122)
Pátera TTeano	F1153 M	-250/-225	(García Cano et al. 1989: p 122)
Rambla del Judío/Ascoy			
Lekythos FR	*Lekythos*	-410/-390	(García Cano, 1982: pieza 10)
Crátera FR	Crátera de campana	-385/-375	(García Cano, 1982: pieza 9)
Plato BN	F21 L	-375/-350	(García Cano, 1982: pieza 11)
Plato BN	F21 L	-375/-350	(García Cano, 1982: pieza 12)
Plato BN	F21 L	-375/-350	(García Cano, 1982: pieza 13)
Plato BN	Plato	-375/-350	(García Cano, 1982: pieza 14)
Pátera BN	F21/25B-I Cuadrado	-375/-350	(García Cano, 1982: pieza 15)
Castillico de las Peñas			
Lekanis FR	Tapadera de Lekanis	-410/-390	(García Cano, 1982: pieza 179)
Kylix BN	F42A L	-410/-400	(García Cano, 1982: pieza 180)
Plato BN	F22 L	-400/-300	(García Cano, 1982: pieza 187)
Plato BN	F22 L	-400/-300	(García Cano, 1982: pieza 188)
Bolsal BN	F42B L	-375/-365	(García Cano, 1982: pieza 181)
Kantharos BN	F40 L	-375/-350	(García Cano, 1982: pieza 182)
Plato BN	F21 L	-375/-350	(García Cano, 1982: pieza 184)
Plato BN	F26 L	-375/-350	(García Cano, 1982: pieza 186)
Pátera BN	F24 L	-375/-350	(García Cano, 1982: pieza 189)
Pátera BN	F21/25 L	-375/-350	(García Cano, 1982: pieza 190)
Plato BN	F21 L	-360/-340	(García Cano, 1982: pieza 185)
Lucerna BN	Lucerna	-350/-300	(García Cano, 1982: pieza 183)
Castillo de Jumilla			
Plato BN	F21 L	-400/-300	(García Cano, 1982: pieza 193)
Plato BN	F21 L	-400/-300	(García Cano, 1982: pieza 194)
El Prado			
Fragmento BN	Indeterminado	-400/-300	(García Cano, 1982: pieza 647)
Villa Real			
Crátera FR	Crátera	-400/-300	(García Cano 1982; pieza 648)
Pátera BN	Pátera	-400/-300	(García Cano 1982; pieza 649)
Los Palacios			
Lucerna BN	Lucerna	-410/-390	(García Cano, 1982: pieza 646)
Los Molinicos			
Kantharos StValentin		-425/-410	(Lillo Carpio 1993: pieza XXVIII-18)
Kylix FR	*Kylix* de pie bajo	-410/-390	(García Cano, 1982: pieza 585)
Kylix BN	F42A L	-400/-375	(García Cano, 1982: pieza 586)
Kylix BN	F42A L	-400/-375	(García Cano, 1982: pieza 587)
Kylix BN	F42A L	-400/-375	(García Cano, 1982: pieza 588)

(*Continued*)

Tabla AI.2. (*Continued*)

Producción	Tipo	Cronología	Referencia
Bolsal BN	F42B L	-400/-375	(García Cano, 1982: pieza 589)
Pátera BN	F21/25 L	-400/-350	(García Cano, 1982: pieza 591)
Plato BN	F21 L	-375/-350	(García Cano, 1982: pieza 590)
Pátera BN	F21/25 L	-375/-350	(García Cano, 1982: pieza 592)
Pátera BN	F21/25B-II Cuadrado	-375/-350	(García Cano, 1982: pieza 593)
Cobatillas la Vieja			
Kylix FN	*Kylix*	-500/-490	(García Cano, 1982: pieza 373)
Crátera FR	Crátera de campana	-400/-350	(García Cano, 1982: pieza 374)
Crátera FR	Crátera de campana	-400/-350	(García Cano, 1982: pieza 375)
Crátera FR	Crátera de campana	-400/-350	(García Cano, 1982: pieza 376)
Kylix FR	*Kylix* de pie bajo	-400/-350	(García Cano, 1982: pieza 377)
Kylix FR	*Kylix* de pie bajo	-400/-350	(García Cano, 1982: pieza 378)
Kylix BN	F42A L	-400/-375	(García Cano, 1982: pieza 381)
Kylix-Skyphos BN	*Kylix-Skyphos*	-400/-350	(García Cano, 1982: pieza 382)
Bolsal BN	F42B L	-400/-350	(García Cano, 1982: pieza 383)
Plato BN	F21 L	-400/-375	(García Cano, 1982: pieza 384)
Plato BN	F21 L	-400/-350	(García Cano, 1982: pieza 385)
Plato BN	F21 L	-400/-350	(García Cano, 1982: pieza 386)
Plato BN	F21 L	-400/-350	(García Cano, 1982: pieza 387)
Plato BN	F21 L	-400/-350	(García Cano, 1982: pieza 388)
Plato BN	F21 L	-400/-300	(García Cano, 1982: pieza 389)
Las Cabezuelas			
Kylix FR	*Kylix*	-375/-350	(García Cano, 1982: pieza 150)
El Pulpillo			
Plato BN	Plato	-425/-375	(Iniesta Sanmartín 1992)

Yacimientos Arqueológicos citados

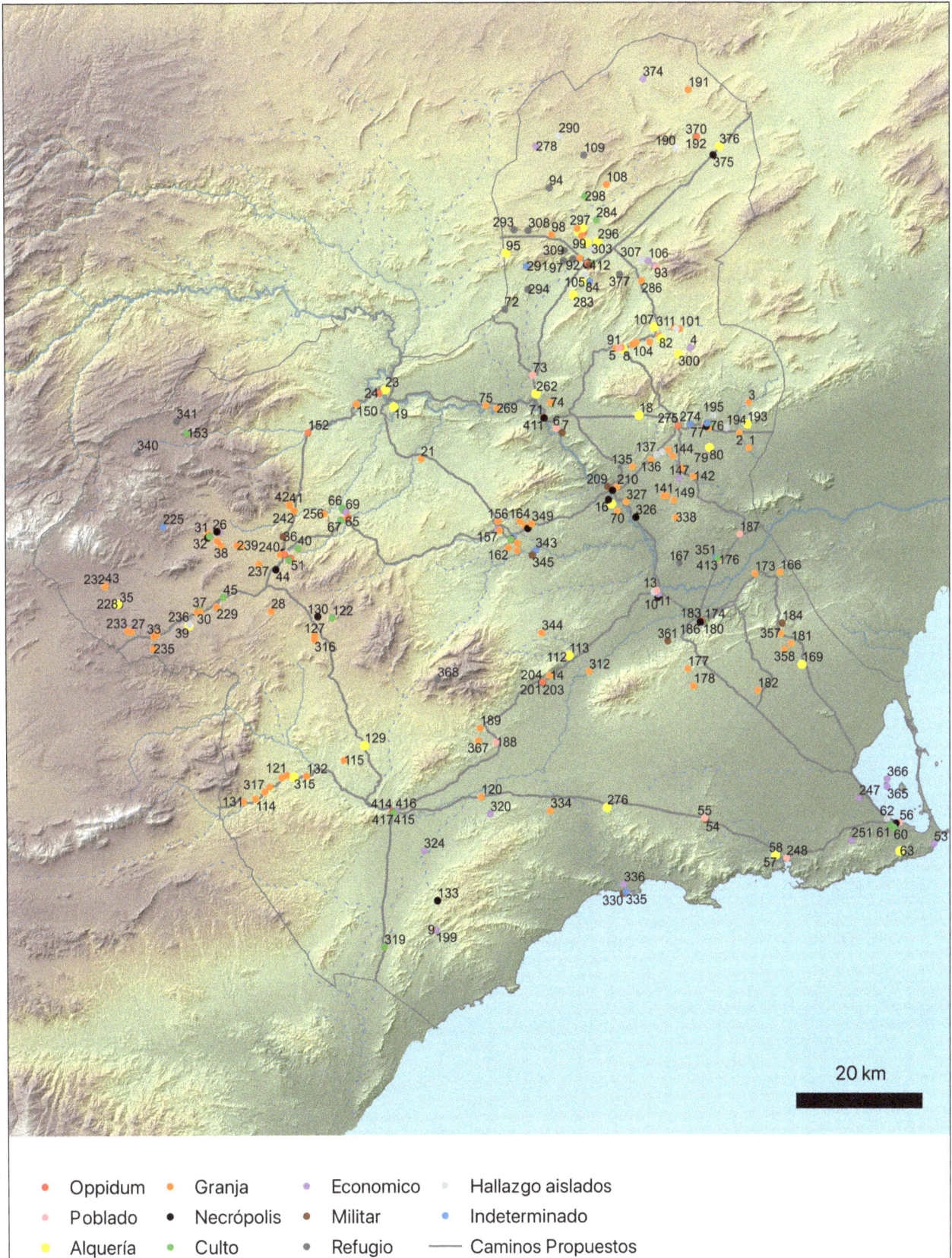

Figura AII.1. Yacimientos ibéricos documentados en la Región de Murcia citados en el texto.

Tabla AII.1. Clave para la figura AII.1.

1	Mafraque
2	El Olivar
3	Azud del Partidor
4	Fuente de la Zarza
5	Boquerón
6	Cabezo del Judío
7	Largo Zapatero
8	Rambla de la Raja 5
9	Cerro Cortijo Alcántara-Arcas
10	C/ Cura Hurtado Lorente - C/ Eras
11	La Torrica
12	El Potrox
13	Cabezo de la Rueda
14	Fuente Borrego
15	Salar de los Martínez
16	Llano de los Morenos
17	Poblado del Cabezo del Tío Pío
18	Loma de la Tendida
19	Cabezo de las Juntas
21	Cordel de Rotas
23	El Terratremo
24	Cerro de la Virgen
26	Casco urbano de Archivel
27	Loma del Camino del Selvalejo
28	Campo Coy
29	Loma de la Cantera
30	Loma de la Casa Nueva
31	Las Casicas/Campo Arriba
32	Casas del Castillico
33	La Chopera
35	Tenada del Cortijo de Pulpite
36	Cerro de la Cueva IV
37	Coto Don Joaquín
38	Casas de Fuente Álamo
39	Cabezo de la Fuente de los Morales
40	Casa del Guarda
41	Casa de Mairena
42	Cerro de Mairena
43	Fuente del Moral
44	Casa Nieves
45	Cerro Perona
46	La Poza
47	Casa Quemada
48	Ermita de San Javier
49	Loma de la Ventica I
50	El Villar de Archivel
51	Los Villares
52	Necrópolis de Villaricos
53	Cala Reona
54	Colada de Cuesta Blanca II

55	Poblado Ibérico de Colada de Cuesta Blanca
56	Loma del Escorial
57	La Mota I
58	La Mota II
59	Necrópolis de Los Nietos
60	Los Nietos Viejos I
61	Los Nietos Viejos II
62	Lo Poyo IV
63	Fuente Vieja
64	Cabezo de los Buitres
65	Poblado de los Buitres
66	El Muladar
67	Casa del paso a nivel
68	El Recuesto
69	Cabezo de San Agustín
70	Cabezo del Catalán
71	Bolbax
72	Cueva de los Encantados II
73	Rambla del Judío/Ascoy
74	El Plomar/Los Albares
75	Soto de la Zarzuela
76	Antiguo campo de fútbol de los Baños
77	Castillejo de los Baños
78	Loma del Camping
79	Los Derramadores II
80	Los Derramadores
81	Necrópolis del Castillejo de los Baños
82	Loma del Águila II
84	Manantial de la Buitrera
86	Necrópolis de la Senda de Coimbra Barranco Ancho
87	Necrópolis del Barranco de Coimbra Barranco Ancho
88	Necrópolis del Poblado de Coimbra Barranco Ancho
89	Poblado Ibérico de Coimbra Barranco Ancho
90	Santuario de Coimbra Barranco Ancho
91	Los Corrales
92	Casa de los Gómez
93	Karxa del Salero
94	Puntal de la Librería
95	Pocico de Madax
96	Molino de la Máquina
97	Solana del Molar
98	El Morronazo
99	Necrópolis del Pasico de San Pascual
100	Pasico de San Pascual

101	Charco de la Peña
102	Loma de la Presa
103	Rambla de la Raja 12
104	Rambla de la Raja 13
105	Rambletas
106	Cabezo de la Rosa II
107	Solana de los Ruices
108	Loma de la Solana
109	Abrigo del Vínculo
110	Charco del Zorro
112	El Castellar de Librilla
113	Cabezo Párraga
114	Bodega de Abajo I
115	Casa de los Calares
119	El Churtal
120	Finca Miñarro
121	La Parroquia I
122	Cerro Pelado
127	La Tejerica
129	Coto de los Tiemblos
130	Fuente del Tío Carrulo
131	Tirieza Baja
132	Casa de la Venta I
133	Villa Real
135	Serreta de Comalica II
136	Rambla de las Cuevas I
137	Rambla de las Cuevas II
138	Hoya del Fenazar
139	Hoya del Fenazar II
140	Hornera I
141	Hornera II
142	Rambla Salada I
143	Rambla Salada IX
144	Rambla Salada XXIII
147	Fuente los Valientes
149	Cañada de los Vientos
150	El Campillo
152	Los Molinicos
153	La Nariz
154	La Serreta del Abad
155	El Arreaque
156	Poblado del Charcón
157	Villa romana de la Cierva
158	Necrópolis de El Cigarralejo
159	Poblado de El Cigarralejo
160	Santuario de El Cigarralejo
161	El Corral
162	Frente a Seat
164	Casa de Mantes
165	Aguas abajo

166	Los Almarcha/Carrihuelas	240	Camino del Tugurio	315	El Albardinar I
167	Cueva del Barro	242	Villapatos	316	Los Cantos
169	Costa Cálida	243	Casa de los Villaricos	317	Los Churtales
173	Estación de Los Ramos	244	Los Villaricos	319	La Hoya de la Escarihuela
174	Santuario Ibérico de la Luz	247	El Carmolí Pequeño	320	Barranco de González
176	Casco urbano de Monteagudo	248	Casco urbano de Cartagena	323	La Parroquia II
177	Los Palmas	251	Rambla de Trujillo	324	Torre de Sancho Manuel
178	Los Pelaos	253	Begastri	326	Alto de los Moros
180	Cueva de Pozo Moreno	255	Cantalobos	327	Los Palacios
181	Hacienda Riquelme	256	Morro de la Cerámica	330	El Castellar
182	Rosa Blanca	262	Cabezo del Búho II	332	Punta de los Gavilanes
183	Poblado Ibérico de Sta Catalina del Monte	269	La Parra	334	Poblado de las cuevas del Mayorazgo
184	Puerto de Sucina	274	Cueva Negra	335	Punta de Nares
186	Necrópolis del Cabecico del Tesoro	275	Castillico de las Peñas	336	Loma de Sánchez
		276	Fuente de la Pinilla	338	Fuente Setenil
187	Cobatillas la Vieja	277	Loma del Águila I	340	Sima de la Serrata
188	Las Cabezuelas	278	Salero del Águila	341	Cuevas de Zaén
189	Yéchar III	281	Los Castillicos del Salero	343	Cerro de la Almagra
190	Casa Barrile	282	Coimbra de la Buitrera	344	Cabezo Párraga de Mula
191	Hoyica del Río I	283	Casa del Cura	345	Castillo de Puebla de Mula
192	Cueva de la Zorra	284	Necrópolis de los Hermanillos	347	Fuente de Yéchar II
193	Castillo de Abanilla	285	Castillo de Jumilla	348	Necrópolis de Yéchar
194	Taller lítico 28	286	Karxa de los Estanquicos	349	Cabezo de la Zorrera
195	Taller lítico 31	288	El Llano	351	Castillejo de Monteagudo
199	Cabezo de la Era	289	Sitio del Maestre	357	Los Ginovinos
201	Casco urbano de Alhama de Murcia	290	La Marilozana	358	Las Herencias
		291	El Matapollar	361	Los Pedregales
203	Baños termales de Alhama	292	Miraflores	365	La Esparteña I
204	Cerro del Castillo de Alhama	293	Cueva del Monje	366	Isla Perdiguera
209	Castillo de Archena/Cabezo del Ciervo	294	Abrigos de las Moratillas	367	Cabezo de la Cantera
		295	Trozo del Moro	368	Cueva de la Plata
210	Cabezo del Pino	296	La Ñorica	370	Castillo de Yecla
217	El Altico de Arriba	297	Rinconada de Los Olivares	374	El Pulpillo
218	Casa de las Ánimas	298	Cueva del Peliciego	375	Los Quinos
225	Cerro del Castillico	300	El Peralejo	376	Los Torrejones
228	Loma del Cortijo de Pulpite	301	El Perul	377	Los Calderones
229	Cerro de la Cueva I	302	El Pontón	386	Baños Romanos de Fortuna
231	Cerro de la Ermita de la Encarnación	303	El Prado	387	Necrópolis del Cabezo del Tío Pío
		304	La Puentecilla	411	Necrópolis de Bolbax
232	Era Alta	307	Cabezo de la Rosa	412	Pico del Maestre
233	Cerro del Esparto	308	Cueva de las Rubializas	413	Cementerio de Monteagudo
235	Loma Macea I	309	Abrigo del Barranco de Santa Bárbara	414	Poblado ibérico de Lorca
236	Casa de los Morales			415	Necrópolis ibérica de Lorca
237	Ocho Casas	310	Abrigos de la Casa de la Solana	416	Área artesanal de Lorca
238	El Redil	311	Loma del Tío Periquín	417	Santuario orientalizante de Lorca
239	El Tesorico	312	Casas Nuevas/Rambla de Librilla		

www.ingramcontent.com/pod-product-compliance
Lightning Source LLC
Chambersburg PA
CBHW061008030426
42334CB00033B/3408